世界马克思主义与左翼研究论丛

主 编 姜 辉

STUDY SERIES ON
MARXISM AND
LEFTISM AROUND
THE WORLD

欧美左翼学者资本主义批判理论研究
——东欧剧变、苏联解体以来

甘海霞 著

当代中国出版社
Contemporary China Publishing House

图书在版编目(CIP)数据

欧美左翼学者资本主义批判理论研究：东欧剧变、苏联解体以来 / 甘海霞著 . -- 北京：当代中国出版社，2021.11

（世界马克思主义与左翼研究论丛 / 姜辉主编）

ISBN 978-7-5154-1138-5

Ⅰ . ①东… Ⅱ . ①甘… Ⅲ . ①西方马克思主义—研究 Ⅳ . ① B089.1

中国版本图书馆 CIP 数据核字（2021）第 176889 号

出 版 人　冀祥德
责任编辑　陈　莎　周显亮
责任校对　康　莹
印刷监制　刘艳平
装帧设计　观止堂_未　氓
出版发行　当代中国出版社
地　　址　北京市地安门西大街旌勇里 8 号
网　　址　http://www.ddzg.net　邮箱：ddzgcbs@sina.com
邮政编码　100009
编 辑 部　（010）66572264　66572154　66572132　66572180
市 场 部　（010）66572281　66572161　66572157　83221785
印　　刷　北京润田金辉印刷有限公司
开　　本　720 毫米 × 1020 毫米　1/16
印　　张　15 印张　1 插页　195 千字
版　　次　2021 年 11 月第 1 版
印　　次　2021 年 11 月第 1 次印刷
定　　价　52.00 元

“世界马克思主义与左翼研究论丛”总　序

新中国成立70多年来，特别是改革开放40多年来，伴随着我国社会主义建设和改革事业的发展，我国的世界马克思主义研究经历了从起步到初具规模再到迅速发展的过程，也取得了一系列重要研究成果。国内译介了大量国外马克思主义流派和思潮的代表著作，推出了一批批具有真知灼见的研究成果，对促进我国的马克思主义研究发挥了重要作用。在不断引进、吸收国外著述和成果的同时，我国有关领域的学者坚持“引进来”和“走出去”相结合，不断把当代中国马克思主义研究成果推向世界，从国际视野出发坚持和发展马克思主义。对于世界马克思主义研究，不同领域、不同学科的研究者从不同的研究视角出发，着眼于不同的研究主题，见仁见智地提出了各自不同的观点，甚而进行了针锋相对的思想碰撞。在这样的争论中，世界马克思主义研究视域不断拓展，研究主题逐渐丰富，问题意识日趋明晰，为发展当代中国马克思主义服务的作用也日益凸显。

进入21世纪以来，世界正经历百年未有之大变局。当前，新旧国际秩序加速更替，“东升西降”的发展趋势日益明显，世界发生着有利于马克思主义和社会主义的深刻转变。处于新一轮衰退期的世界资本主义与处于新一轮上升期的世界社会主义之间的竞争和博弈更趋激烈，中国特色社会主义成为世界马克思主义的旗帜和世界社会主义的中流砥柱，且引领示范作用不断上升。我们就是在这样的时代背景和世界形势下推动世界马克思主义和世界社会主义研究，恢复并提振马克思主义真理的力量，提升运用马克思主义研究和解决实际问题的能力，不断推动21世纪马克思主义丰富发展。

总的来说，我国的世界马克思主义研究取得了较大成绩，但同时代和实践发展的要求相比，同发展21世纪马克思主义的时代任务和要求相比，世界马克思主义研究需要全面提升和加强，世界马克思主义学科需要建立、完善和发展，需要从整体上提升世界马克思主义研究水平。从研究层面看，应该从整体上把握世界马克思主义发展趋势，关注世界马克思主义研究的重大理论和现实问题，加强对当代世界前所未有之大变局的研究，加强对当代世界社会主义新情况、新特点的研究，加强对当代资本主义新变化、新趋势的深入研究，加强对当代中国马克思主义、21世纪马克思主义的研究，为在新时代发展马克思主义做出原创性贡献。为了更好地加强对世界马克思主义和西方左翼的研究，中国社会科学院马克思主义研究院策划出版了这套“世界马克思主义与左翼研究论丛”。

本套丛书涉及的研究范围广、问题多，包括马克思主义基本理论，现实社会主义国家发展，发达国家与发展中国家的马克思主义和社会主义，国外左翼政党和社会运动，世界马克思主义流派和思潮，等等。在研究中着重体现了以下方面的原则和特点：

一是加强对世界范围内马克思主义发展的全面系统研究。世界马克思主义流派众多，如何看待这些流派的性质和内容，如何在研究中以我为主、为我所用，是至关重要的问题。我们研究世界范围内的马克思主义，目的是服务于发展当代中国马克思主义、21世纪马克思主义，所以要以科学、辩证的态度，挖掘有价值的资源，吸收有益成果，拓展我们的视野，得到有意义的启示。习近平总书记指出："对国外马克思主义研究新成果，我们要密切关注和研究，有分析、有鉴别，既不能采取一概排斥的态度，也不能搞全盘照搬。"[①] 国外马克思主义研究内容庞杂，价值取向多元。有的思潮流派从总体上看是在马克思主义框架中研究问题，基本上属于马克思主义范畴；有的虽以"马克思主义"自称，但从实质上看偏离了马克思主义基本原理和价值取向；有的以"创新马克思主义"为旗号，实际上歪曲和否定马克思主义。为此我们要真正坚持马克思主义立场观点方法，区别根本性质，辨析基本观点，挖掘积极内容，并在具体的历史和社会条件下具体对待各个流派和思潮，用科学辩证的态度来研究和认识国外马克思主义。同时，结合当代马克思主义发展的理论需要和现实需要，坚持问题导向，注重吸收有益资源为我所用，通过比较鉴别获得启示，积极推动马克思主义的理论创新，推动21世纪马克思主义的发展。研究中应避免单一化、碎片化、片面化、抽象化、凝固化，秉持批判精神，既深度挖掘国外马克思主义和左翼思潮的合理内核，又分析其立场和方法的局限，认真吸收有益资源，为继续丰富发展马克思主义服务。

二是加强对重大理论和现实问题的研究。当前，全面推进世界马克思主义研究，有三个方面是相互联系、密不可分的：一是世界资本主义研究，二是世界社会主义研究，三是中国特色社会主义研究。只有坚持问题导向，把这三方面研究有机结合起来，才能全面地看问题，深刻掌握世界马克思主义和社会主义的发展现状和趋势。还有，研究中把关注的焦点集中在21世纪

① 《习近平谈治国理政》第2卷，外文出版社2017年版，第67页。

初世界资本主义与世界社会主义的新发展、新变化、新特征，关注两大制度之间在新的力量对比格局下的合作、竞争态势和趋势，关注资本主义危机对两大制度及其关系的影响，关注世界格局和世界体系的演变及走向，关注国外左翼及进步力量的应对战略策略新变化与实践活动新走向，等等，在研究重大理论和现实问题中推动世界马克思主义研究的发展。

三是加强对资本主义发展变化及其新特征的研究。习近平总书记在中共十八届中央政治局第四十三次集体学习时强调指出："当代世界马克思主义思潮，一个很重要的特点就是他们中很多人对资本主义结构性矛盾以及生产方式矛盾、阶级矛盾、社会矛盾等进行了批判性揭示，对资本主义危机、资本主义演进过程、资本主义新形态及本质进行了深入分析。这些观点有助于我们正确认识资本主义发展趋势和命运，准确把握当代资本主义新变化新特征，加深对当代资本主义变化趋势的理解。"① 当前，资本主义在经历新的危机后出现了许多全局性、根本性的变化，资本主义各种矛盾激化并深刻影响着世界政治经济格局。要通过全面深刻的研究，把握资本主义变化发展规律及其新特点，在"中国之治"和"西方之乱"的比较研究中，坚定中国特色社会主义的道路自信、理论自信、制度自信、文化自信。

四是加强对世界社会主义及其在 21 世纪新发展的研究。东欧剧变、苏联解体近 30 年了，经过时间沉淀、实践检验和历史过滤，在今天不断形成并凸显反映历史真相、趋于客观理性、揭示深层规律的经验教训的总结，意义重大，为 21 世纪世界社会主义的新发展和走向振兴提供了宝贵的历史借鉴。加强对国际共运史和东欧剧变、苏联解体的研究，可以以史为鉴，从世界社会主义的曲折发展中吸取教训，坚持和发展新时代中国特色社会主义。当前，中国特色社会主义成为世界社会主义发展的最大亮点，成为世界社会

① 《习近平谈治国理政》第 2 卷，外文出版社 2017 年版，第 67 页。

主义的标志性参照系。社会主义中国在世界东方的崛起，正在充分展示着社会主义的优越性、感召力和吸引力。中国在发展崛起中，最重要的是集中精力办好自己的事情，不断提高我们的综合国力，不断改善人民的生活，不断建设比资本主义具有优越性的社会主义，不断为我们赢得主动、赢得优势、赢得未来打下更加坚实的基础。在这样的时代背景下，加强中国特色社会主义与世界社会主义关系的研究，深入研究新时代中国特色社会主义的世界意义，对于21世纪马克思主义和世界社会主义的发展具有重大意义和贡献。

是为序。

姜　辉

2020年5月1日

目　录

导　论

学术界对资本主义的考察和分析一直是国际共产主义运动和世界社会主义研究的重要内容。自资本主义诞生之日起，就因其带给人类近代社会在生产力和生产关系上的巨大转变，往往被人们视为“现代世界的兴起”而受到关注。但随着资本主义的发展，也带来了两大阶级的分化，给人民大众特别是无产阶级造成了极大的痛苦，马克思、恩格斯对资本主义的内在矛盾作了批判性的分析，以此形成的经典资本主义批判理论成为对资本主义的科学认识。然而，不能回避的事实是，在马克思、恩格斯逝世后，资本主义批判理论发生了变化，特别是东欧剧变、苏联解体以来，在国际大环境剧烈变动的背景下，资本主义批判理论遭遇沉重打击，甚至受到了质疑和否定。近 30 年来，欧美左翼学者作为左翼力量中的一支重要力量，他们对资本主义的批判与东欧剧变、苏联解体之前的资本主义批判理论有何不同？他们的批判理论在不同阶段具有何种特点？他们在批判资本主义的同时又进行了哪些新的探索？

他们的资本主义批判理论有何意义，又有什么局限性？本书尝试围绕这些议题进行梳理和解答，以期阐明东欧剧变、苏联解体以来欧美左翼学者的资本主义批判理论的整体轮廓和演进路径等问题。

一、选题缘由及意义

本书选取欧美左翼学者的资本主义批判理论作为研究对象，主要基于以下原因：

（一）选题缘由

首先，认识资本主义，特别是认识资本主义的新变化及其本质是一个自资本主义形成以来的长久话题。资本主义的兴起是人类近代社会历史上一次伟大的转变，往往被人们视为“现代世界的兴起”，马克思和恩格斯在《共产党宣言》中对资本主义社会所创造的巨大生产力是认可的。但与此同时，资本主义的发展也带来了阶级的分化。这种分化，给人民大众特别是无产阶级造成了极大的痛苦。马克思和恩格斯在《共产党宣言》中对资本主义的内在矛盾作了批判的分析，并指出当生产力与生产关系的矛盾达到极限，无产阶级不再能生存下去的时候，革命就发生了，经过无产阶级专政阶段，最后将走向全人类自由人的联合体。可是，上溯自资本主义的发端13、14世纪之交至今，资本主义社会已经走过了将近7个世纪，经历了资本主义萌芽、早期资产阶级革命、自由资本主义、垄断资本主义、国家垄断资本主义各个阶段，它虽然矛盾丛生并不断复杂化，但依然持续存在。由此，对于资本主义的认识与分析则成了一个到目前为止一直存在的具有重大意义的课题。目前对于资本主义社会的研究，依立场划分可以分为两个大派别：一派是维护资本主义世界，站在资产阶级立场上为资本主义发展的合法性进行论证，并寻找解决资本主义危机的良药，甚至不断攻击其敌对力量的右派或右翼。另一派别则是与之相对的左派或左翼，他们在研究资本主义社会的过程中积极探索资本主义世界为什么还没发生社会主义革命？它能否一次次化解资本主义危机？甚至如熊彼特所言，它可以将灾难化作进一步前进的动力？如果它的生产关系如马克思所分析有其限度，那么它的限度何时到来？目前的危机又说明了什么？他们都倾向于“改造”当前这个并不美好的资本主义世界，只是或保守或激进，保守的“改革”最后可能滑向资产阶级立场，部分激进的“革命”则接近于马克思主义立场。右翼对于资本主义的认识和研究出于意识形态的政治功能则容易失真，他们的研究只能提供给我们如柏拉图“洞穴理论”中所提到的“影子”。因此，左翼对资本主义的认识则是如洞穴外射进来的阳光，它们能指引我们走出洞穴寻得关于资本主义的真正知识。左翼则成了认识资本主义社会的一个独特的视角：他们身处资本主义世界，为我们提供了身临其境的视角；当代左翼在历史渊源上与马克思主义有着千丝万缕的关系，他们承袭了马克思、恩格斯的资本主义批判立场和关键性理论资源；还汲取了当代西方哲学文化所提供的思想财富。

其次，对资本主义的批判是当代左翼认识、研究资本主义的重要方式，也是其研究成果的主要呈现方式。特别是对生活于发达资本主义国家的左翼。他们目前还不具备实现“革命”的条件，充分发挥批判的武器的作用则成了当前的主要任务和主要形式，同时不断创造条件实现武器的批判。对资本主义科学的批判性分析源于马克思、恩格斯，通过对资本主义的分析、批判提出解放目标。在马克思逝世后，资本主义世界发生了翻天覆地变化的情况下，这种批判性分析显得尤为重要。左翼因扛起批判资本主义这个重任而被称为“左翼”，他们都不再承认资本主义制度的合法性，并努力改造或超越资本主义制度。虽然左翼的思想理论与马克思的理论之间存在着难以沟通的距离，但正如曾枝盛分析的，六种西方左翼形式[①]中，除第一左翼以外，其他左翼在历史上与马克思主义均有所关联，也都承袭了马克思主义的资本主义批判旨趣，并都有着一定的解放目标。因此，当代左翼对资本主义的批判是值得我们研究的重点、热点课题。他们的批判理论不仅与马克思有着承袭的渊源，而且紧跟时代脚步，特别是资本主义世界的发展变化。但研究左翼这一宽泛的对象对资本主义的批判则是一件极为困难的事情。目前，国内外学界对左翼的研究以及某一左翼流派或单个左翼思想家对资本主义认识的研究成果很是丰硕，却缺乏系统地论述左翼对资本主义的批判，去挖掘他们共同的批判特点，为何有这一特点，他们的批判是否存在内在的逻辑路径。因此，我认为系统地梳理、挖掘左翼对资本主义批判的特点、内在逻辑是极为有意义的。但按照马克思主义视角的最低标准判断的左翼，即不再承认资本主义制度的合法性，并努力超越资本主义制度，则使得研究对象过于宽泛、复杂（左翼政党、左翼运动家、左翼学者等），甚至难以梳理出内在逻辑关系。基于目前资本主义世界的形势，革命条件较弱，左翼政党在其中发挥的作用较为有限，极少左翼政党在发达资本主义国家中是作为执政党而存在，同时左翼运动虽然时有兴起，却不完全具备马克思主义性质，左翼学者则映入我们的眼帘，成了在资本主义批判上最为活跃也是较为适合的研究对象。

最后，将研究对象再进一步限定于欧美左翼学者对资本主义的批判，有四个方面的原因：第一，是由于不同地域的左翼学者，特别是处于发达资本主义国家的左翼学者与处于非发达资本主义国家甚至不是资本主义国家的左翼不仅有着较为不同的观察对象，同时还可能存在同一阶段对资本主义的发展有着完全不同的认识。第二，欧美左翼学者作为发达资本主义国家的左翼学者的代表，他们比其他地域的左翼学者更为活跃，而且生存于更加复杂

① 曾枝盛：《西方左翼与马克思主义》，《教学与研究》2002年第2期。

的环境之中。选定欧美左翼学者这一具有代表性和复杂性的群体作为研究对象，正如马克思提出的"人体解剖是猴体解剖的钥匙"，虽然他的寓意是：高级的社会存在方式结构可以作为了解其前期社会发展结构的参照。第三，研究的时间范围是在东欧剧变、苏联解体以来。在这一变化之后，西方左翼的资本主义批判理论实现了一个地理位置上的转向，从中、东欧到西欧、英美国家，特别是美国。但由于这一转向并非彻底直截了当的，而是呈现一个不断过渡的过程，所以将研究对象限定于欧美左翼学者既抓住重点又顾及其他。第四，则是由于个人时间和精力的限制，多地域的左翼的系统研究绝非以一己之力在较短时间内即可实现的任务。将研究的时间节点限制于东欧剧变、苏联解体以来是基于三个方面的考虑：（1）东欧剧变、苏联解体作为20世纪两件最为重大的事件之一，结束了冷战的格局，也改变了世界的格局，西方右翼不断鼓吹"历史的终结"，世界社会主义一定程度上陷入挫折。在这变化节点下，西方左翼学者的政治立场也发生了很大变化，自此之后，这一批判主体虽然还在不断变化，但已经呈现较为稳定的趋势。因此，东欧剧变、苏联解体对于研究西方左翼是一个非常重要的事件和时间节点。（2）东欧剧变、苏联解体至今已30年了，世界已发生了很大改变，而这一改变只有放置在历史长河中才能更为明显、直观地显示。对于欧美左翼学者的资本主义批判理论的研究也不例外。30年的历史中，它们随着当下形势的变化而发生变化，但在历史对比中依然发现还有前期历史的痕迹。2008年金融危机之后，西方左翼学者的批判理论看似迎来了马克思主义批判理论的复兴，但是没有历史的对比，我们无从知道它们是否还带着自身一直遗留的批判理论危机。（3）也同样是由于个人完成本书的时间和精力的限制，对于长时间段的梳理可能难以完成，而且可能因为战线过长而疏于深入探究，最终可能导致作浅尝辄止，对这一块的研究非但不能补白，甚至是做了无用功。

（二）研究意义

无论是从认识、考察资本主义的视角还是从研究左翼的视角而言，对于欧美左翼学者的资本主义批判理论研究在理论和现实方面都具有重要的研究意义。

首先，是这一研究所具有的理论意义。

第一，对欧美左翼学者资本主义批判的研究，有助于丰富和完善广义概念上的“批判理论”。欧美左翼学者作为整个“大左翼”的典型代表，他们对资本主义的批判是整个广义概念上“批判理论”的主要部分。他们对资本主义的批判与马克思主义有所关联但又不完全相同。他们既从传统马克思主义那里找寻批判资本主义的资源，同时又融合、吸收了西方文明的有利成果，给予整个批判理论更为丰富的理论资源和独特的视角。同时，欧美左翼学者的资本主义批判又对资本主义的发展保持高度的敏锐性。他们积极关注现实问题，就资本主义世界中的变动给出自己的回应和分析。毋庸置疑，欧美左翼学者由于身处资本主义国家，对资本主义近距离的观察、分析、判断都为我们研究资本主义和批判资本主义提供了丰富素材。因此，对欧美左翼学者的资本主义批判理论的研究，对于批判理论的丰富和完善具有重要的理论价值。

第二，对欧美左翼学者的资本主义批判的研究，有助于对马克思主义理论的继承和发展。卢卡奇曾经作出过一个关于马克思主义理论发展的判断。在他看来，对马克思主义的发展要实现其作用，就需要将马克思主义与资本主义的不断变化相结合。而欧美左翼学者的资本主义批判理论也正是基于对资本主义新阶段的分析。在实现这一任务的过程中，他们又无数次回到马克思主义的经典中，或是获取批判的资源，或是找寻批判的路径，甚至有可能对马克思主义的某些理论提出批判。但马克思主义理论的发展正是源于它的开放性、创新性。这是其生命力所在。欧美左翼学者并不都是马克思主义者，但在他们的学术研究或理论创新过程中，为马克思主义理论的发展提供了宝贵的资源、可供参考的视角、理论探索的经验。

第三，研究欧美左翼学者对资本主义的批判，可以提供独立观察左翼学者逻辑发展及其性质的视角。何谓左翼？怎样的学者才是左翼学者？表面上存在极大差异的他们如何成为一个群体？他们拥有怎样的价值判断？资本主义批判可以成为在理论上解决左翼学者的范围界定、逻辑变迁厘定和基本价值判定等基本难题的有效视角。这一视角强烈突出了对象对话语的制约作用，同时我们还可以抛开那种惯常的话语表象的诱惑而深入资本主义批判的原初语境，在原初语境中分析左翼学者批判理论的内在逻辑，在时代的断裂之中考量他们的理论贡献。

其次，是研究欧美左翼学者对资本主义批判理论的现实意义。

第一，研究欧美左翼学者对资本主义的批判可以为未来社会主义革命提供理论支撑。一场革命的形成需要特定的客观条件，但也少不了理论的支撑。马克思在 170 多年前就资本主义的归宿作出了“两个必然”判断。马克思主义作为坚定的理论方向指引着我们，但随着时代的变化，资本主义世界也发生了很大变化，特别是社会主义运动陷入低潮时，马克思主义也迎来了它的“理论危机”。这时就急需左翼学者这一群体对资本主义作深入的研究和批判性的分析，论证形式多变的资本主义社会内在本质的不变，探索未来革命的条件和可能性，这一切努力都在为社会主义革命作积极的理论积累和支撑。

第二，欧美左翼学者对资本主义“替代物”的分析和探索具有参考价值。资本主义批判理论不同于其他社会学科之处就是它所具有的价值取向，它在分析、批判资本主义基础上，不断寻求人类解放的方案。大多数欧美左翼学者也正是秉持这一批判理论的目标，对于并不如人意的资本主义进行批判，并分析和探索其“替代物”。在探索过程中，他们深入资本主义的危机、内在矛盾，对其未来走向进行预测，认为新自由主义必将走向终结、资本主义也必将走向终结。而要彻底解决资本主义的危机、矛盾则必须进行社会主义式的结构改革，他们还就“共产主义”观念的复兴提出了各式各样的共产主义。即使欧美左翼学者关于解放议程的探索在当下并无实现条件，他们的社会主义、共产主义方案与马克思主义的共产主义存在一定差异，但这都体现了他们对人类社会与人类解放的关怀和憧憬，并且具有一定的参考价值。

第三，欧美左翼学者对资本主义的批判有利于推动世界新旧经济政治秩序变动。经历金融危机之后，资本主义世界危机四伏，即使世界格局依然是“资强社弱”，但是以资本主义为主导的旧的世界经济政治秩序开始不再稳固。这既是马克思主义的机遇，也是社会主义、共产主义的机会，而欧美左翼学者在这一时期加强对资本主义的批判则对此起了推动作用。他们在金融危机爆发后深入研究资本主义制度的内在矛盾，揭示了金融危机的本质，同时积极鼓舞或参与各式反抗资本主义的抗议、罢工以及具有左翼性质的全球社会论坛，这一切都推动了资本主义进一步松动，为社会主义运动的发展创造了条件。但也应注意到，社会主义运动的发展，需要发展着的马克思主义理论的指导，但在现实中，欧美左翼学者的资本主义批判理论在左翼政党中起到作用是有其局限性的，这是目前资本主义世界主要由右翼政党执政这一现实状况所决定的。因此，要切实实现欧美左翼学者的资本主义批判理论推动新的世界经济政治秩序的建设，应进一步增强其批判的武器的力度，并与现实中的左翼政党、组织团结起来。

二、国内外研究现状

本书的研究建立在国内外大量前期研究成果基础之上，这里首先对相关文献作一简单概括和总结。

（一）国内研究现状

国内对欧美左翼学者的资本主义批判的研究缘起于我国改革开放后（20世纪80年代）对“资本主义”的重新认识，提出自觉放弃过往对资本主义固化的理解模式，提倡从多方面、多视角重新认识资本主义的性质及变化。在这一对资本主义的重新认识、再认识过程中，欧美左翼学者对资本主义的研究进入了中国学者的视野之中，而左翼学者对资本主义的批判与他们对资本主义的研究如影相随，或者说是他们研究工作的重要组成部分。欧美左翼学者对资本主义的研究为国内学者认识、研究资本主义提供了新视角，但国内学者对欧美左翼学者的这些研究理论的研究则经历了一个从翻译、介绍到批判性研究分析的过程。同时，在研究的过程中也呈现较为零散、缺乏一定系统性等特征。

1. 对欧美左翼学者的资本主义研究成果的翻译与介绍

由于欧美左翼学者并非将自己的研究局限于资本主义批判，他们的资本主义批判成果是散落于对资本主义危机的分析、前沿热点问题的分析、资本主义“替代物”的探索或者是对马克思主义理论的分析之中。再加之左翼概念广、界定不明确，中国学界对欧美左翼学者的资本主义批判的研究也是零散的、不系统的，并且分散于各方面的研究之中：国外马克思主义研究、资本主义研究、左翼研究、政治哲学研究等。总体而言，中国学界关于欧美左翼学者的资本主义批判研究的早期主要以译丛和介绍为主。但值得注意的是，欧美左翼学者的资本主义批判研究涉及多学科，其他一些西学翻译对此项研究也具有重要意义。实际上，对欧美左翼的相关著作的翻译是贯穿整个研究过程的，因此，相关的译著呈现较为丰富的状态，特别是一些对国内外此领域研究有重要影响的左翼理论家的著作均有中文译著。

关于译著方面，目前国内对欧美左翼学者的资本主义批判研究的相关著作的翻译，主要集中于比较有影响力的左翼理论家出版的书籍和文章。由吴冠军、蓝江主编，三辉图书和中央编译出版社合作出版的“左翼前沿思想译丛”收录了吉奥乔·阿甘本（Giorgio Agamben）、斯拉沃热·齐泽克（Slavoj Žižek）、阿兰·巴迪欧（Alain Badiou）等左翼思想领军人物在此前20年的经典著作，共计12本，如阿甘本的《神圣人：至高权力与赤裸生命》①、雅克·朗西埃（Jacques Rancière）的《对民主之恨》②、巴迪欧和齐泽克合著的《当下的哲学》③等。同类型的译丛还有河南大学出版社的“人文科学译丛”、社会科学文献出版社的“世界社会主义研究丛书”、人民大学出版社的“国外马克思主义和社会主义研究丛书”、西北大学出版社的“精神译丛”等，都有不少重要著作。当然，还包括其他一些出版社不以丛书系列出现的译著，总的来说，这些译著涉及数量之大、范围之广，更多的是集中于知名欧美左翼学者的著作翻译上。在此仅举个例，如阿列克斯·卡利尼科斯（Alex Callinicos）的《反资本主义宣言》④，阿里夫·德里克（Arif Dirlik）的《后革命氛围》⑤、《跨国资本时代的后殖民批评》⑥、《全球现代性之窗》⑦，艾伦·伍德（Ellen Meiksins Wood）的《资本的帝国》⑧、《民主反对资本主义》⑨，大卫·哈维（David Harvey）的《跟大卫·哈维读〈资本论〉》（第1、2卷）⑩、《马克思与〈资本论〉》⑪、

① ［意］吉奥乔·阿甘本：《神圣人：至高权力与赤裸生命》，吴冠军译，中央编译出版社2016年版。

② ［法］雅克·朗西埃：《对民主之恨》，李磊译，中央编译出版社2016年版。

③ ［法］阿兰·巴迪欧、［斯洛文尼亚］斯拉沃热·齐泽克：《当下的哲学》，蓝江、吴冠军译，中央编译出版社2017年版。

④ ［英］阿列克斯·卡利尼科斯：《反资本主义宣言》，罗汉、孙宁、黄悦译，上海译文出版社2005年版。

⑤ ［美］阿里夫·德里克：《后革命氛围》，王宁等译，中国社会科学出版社1999年版。

⑥ ［美］阿里夫·德里克：《跨国资本时代的后殖民批评》，王宁译，北京大学出版社2004年版。

⑦ ［美］阿里夫·德里克：《全球现代性之窗》，连煦等译，知识产权出版社2013年版。

⑧ ［加］艾伦·伍德：《资本的帝国》，王恒杰、宋兴无译，上海译文出版社2006年版。

⑨ ［加］艾伦·伍德：《民主反对资本主义》，黄任译，重庆出版集团2007年版。

⑩ ［美］大卫·哈维：《跟大卫·哈维读〈资本论〉》第1卷，刘英译，上海译文出版社2014年版。《跟大卫·哈维读〈资本论〉》第2卷，谢富胜等译，上海译文出版社2016年版。

⑪ ［美］大卫·哈维：《马克思与〈资本论〉》，周大昕译，中信出版社2018年版。

《资本社会的 17 个矛盾》[①]，等等。而对于左翼理论家相关文章的翻译，主要发表于《国外理论动态》《国外社会科学》《马克思主义与现实》等期刊。

关于相关理论介绍方面，主要体现为国内出版的一些具有热点、重点问题的追踪性的研究报告，对左翼的一些论坛、会议、活动的关注和所作的综述以及通过文章介绍某个左翼理论家的批判理论或者理论中的某一方面，等等。目前在国内较典型的具有介绍性特征的报告，是由复旦大学当代国外马克思主义研究中心所编写的《国外马克思主义研究报告》系列。该报告系列中的世界各地区的发展报告，以介绍国外马克思主义研究动态为主，其中则含括了很多左翼思想家的批判理论。类似的报告文献还有由中国社科学院王伟光主编的《马克思主义理论学科前沿研究报告》系列，由曹泳鑫主编的《马克思主义研究报告》系列，等等。对于左翼论坛的一些综述也是介绍和追踪其批判理论的一个重要方面，如吕薇洲、张新宁、金梦、薛方圆等均对多届“全球左翼论坛”作过综述。

2. 对欧美左翼学者的资本主义批判理论的研究分析

在占据丰富材料的情况下，国内对欧美左翼学者的资本主义批判理论研究进入了研究分析阶段。在大量译著的基础上，国内学者不仅仅是直接翻译著作，而是在译著前都出现了译者对该著作的评价或者相关导读。这说明他们对左翼学者的思想理论进行了思考，有些学者还基于中国现实状况进行了思考研究。当然，主要的研究分析还是体现在著作、论文等科研成果中。由于欧美左翼学者的资本主义批判内容之多、流派之广，目前国内学界对这一主题的研究虽然数量较多，但呈零散状，较少进行系统性研究，主要分布于对左翼思想的研究、不同流派和个人、不同批判主题以及从不同学科展开研究分析。

① ［美］大卫·哈维：《资本社会的 17 个矛盾》，许瑞宋译，中信出版社 2016 年版。

第一，对于不同流派的批判理论的研究。国外左翼流派之广，如宋丽丹所指出的，在国外左翼研究中，对于左翼的内容、左翼人物的阶级性质都是不加区分的。[①] 而目前国内对欧美左翼学者资本主义批判理论的研究也同样没有按阶级性质去区分左翼流派，更多的是从单个流派本身出发研究其相关理论，如法兰克福学派、生态学马克思主义、生态社会主义、依附理论派、调节学派等。法兰克福学派的批判理论作为国外左翼批判理论的源头，成为国内研究的热点。王凤才长期致力于法兰克福学派批判理论研究，近年来阐发了"批判理论三期发展""批判理论的'政治伦理转向'""从批判理论到后批判理论"等新观点。[②] 其他学者的研究更多地体现为对法兰克福学派三代代表人物的批判理论的研究，如有学者以"自由"为主线阐述艾瑞克·弗洛姆关于"现代人的自由困境及其出路"的理论[③]，有学者探讨了瓦尔特·本雅明（Walt Benjamin）从分析诊断资本主义现代性的波德莱尔式向探寻艺术实践的布莱希特式转向的文化救赎之路[④]，还有学者关注了克劳斯·奥菲（Claus Offe）对西方发达资本主义和中东欧后共产主义福利国家进行批判性反思的国家理论[⑤]。关于有机马克思主义与生态学马克思主义的研究主要着眼于它们的批判视角的对比，由此形成了"超越论"和"非超越论"。还有一个比较突出的流派研究就是依附理论、世界体系论，国内很多学者都对伊曼纽尔·沃勒斯坦（Immanuel Maurice Wallerstein）、萨米尔·阿明（Samir Amin）等左翼思想家理论中的批判理论进行了研究。其他理论流派的研究状况在此就不再一一列举。

第二，对于不同批判主题的研究。国内对于国外左翼批判理论的研究除

① 宋丽丹：《2016 年国外左翼思想研究概览》，《科学社会主义》2017 年第 1 期。

② 王凤才：《批判理论的三期发展》，《学习与探索》2017 年第 4 期。

③ 张夺：《社会批判与人文关怀：弗洛姆自由思想研究》，中国社会科学出版社 2016 年版。

④ 夏巍：《从波德莱尔到布莱希特：本雅明的文化救赎之路》，《学术交流》2016 年第 8 期。

⑤ 谢静：《后期资本主义社会系统及其危机：评奥菲对福利国家危机的系统功能诠释》，《教学与研究》2016 年第 5 期。

按流派研究外，还通过追踪左翼的研究热点主题展开研究，如对左翼的新帝国主义理论的研究、对金融危机的分析批判的研究、对绿色资本主义的批判研究等。吴新文对西方左翼关于帝国和新帝国主义的讨论进行了详细分析对比，总结左翼们对帝国与新帝国主义的应用框架及各自分析的异同，由此引申为思考左翼们的帝国理论对美国的批判和对中国的启发。[①] 还有学者提出要辩证地看待西方左翼的新帝国主义理论，认为该理论虽然重启了全球化时代资本主义批判的政治经济学视角，继承了经典帝国主义理论资本批判精神与方法，并实现了一定程度的创新发展，但究其根本，它们在一定程度上偏离了马克思主义资本批判的基本原则和方法，没有把资本批判的精神贯彻到底，以至于对反抗道路的探索陷入乌托邦的迷途。[②] 在 2008 年金融危机之后，国内对于左翼的危机批判研究的成果大量涌现：《国外马克思主义研究报告》对金融危机与新自由主义批判作了专题研究；[③] 由俞吾金主编的《用另一只眼睛观察当代资本主义》一书收入的论文中，陈学明、俞可平、余文烈、郑一明等著名学者对左翼视角下关于金融危机后资本主义的特征、经济走向、未来等进行了研究分析；[④] 期刊中也大量收入和发表了这一主题的文章。

第三，从不同视角的研究。当代国外左翼批判理论的传统，主要源自马克思、恩格斯对资本主义的经典批判，此后又经由第二国际时期、西方马克思主义对资本主义的批判。其中典型的是法兰克福学派的批判理论。在东欧剧变、苏联解体之后这种批判理论具有了更为宽泛的意义及内容，包括朱迪斯·巴特勒（Judith Butler）的北美女性主义、阿兰·巴迪欧的事件哲学、弗

① 吴新文：《西方左翼近年来关于帝国和新帝国主义的讨论》，载俞吾金主编：《国外马克思主义研究报告（2007）》，人民出版社 2007 年版。

② 戴卫华：《辩证看待西方左翼新帝国主义理论》，《马克思主义研究》2018 年第 8 期。

③ 俞吾金主编：《国外马克思主义研究报告（2009）》，人民出版社 2009 年版。

④ 陈学明等：《用另一只眼睛观察资本主义》，重庆出版社 2009 年版。

雷德里克·詹姆逊（Fredric Jameson）的后现代主义、霍米·巴巴（Homi K. Bhabha）和佳亚特里·斯皮瓦克（Gayatri C. Spivak）的后殖民主义，以及21世纪逐渐流行的大卫·哈维的历史－地理唯物主义、齐泽克的黑格尔式的拉康主义以及意大利思想家安东尼奥·奈格里（Antonio Negri）、阿甘本的思想等。对于这些左翼批判理论，国内学界大多是从哲学角度进行研究的。但近些年发现，在马克思主义政治经济学复兴的影响下，学界越来越重视从经济学的视角对这些批判理论进行阐释。实际上，在国外学界也有类似趋向，如国外左翼哲学家中，齐泽克是唯一将资本主义经济置于本体论地位的，他也批评同为当代激进左翼哲学盟友的朗西埃、巴迪欧、拉克劳（Ernesto Laclau）等没有重视经济问题，而使得既有的资本主义批判堕入改良主义的陷阱。

3. 对欧美左翼学者的资本主义批判理论研究存在的问题

这些年来，国内学界对于欧美左翼学者的资本主义批判理论研究取得了不错的成绩，但仍存在着现象描述多，理论分析少，对重要理论问题聚焦不足，有待深入挖掘。而且研究较为零散，主要分散于对资本主义的研究、对左翼的研究以及对国外马克思主义的研究之中，缺乏集中性、针对性。同时未来对欧美左翼学者的资本主义批判理论研究有待立足于中国，以中国问题为导向并以中国的社会现实为依据，这样的研究才能更具现实意义。当然，在研究中应该始终坚持马克思主义基本原理为指导，注重用马克思主义的立场、观点、方法研究左翼学者的思想，并辩证地对待他们的理论成果，避免犯全盘吸收或完全抛弃的错误。

（二）国外研究现状

国外学者对于欧美左翼学者的资本主义批判理论的研究较少有专门的著作，主要以每年度重大会议、活动以及关于某个主题的论战、对话，或者对于某一左翼思想家的新著的评论等形式呈现。英国左翼学者卡利尼克斯的《批判的资源》是关于当代资本主义批判理论的最新研究成果之一。它以能否给我们提供一个超越资本主义的方案为标准，对当代资本主义社会批判理论，包括对尤尔根·哈贝马斯（Jürgen Habermas）、皮埃尔·布迪厄（Pierre Bourdieu）、阿兰·巴迪欧、让－弗朗索瓦·利奥塔（Jean–Francois Lyotard）、雅克·比岱（Jacques Bidet）、让·鲍德里亚（Jean Baudrillard）、阿克塞尔·霍耐特（Axel Honneth）等人的批判理论进行了系统的分析和批判。他认为，批判理论既要满足现代性批判需要又要满足社会主义的政治需要，这样的批判理论不仅仅是提供一个关于批判的实在论的本体论和规范的政治哲学。[①]类似的对于当代资本主义批判理论研究的著作还有哈兹米格·科西彦（Razmig Keucheyan）的《左半球：图绘当今的批判理论》，作者主要从 20 世纪的资本主义批判理论的失败这一视角出发，论证当代资本主义批判理论依然延续着前期的失败。[②]瑟伯恩比（Goran Therborn）的《辩证法之后：后共产主义世界中的激进社会理论》为我们把握当代激进的资本主义批判理论提供了一幅生动的图像，从中我们可以发现它的起源和走向。[③]英国理论家、思想家特里·伊格尔顿（Terry Eagleton）的《政治的贝克特》等著作是批判理论与政治学相结合的杰作，它试图借贝克特这个窗口审视现代主义传统的批判潜能和积极意义。[④]而费什巴赫在《批判的不幸：从雅克·朗西埃开始的反思》一文中评述了朗西埃对资本主义的批判，并为马克思所开启的社会批判的合法性作了辩护。

对于左翼界的重大会议、活动较具代表性的就是每年在纽约举办的全球左翼论坛，每年均有不同的主题，来自全世界的左翼学者就论坛主题发表自己的主题演讲和思想理论，且对不同的理论和当前现实问题进行商讨。其余

① Alex Callinicos, *The Resources of Critique*, Cambridge: Polity, 2006, pp.xi-14.

② Razmig Keucheyan, *The Left Hemisphere: Mapping Critical Theory Today*, London: Verso, 2013.

③ Goran Therborn, "After Dialects: Radical Social Theory in a Post-Communist World," *New Left Review*, 2006, Vol.43, p.113.

④ Terry Eagleton, "Political Beckett?" *New Left Review*, 2006, Vol.40, p.74.

的就是各国左翼组织及期刊所组织的会议及活动，较为大型的有英国著名左翼杂志《历史唯物主义》的年会、在伦敦举办的历届“马克思主义节”、美国的“重思马克思主义”以及对于一些重大事件、人物的纪念活动等。这些会议、活动为左翼理论家们发表各自见解及互相的学术交流和政治活动提供了平台，但由于作为会议形式的交流显得略为不具理论的系统性，因此，在此不作过多的介绍。左翼学者内部的理论交流更多地体现为他们之间关于某个主题的争论或论战。其中最为激烈的莫过于对于新帝国主义批判的讨论，艾伦·伍德和大卫·哈维关于新帝国主义的争论最为重要，期刊《历史唯物主义》还对此作了专题讨论。即使大卫·哈维和艾伦·伍德对帝国主义的认识及批判视角不同，但他们的共同之处在于对全球资本主义的霸权批判均涉及了经济霸权、政治霸权，只是两者间的地位与关系不同。当然，其中还涉及其他左翼学者的评论，不过也主要是围绕伍德和哈维的争论展开，如艾希曼（Sam Ashman）和卡利尼科斯在《资本积累和国家体系：对大卫·哈维的新帝国主义的评价》中基本同意哈维关于两个逻辑的区分和相互交织的观点，但对“掠夺式积累”的普遍化观点持不同看法。①而鲍勃·萨特克利夫（Bob Sutcliffe）在其文章《帝国主义新与旧：评哈维的“新帝国主义”和伍德的“资本帝国”》中指出，哈维夸大了当代资本主义过度积累危机的严重性。②还有关于民粹主义之争，这主要是在齐泽克与拉克劳之间展开。美国芝加哥大学主办的《批判探索》杂志2006年春季号首先发表了齐泽克批评拉克劳的《论民粹主义理性》③一文，标题是《反对民粹主义的诱惑》④。拉克劳随即在该刊

① Sam Ashman and Alex Callinicos, “Capital Accumulation and the State System: Assessing David Harvey’s The New Imperialism,” *Historical Materialism*, 2006, Vol.14, Issue 4.

② Bob Sutcliffe, “Imperialism Old and New: A Comment on David Harvey’s The New Imperialism and Ellen Meiksins Wood’s Empire of Capital,” *Historical Materialism*, 2006, Vol.14, Issue 4.

③ Ernesto Laclau, *On Populist Reason*, London: Verso, 2005.

④ Slavoj Žižek, “Against Populist Temptation,” *Critical Inquiry*, 2006, pp.551-574.

秋季号上发表《为何建构人民是激进政治之要务》一文予以反驳。[①] 另外，激进哲学协会 2006 年会议亦有相关议题的讨论，主题是“民粹主义是我们的未来吗？论拉克劳的近期著作”。由于新自由主义以自由代替平等、以市场效率代替社会正义作为全球化意识形态核心，西方福利国家陷入危机，社会不平等加剧，南北差距日趋严重，社会正义日益成为焦点。著名社会批判理论家南希·弗雷泽（Nancy Fraser）十多年来一直就社会正义这一论题与阿克塞尔·霍耐特展开批判性的对话。弗雷泽认为，对于霍耐特的承认理论存在着“再分配—承认的难题”，存在着群体身份代替阶级利益的不平等以及用文化统治代替经济剥削的非正义情形。她近年来连续推出了《承认，社会不平等和社会正义》[②]、《正义的尺度——全球化世界中政治空间的再认识》[③]，以及《伤害 + 侮辱——争论中的再分配、承认和代表权》[④]，全面阐述其反常规正义理论。在左翼学者内部类似的论战、对话持续存在，一方面是理论背景的不同，另一方面也是立场或激进或温和的体现，同时在论战与对话中也存在对彼此理论的进一步研究与探讨。

通过对欧美左翼学者的资本主义批判理论研究文献的整理分析，可以得知欧美左翼学者的批判理论所涉及领域范围之广，且每一个阶段批判研究的主题有所偏重，即使是同一主题的重新研究也是进一步的深化。这对我们认识分析资本主义世界提供了一个独特视角，也对认识资本主义有重要的参考价值。国内的研究则经历了从翻译、介绍到理论分析研究，更有待深入分

---

① Ernesto Laclau, “Why Constructing a People Is the Main Task of Radical Politics,” *Critical Inquiry*, 2006, Vol.32, pp.646-680.

② Nancy Fraser and Pierre Bourdieu, *(Mis)recognition Social Inequality and Social Justice,* Routledge, 2007.

③ ［美］南希·弗雷泽：《正义的尺度——全球化世界中政治空间的再认识》，欧阳英译，世纪出版集团 2009 年版。

④ ［美］凯文·奥尔森编：《伤害 + 侮辱——争论中的再分配、承认和代表权》，高静宇译，周穗明校，上海人民出版社 2009 年版。

析及运用的过程。而接下来对欧美左翼学者的资本主义批判理论研究工作则应该从以下三个方面展开：第一，进一步辨析与“左翼”相关的概念。遵循从马克思主义的角度判定的最低标准，即当代的左翼不再承认资本主义制度的合法性，并努力超越资本主义制度。利用好国外左翼的相应载体：政党组织、运动和思想，实现三者有效整合。第二，实现从零散研究发展为整体研究。对欧美左翼学者的资本批判理论的整体研究有利于进一步把握资本主义世界的变化，同时也为左翼研究提供一个厘定其自身的有效视角。在整体分析前提下的个别人物、理论的分析研究更具准确性和理论及现实价值意义。第三，研究要进一步立足于中国现实，理论要落脚到对中国的启发和作用，不能仅仅停留在对批判理论的综述和介绍上面，也不能仅仅就研究国外而研究国外。最后，在实现这三个方面的过程中始终不能放弃马克思主义的指导原则，坚持把马克思主义基本观点、立场、方法作为研究的基础前提。

三、相关概念辨析与欧美左翼学者界定

在关于左翼的资本主义批判理论研究中，有些术语经常交错出现。这些术语在内涵界定、涵盖范围等方面既有重合又有所区别，但在目前国内研究中却存在概念混乱和滥用的情况。因此，有必要对几组相关概念进行比较和澄清，并且界定本书中的研究对象为欧美左翼学者的范围。

首先是“左翼”。左翼又称左派，是一个政治概念，是相对于右翼或右派这个政治概念而言的，表达的是一种政治立场。左翼的起源要追溯到200多年前的法国大革命时期，当时将在国民议会中坐在主席左边的代表第三等级的称为左翼，但随着同属自由左翼的资产阶级成为统治阶级后转变为右翼，相对的左翼成分则发生了变化。因此在历史长河中，左翼是一个较为宽泛且是动态的概念，不同时期其所指阶级和人员成分均有所不同。目前

普遍认为左翼主要有三种表现形式：左翼组织、左翼运动、左翼思想或思潮。左翼组织主要是指现存于各国中的左翼政党，包括共产党在内，以及如罗莎·卢森堡基金会、纽约全球左翼联盟、欧洲社会论坛等具有左翼立场的组织机构。左翼运动则是由于民众在生产、生活和政治参与中积压了大量不满，在左翼组织或左翼人士领导、呼吁下，或依托行业工会，或自主举行占领，或游行示威等反抗运动，以表达民众对日常生产生活的诉求，引发社会关注。比如常见的工会运动、新社会运动、全球化批判运动等。左翼思潮是与保守主义（右翼）相对的，偏向社会主义的思潮。左翼思潮对资本主义大多持批判态度，主张平等、民主和多样性。

就左翼立场的激进程度而言，可以将左翼分为激进的左翼和温和的左翼。可是这种划分并非绝对的，因为没有绝对的激进也没有绝对的温和，特别是处于资本主义世界这一复杂的现实社会中，一些激进的左翼尤其是激进左翼政党为了生存或者选举的需求而采取了一些相对温和且迎合大众的政策纲领。而且，对于什么样的左翼是激进的，国内外学界也没有一个统一的标准，不同学者对左翼的激进程度的理解存在差异，所以激进的左翼和温和的左翼所涵盖的范围也不尽相同。一般而言，多数研究者会将激进左翼和革命左翼均归为激进的左翼，革命左翼一定是激进的，但激进左翼却不一定是革命的，如持批判的马克思主义立场的佩里·安德森（Perry Anderson）和伊格尔顿等是激进左翼，却不是革命左翼，因为他们并不一定持对资本主义进行彻底革命的政治立场，或认为对资本主义批判和反抗是存在的，共产主义也不会被人忘却，但实现的可能性是渺茫的。而激进的革命左翼一般是把马克思主义与反帝国主义和反资本主义统一起来，认为要实现人类的解放必须超越资本主义。当然，在国内外学界中还经常出现“激进左翼”与“极左翼”替代使用的现象。但“激进”与“极端”两者间还是存在细微的差别，如卢克·马奇（Luke March）就从对自由民主的态度对此作出了区分。在他看来，在自由主义民主制下，极端主义实质是反自由民主的，而激进主义虽然反对自由民主制，但本质上却不反对自由民主。[①]与之相对的温和的左翼则一般都是改良派，他们把自己定位于资本主义自由民主传统内部的自我批判，强调一个合理的社会要实现公正与自由的统一。

例如，在英国就立场激进与否区分左翼典型的有新左派（New Left）和新新左派（New-new-left）。新左派属于激进左翼这一类别，在英国左翼中也占据重要地位。大卫·玛德琳（David Madeleine）认为新左派是一批在复兴和繁荣英国马克思主义传统过程中发挥重要作用的马克思主义者，如汤普森、霍布斯鲍姆、伊格尔顿、柯亨、卡利尼科斯等[②]。他们把马克思主义在英国思想传统中加以"自然化"，从而使马克思主义对史学、文化批判、国家理论以及社会主义理论等领域的学术研究产生了持久而深刻的影响，最终形成了具有鲜明特征、思想活跃、内涵丰富的英国马克思主义传统。而新新左派主要源自《优斯顿宣言》，他们认为激进左派正走向自己的反面，背叛了曾经信奉的自由和民主的价值观念，而他们宣言的核心纲领就是"反'反美主义'"，希望重新确立左派政治学与人类普世价值之间的积极联系。这种具有妥协性的核心纲领则明显突出了其温和的一面，甚至有沦为右翼的危险。

其次是"资本主义批判理论"。资本主义批判理论存在狭义和广义之分。狭义上的资本主义批判理论是指在马克斯·霍克海默（M. Max Horkheimer）主导下，于20世纪30年代中后期逐渐形成的一种不同于法兰克福社会研究所早期研究的新的理论范式。与狭义上的资本主义批判理论直接相关，或者说可以作为其同义词的一个概念是法兰克福学派。值得注意的是，虽然法兰克福学派是以法兰克福社会研究所为基础的，但法兰克福社会研究所学者的研

① Luke March, *Radical Left Party in Europe*, Routledge, 2011.

② David Madeleine, "The Marxism of British New Left," *Political Ideologies*, 2006, Vol.11, Issue 3.

究和观点，并不能直接等同于法兰克福学派或资本主义批判理论。一般来说，资本主义批判理论范式的奠定或者说形成的标志，是1937年霍克海默发表的《传统理论与批判理论》一文，而《启蒙辩证法》以及1966年西奥多·阿多诺（Theodor Adorno）出版的《否定辩证法》，可以被看作批判理论最具代表性的经典著作。广义上的资本主义批判理论在于它不是某个具有明确的所指界限的理论，而是一个理论的"群"。所以，很难给批判理论下一个明确定义。基于该理论对社会结构、群体文化、自由与解放的关切，著者尝试对广义上的资本主义批判理论的含义作如下概括：资本主义批判理论是指通过揭露由于社会结构、制度、文化等因素而形成社会中的被剥削、被压迫、不平等、不自由等现象，并以促成解放为目标，在批判中启发人们的自觉、反抗的意识和能力，以寻得解决当下的社会制度困境的方案并获得自由、解放。它处在法兰克福学派之中。法兰克福学派的资本主义批判理论则针对当前的资本主义社会存在的不合理现象进行批判，并尝试寻找解决方案，由此形成理论。

最后是本书的研究对象"欧美左翼学者"。虽然本书将研究对象集中于左翼学者，即目前左翼思想的主要提供者。其中一些左翼学者不仅是学者，同时也是左翼政党的领袖，如卡利尼克斯就是英国著名的左翼学者，同时是英国社会主义工人党领袖。但左翼学者依然是一个较为庞大的群体。对于左翼学者这一看似相同却又存在较大差异的群体进行分类、梳理研究，具有一定的困难。这里对欧美左翼学者进行一个简单的界定：主要是指以其对资本主义是否持批判态度，不承认资本主义制度的合法性，并且在理论渊源上与马克思主义有所相关的一些学者，既包括西方马克思主义和后马克思主义思潮与流派的代表人物（即广义上的国外马克思主义者），也包括诸多虽不自称为马克思主义者，在理论中却关涉马克思主义的一些欧洲激进左翼思想家以及具有左翼思想的社会理论家。本书的位置区隔设为欧美，不仅仅是纯粹的地理概念，而更多的是以意识形态划分的概念，其中亦体现了资本主义批判在地理位置上的一个转向。

需要指出的是，其实并不存在欧美左翼学者对资本主义批判的系统理论，他们对于资本主义批判的兴趣也经常随着当下形势的变化而有所变化，有些左翼学者对资本主义的批判较为集中，但大多数零散分布于他们自身的理论之中。同时由于这些左翼学者自身的学术背景、不同时期受不同派别、人物的影响，对于资本主义的批判也呈现多元化，对于这些纷繁复杂的理论要以问题为导向并按历史阶段进行研究是一个较为艰难的任务。在研究过程中有可能由于对文献研究数量的不够充足、对问题的驾驭不当，出现研究对象的不全面和分析不充分等问题。

四、本书的研究主题与框架

本书除了导论外，总共有五章。全书以东欧剧变、苏联解体以来欧美左翼学者对资本主义的批判理论为研究对象，以时间、重大事件为线索，梳理、挖掘自东欧剧变、苏联解体以来欧美左翼学者对资本主义的批判视角、内容及特征。在时间上限定为自东欧剧变、苏联解体即20世纪80年代末90年代初至今，在地域上限定为欧美地区，在批判主体上则限定为左翼学者。在这一限定的基础上，全书将东欧剧变、苏联解体以来欧美左翼学者对资本主义的批判理论分为两大时期：1989—2007年、2008年至今，分别将之称为剧变时代和危机时代。这两大时期又分别围绕三大主题：剧变时代的全球资本主义批判、危机时代的资本主义危机批判和资本主义逆全球化现象批判。欧美左翼学者正是围绕着这三大主题对资本主义展开他们的批判的，而在这一批判过程中，他们在整体上呈现各阶段中的批判特征：从反思到激进到再反思，前后两个“反思”是一种否定之否定，是经历一系列批判之后，欧美左翼学者形成一种更为审慎成熟的批判阶段。当然，这些呈现出来的阶段性批判特征又与当时的资本主义世界、共产主义运动、社会主义形势，左翼政党、其他左翼势力在当时的地位形势，以及前期资本主义批判理论的影响息息相关。本书最后对欧美左翼学者的资本主义批判理论进行了一个总体评价和启示意义的总结。具体的逻辑结构如下：

第一章，概述欧美左翼学者资本主义批判理论的历史生成。每一个理论的产生都不是偶然的，均有其特定的历史渊源、时代背景和理论基础。这一章主要梳理了欧美左翼学者资本主义批判理论生成的历史背景和理论基础。其历史背景包括从资本主义兴起到工业资本主义起飞式发展再到 20 世纪资本主义的巨大变迁。而理论的形成则与历史背景息息相关，对资本主义的批判经历了从一开始浪漫主义、空想社会主义、共产主义三大思潮对资本主义的批判，到马克思、恩格斯的经典资本主义批判，再到马克思、恩格斯逝世后第二国际时期和西方马克思主义对资本主义的批判。

第二章，是从 1989—2007 年欧美左翼学者对全球资本主义的批判。在这一章中先是论述了 20 世纪末 21 世纪初世界格局的大变化，从资本主义世界和社会主义世界两个视角讲述了客观世界的变化。资本主义从 20 世纪的重重危机中死里逃生并且迎来了新生，进入资本主义全球化，而社会主义世界则陷入“冬月”，主要是以苏联为代表的社会主义国家及东欧社会主义国家发生了剧变，结束了社会主义政权。就是在这一现实背景下，欧美左翼学者对全球资本主义展开批判。在批判中，他们着眼于全球资本主义的内在限度、全球资本主义的霸权、全球资本主义的外部局限、全球资本主义的反抗主体构想这四个方面展开。对整个批判内容进行分析判断，我得出在这一阶段中欧美左翼学者的全球资本主义批判呈现反思性特征的结论。

第三章，是自 2008 年金融危机爆发至资本主义世界逆全球化现象频发前欧美左翼学者对资本主义危机的批判。在这一章中，我也是先论述欧美左翼学者资本主义批判在这一阶段的时代背景。这一阶段主要集中于资本主义世界的危机，金融危机爆发，欧美各地反抗运动迭起。欧美左翼学者在这一阶段也主要集中于对资本主义危机的批判。他们分别对资本主义经济危机、政治危机、社会危机、文化危机、生态危机展开批判。在批判的基础上，他们还试图就超越资本主义提出替代方案。而在这一阶段的资本主义危机批判中，由于外界的因素影响，欧美左翼学者的批判特征呈现更加激进的状态，这成了他们这一阶段批判的特征。

第四章，是从 2016 年资本主义世界逆全球化现象频发至今欧美左翼学者对资本主义逆全球化的批判。在这一章中，我先是论述了资本主义世界在这期间发生的逆全球化现象，也是欧美左翼学者这阶段资本主义批判的时代背景。这期间虽然距离发生 2008 年金融危机已近 10 年，但世界经济依然低迷，没有理想中的复苏，由此各种民粹主义、保守主义、孤立主义不断兴起。欧美左翼学者立即对资本主义逆全球化现象展开批判。他们分析了欧美移民危机、英国脱欧以及极右翼势力兴起等问题，并对资本主义未来走向进行了预测。在整个批判过程中，欧美左翼学者一改前一阶段的激进态度，而是走向了新的“反思”性特征，变得更为审慎、现实。

第五章，是对欧美左翼学者资本主义批判理论的评价及启示。我首先对东欧剧变、苏联解体以来欧美左翼学者的资本主义批判理论作了一个总体评价，指出了它们所具有的理论价值和理论局限。最后我对他们这一批判理论的启示意义作了一个简单的总结。

第一章

欧美左翼学者资本主义批判的历史生成

时代的深刻变化总是不断向人们提出一系列亟待回答的重大课题，从马克思所说的（古典）古代社会到封建社会再到资本主义，整个社会发生了什么变化？为何会发生此种变化而不是另外的变化？这其中的演进过程是一帆风顺还是坎坷前行？现如今的世界是“一球两制”，世界经济呈现“东升西降”的趋势，但资本主义仍然占据主导地位，社会主义主导人类文明的时代尚未到来。由此，一个重要的理论问题逐渐凸显出来：如何认识资本主义，特别是当代资本主义的新变化？马克思主义科学理论的建构与形成，始终同马克思、恩格斯对资本主义社会的理解和批判进程关联着，因此，对资本主义的科学认识应该是批判地认识，但批判的认识不一定都是科学的认识。欧美左翼学者作为当代分析批判资本主义的一支重要队伍，他们的资本主义批判对于我们认识资本主义具有重要意义。习近平总书记在哲学社会科学工作座谈会上的讲话提到过，这些西方学者的研究结论未必正确，但在研究和考据上做得还是可以的。而对于欧美左翼学者的资本主义批判理论的研究不能只是片面地看待，不能只看现状及其表面，而要深入研究其形成的历史背景和理论基础，虽然每个时代的精神是特定时代的产物，但同时也是基于历史时代的变化及前人的理论基础之上。因此，作为欧美左翼学者批判理论的批判对象——资本主义——其自身的发展变化则是理论形成发展不可或缺的时代背景，由此产生的批判理论也成为他们的资本主义批判理论形成的理论基础。

第一节　资本主义批判理论的历史背景

所谓资本主义批判理论，就是基于科学认识、分析的基础上，对未来发展的展望及提出解决方案，资本主义批判理论的构建与形成，始终同资本主义社会的发展进程相关联。而全景式地说明资本主义的历史形成及发展，则是这种批判认识的前提。但资本主义是一段内容丰富的历史，其中贯穿着政治、社会、意识形态、道德伦理等。从封建主义到资本主义并不存在经济、政治和文化观念的简单直接转换，混合才是一种常态。资本主义的形成发展也并非一路赞歌，对于某些人来说，它是一面旗帜，而对于另一些人来说，它是一个必须摧毁的旧体系。

一、资本主义与现代世界的兴起

据布罗代尔的说法，作为一个名词性概念的“资本主义”最初是在桑巴特 1902 年出版的《近代资本主义》一书中明确出现并为学术界所接受的，而普遍使用“资本主义”这个概念来指称整个社会特别是经济发展到一定阶段，是在马克思撰写《资本论》之后才得以出现。但是，作为一种特殊的生产方式，“资本主义”在西欧地区的历史性发端时间是 14—16 世纪。整个过程经由工业革命实现了从自然经济向资本主义生产方式转变，而这一转变也往往被看作“现代世界的兴起”。在这一发展过程中，城市发展、地理大发现、农业发展和绝对主义王权起了重要的推动作用，也正是经济实力不断壮大，社会结构发生了极大的变革，资产阶级的地位得到不断的上升和确立并最终取得政权，从而，标志着资本主义的确立。当然，众多立场不同的思想家从各自理论范式出发，对资本主义的兴起及这段历史有不同的理解，如沃勒斯坦和阿瑞吉以世界体系理论为基础的世界霸权逻辑，法国经济学家博德（Michel Beaud）的三阶段划分。在这里，我们主要是基于马克思主义以资本主义生产方式为主线并结合资本主义发展进程中出现的诸种现实因素，尽可能地对马克思主义创立之前的资本主义兴起发展作出一次全景式的粗线条描述。

15 世纪末 16 世纪初，一个新的欧洲世界经济体系终于产生了。这个阶段，也被普遍看作资本主义生产关系的萌芽时期。马克思认为，早在 14、15 世纪，地中海沿岸的某些城市里就已稀疏地出现了资本主义工业生产的最初萌芽。[①] 这一判断提示我们：资本主义生产关系最初是伴随着市场（商业）的发展和城市的兴起而出现的。从历史来看，资本主义的形成不是始于创世之初，也不是开天辟地就有的，而是在封建社会中不断孕育而成的。一开始，封建统治者只是为了自我需求而从被统治者那里剥夺各种实物，这些实物不具有商品性质。但是随着生产力的发展，集市贸易得到发展，商品和货币随之出现，城市也就出现了。但并不是所有的城市都能催生出资本主义，而是城市中特有的商业交换和手工业发展。根据马克思的观点，资本主义生产是通过两条途径逐渐发生的：一是在封建行会内部的分化过程中，产生了资本家与雇佣工人，资本主义手工工场逐渐形成；二是商人资本越来越多地进入

① 《马克思恩格斯全集》第 48 卷，人民出版社 1985 年版，第 120 页。

手工业，试图控制和剥削小生产者，一些商人转化为资本主义手工工场主。这一发展为城市的发展提供了驱动力，城市的发展反过来又为这一生产方式进一步发展提供了温床。最重要的是，在工场手工业的模式下，劳动与资本的分离已在生成。因此，尽管在资本主义发展的最初阶段，生产的组织形式主要还只是表现为简单协作和工场手工业，但无论怎么说，资本主义生产关系最初的萌芽正是在工商业的繁荣和城市的兴起过程中才得以出现的。

15、16世纪之交的地理大发现是封建主义向资本主义过渡中的一个十分重要的推动因素。但地理大发现并非历史的偶然，从更深刻的意义上说，它是由当时西欧社会的生产力发展和社会经济矛盾所共同促成的，如米歇尔·博德所说，资本、更加丰富的商品、适于远洋航行的船只和更有攻击力的武器——这些都是商业扩张、地理发现与征服异邦的必要条件。地理大发现让世界变得更小但市场变得更大，全球贸易和世界市场揭开了资本的近代生活史。由地理大发现引发的大规模殖民扩张和殖民掠夺，带来了美洲的黄金，这在西欧国家的资本主义原始积累过程中起到了非常重要的作用。①对此，马克思有类似的评论，正是美洲的金银、非洲的黑奴、对东印度的剥夺标志着资本主义生产时代的曙光，它们成就了资本主义原始积累之一。②

另一个推动资本主义原始积累的重要因素是农业，但一直以来农业所起的作用常被人们忽视，认为资本主义经济发展只是和工业化、城市化等社会变化联系在一起。事实上，资本主义经济从封建经济中孕育而来，其最早也是从农业中脱胎出来的。这主要体现为三个方面。首先，由于天灾，导致生产力倒退，从而使社会关系和社会结构也相应出现变化。而就在这种情形下，农业中出现资本主义经济，资本主义租地农场主阶级顺势出现。其次，

① ［法］米歇尔·博德：《资本主义史》，吴艾美等译，东方出版社1986年版，第44页。

② 《马克思恩格斯全集》第49卷，人民出版社1982年版，第244页。

封建主的衰败，特别是因殖民扩张引发的物价高升，封建主在其中利益受到损害，而资产阶级和农民则有所获益。最后，也是最为重要的是，英国圈地运动以一种十分特殊的方式加速了资本主义经济的发展。15世纪以后，随着英国农业商品化的发展，圈地演变成一场社会经济变革运动，并为以毛纺织业为代表的英国工场手工业的发展提供了基础。

推动资本主义兴起、发展的最后一个因素是民族国家和绝对王权的形成。英国马克思主义理论家佩里·安德森曾对这一因素进行了专门研究，他认为，14、15世纪欧洲各国持续不断的经济、社会危机，标志着封建生产方式在发展到中世纪后期时已陷入困境并已达到自身的极限。这一时期欧洲大陆各国政局动荡的最终结果就是在16世纪出现了绝对主义国家，而这些绝对主义国家的统治可以说就是在向资本主义过渡的时代里封建贵族最后的统治。所以，当这种统治结束时，也就标志着封建贵族权力的危机和资产阶级革命同时来临，资本主义国家即将诞生。① 可见，这种统治形式虽然表现出了某种原则上的内在矛盾，如从表面上来看，它是以维持封建贵族的统治为出发点的，可是在实现封建统治的过程中却又在客观上为资本主义生产关系的生长提供了有利的条件，其中最典型的表现就是与之密切相关的重商主义政策。正因为以对外贸易为主的重商主义的基础并不是生产，所以它在古典政治经济学的奠基人那里饱受非议，但是作为一种治国方略，出台垄断主义、外汇管制和争取贸易顺差等重商主义的措施恰恰又有力地推动了带有资本主义性质的经济的发展。由此，在16—18世纪即资本主义发展初始阶段，民族国家和绝对主义王权在经济关系中处于中心地位，而绝对主义国家由盛而衰的历史过程正好见证了资产阶级力量的逐步壮大，在一个更深的层面上揭示了资本主义生产方式的进展。

---

① ［英］佩里·安德森：《绝对主义国家的系谱》，刘北成、龚晓庄译，上海人民出版社1990年版，第26页。

资产阶级作为一个新的历史主体地位的上升和确立是通向资本主义道路的重要标志。资产阶级是由封建社会后期出现的不同于封建地主和农奴的自由“第三等级”——市民演变而来的，而市民又与欧洲最早的一批城市的兴起直接相关。随着资本主义生产关系的萌芽，城市中的市民最先完成了向“资产者”即早期资产阶级的转变。并且，在殖民掠夺、现代贩奴和农业生产关系的变革以及重商主义政策的庇护下，一部分贵族也通过从事经济活动而逐渐转型为新的商业资本家，这也壮大了资产阶级的力量。在经济上取得领导权后，资产阶级便开始要求在思想观点和政治体制上确立自身的影响。特别是到了 18 世纪，随着市场关系和资本主义的发展，殖民统治的矛盾、贵族与资产阶级之间的矛盾、市场交换的日益繁荣与有限的工场手工业生产之间的矛盾等集中爆发时，激烈的社会革命自然就在所难免了。[①] 因此，资产阶级作为新的历史主体是资本主义生产方式发展在社会结构领域中带来的重要产物，而资产阶级争取自身利益的革命则反过来为资本主义未来的发展清除了障碍。

二、工业资本主义的起飞式发展

18 世纪末 19 世纪初，历史发生了根本性的变革：那是一个翻天覆地的革命时代，大不列颠的“第一次”工业革命和“具有垂范意义”的法国资产阶级革命都是在此期间爆发的。[②] 霍布斯鲍姆称之为“双元革命”。这两次革命是对资本主义这一发展阶段的指认，也是推动其起飞式发展的重要动力。正是在这两场革命的影响下，迎来了工业资本主义的诞生，它彻底改变了工

① ［法］米歇尔·博德：《资本主义史》，吴艾美等译，东方出版社 1986 年版，第 44 页。

② ［美］伊曼纽尔·沃勒斯坦：《现代世界体系》第 3 卷，孙立田等译，高等教育出版社 2000 年版，第 1 页。

场手工业资本主义阶段的生产方式和社会结构。在生产方式上，市场经济占据了主导，而社会结构不再是固定化，相互间的阶级关系呈现出既复杂又简单的矛盾关系。因此，18 世纪末 19 世纪初是工业资本主义发展过程中的一个关键时期。因为变化总是一个量的积累过程，在工业资本主义确立前变化已经在积累，总是缓慢得不为人知的，直到这时，社会生活中的一切变化指数起了质的飞跃，工业资本主义如从天而降，而这成了工业资本主义起飞的标志。由此，工业革命和法国大革命的重要性不言而喻，但在这里我们先研究工业革命主要是站在马克思主义立场上，我们倾向于从生产方式的转变入手，将工业革命视为人类社会发展史上社会形态转变的分界点。

尽管关于工业革命爆发的时间起点令人捉摸不定，有人认为工业革命是在 18 世纪的最后 30 年中在英国发生的[①]，也有人认为工业革命并不是突然发生的，它经历了 16 世纪中叶到 19 世纪末的漫长过程[②]。事实上，近代意义上的工厂在 18 世纪的欧洲就已出现，相应的资本主义的生产方式也初步建立起来，而到了 1825 年前后，工业资本主义已经在英国确立起自身对整个社会经济生活的统治地位，但以现代性工业为基础的资本主义的起飞式发展并在全欧洲的最终完成，则是在 18 世纪末至 19 世纪。也就是在这一时期，生产力进一步突破封建主义的束缚，蒸汽机的发明以及冶金业的发展成为工业资本主义的起飞式发展的标志。在马克思看来，正是机器在工业革命中起到革命性作用。[③]工业革命始于英国的纺织业，它的从业者注重生产工具的发明创造，发明出各式工具如飞梭、走锭精纺机等，这为蒸汽机的出现奠定了基础。随着蒸汽动力的推广，机械化从纺织业遍及冶金等其他产业。这个普遍推广也实现了地域上的普遍，从英国到当时的欧洲各主要国家。因此，在工

① ［法］保尔·芒图:《十八世纪产业革命》，陈希秦、吴绪等译，商务印书馆 1983 年版，第 9 页。

② ［意］杰奥瓦尼·阿瑞基:《漫长的 20 世纪》，姚乃强等译，江苏人民出版社 2001 年版，第 225 页。

③ 《马克思恩格斯全集》第 23 卷，人民出版社 1972 年版，第 410 页。

业革命中，机器的生产及普遍化应用对工业资本主义发展起到了极大的推动作用，同时也为资本主义生产关系的确立提供了有利条件，社会化大生产才得以逐渐形成。与此同时，殖民地贸易所拓展的世界市场为这一发展起了极大的推动作用。英国通过战争、其他民族的革命以及它自身的帝国统治等手段，建立了垄断地位。这一垄断带来的殖民贸易不仅展示了广阔的前景，而且还指望获得迅速、无法估量的发展，它鼓励企业家采用革命性的技术以满足它的发展需要。

其中发展最为迅速的就是英国的棉纺织业，它像一架滑翔机一样，在殖民贸易推动下起飞了。1750—1769 年，英国棉纺织品的出口增长了 10 倍以上。正是棉纺织业的快速发展，为资产阶级憧憬了一派繁荣发展的景象，利润的动力促使他们展开工业革命，而突然得到充分扩展的市场也需要这样的革命。但问题还在于如何把这样一个足够巨大的市场尽快推到商人面前，特别是除了纺织业之外的其他领域。因此，铁路的革新成了工业革命在 19 世纪的助推力。虽然从工艺技术上看，几乎没有什么可以证明在英国（1825—1830 年）建造铁路是可行的、有利可图的。实际上，以辩证的观点看，铁路建设需要巨大开支无利可图，但这也恰是其最主要的优点。因为从长远看，一方面，铁路的巨大投入为工业革命的头两代人中过剩的积累提供了投资机会，另一方面，铁路的前期投资为后来的世界市场打开了大门，它所提供的运输潜力和消费能力并不是制造铁路的费用所能衡量的。用现代的标准来衡量，当时资本主义最典型的国家英国，也是工业革命的发源地，其经济规模是小而陈旧的。然而以 1848 年的标准来衡量，它的成就是非常伟大的。虽然它因新兴城市比其他地方丑陋，无产阶级的处境比其他地方更每况愈下，但它有着数不尽的蒸汽机，机械化遍及各行业，生产出其他国家总数的商品，进出口贸易达到惊人的 1.7 亿英镑。当时的世界各主要国家即使不如今天这般联系紧密，但都深切感受到了英国发动的工业革命，也都经历着由它带来的对世界的改变，其他一切都显得黯然失色。

英国的工业革命改变了 19 世纪的资本主义发展，而在政治和意识形态方面，法国大革命则是重大事件。法国大革命并不是一个孤立的现象，在史学家那里有个共识就是：它在所有资产阶级革命中是最为剧烈、典型的，也比其他同时代的革命重大得多，而且其后果也要深远得多。首先，它发生在欧洲势力最强大、人口最多的国家（俄国除外）。按霍布斯鲍姆所言，在 1789 年，差不多每五个欧洲人中就有一个是法国人。其次，在于它所具有的群众性特征，大众真正参与其中，并且矛盾的激烈程度也胜过其他革命。因为在当时的法国，官方机构和旧制度既得利益集团与新兴社会势力之间的冲突要比其他国家更为尖锐。典型的封建旧贵族君主专制国家遭遇新兴的中产阶级和资产阶级，利益的冲突，重农学派杜尔哥的“调和式”的温和改革计划的失败，这一切都提供了引爆法国火药库的火花。在政府财政危机和贵族、乡绅们收入日益下降的催化下，日渐衰落的封建势力利用手中余力极尽可能地加紧压榨、搜刮中产阶级和农民，这触怒了中产阶级和农民，革命一触即发。最后，在于它所具有的世界性特征。这场具有世界意义的革命从启蒙运动即已开始孕育，在思想观念上出现了许多新特征、新导向、新趣味和新追求，包括：尊崇绝对的真理，要求明晰的逻辑，强调算计和证据，实证主义与唯理主义大行其道；重新描述和提倡奇妙和谐的宇宙之说，建立起一门符合最高存在之永恒法则的力学；重视自然法，喻示一个以自然法则、自然权利和自然道德为基础的新世界即将被重新发现；承认世俗趣味、个性以及个人欲望的合理性，理直气壮地宣称每个人都有权追求此岸的幸福，享受人间各种世俗的快乐，同时认可个人欲望不应被侵犯，包容某种唯我独尊、功利至上，甚至是纵欲狂欢的人生观。一种新的历史进步思潮越来越占优势，即通过个人智力的进步，思想、知识和启蒙的发展，人类社会将沿着曲折的道路前进。法国大革命的意义就在于通过取消特权，解散同业公会法人团体，取消贸易公司的特权以及废除国王等行动，新兴资产阶级的基本要求在革命中得到了实现。

随着经济的迅速发展、政治结构的变革，社会结构也发生了变革。马克思、恩格斯在《共产党宣言》中准确地揭示了19世纪资本主义生产方式的发展所带来的社会结构的变化，社会中形成资产阶级和无产阶级两大对立的阶级结构，阶级关系更为简单化。[①] 即使资产阶级和无产阶级并不是在19世纪才形成，但是只是在工业资本主义这一生产方式确立之后，它们才成为资本主义社会的主要阶级。只有在工业资本主义得到充分发展的经济条件下，资产阶级彻底实现了转型，而对立面的无产阶级也真正沦落为一贫如洗的无产者，实现了生产资料与劳动力的真正分离。过去封建制度对于农奴的桎梏已经转变为由饥饿对于无产阶级的无形支配。随着资本主义生产力的不断发展壮大，一方面巩固了资产阶级在社会中的经济、政治地位，另一方面它也同样造就了更为强大的无产阶级。无产阶级的壮大也依托于工业资本主义的发展，资本的盈利本性在客观上使得无产阶级人数增加，更具纪律性，更具团结性。值得注意的是，虽然社会分裂为两大阶级的简单对立，但两大阶级各自的成分都呈现为较为庞杂的状况。新的上升的领导阶级中有大金融家族、国际批发商、贸易商、制造商、船东、银行家等，也包括国会议员、立法者、法律从业人员，并且还有部分分支投入工商企业的贵族和士绅家族。工人阶级成分的庞杂则是因为，在19世纪中叶，英国产业体系具有非常丰富的多样性，旧的体系仍然存在，而新的工厂模式在18世纪末也出现了。而在法国，手工生产与工厂生产的人员组成也是丰富多样：传统的工匠、居家作业的农民家庭、法兰西技艺公会会员等，当时欧洲的其他资本主义国家也存在类似的情况。

---

① 《马克思恩格斯全集》第1卷，人民出版社1995年版，第273页。

三、20世纪资本主义波澜壮阔的变迁

英国哲学家以赛亚·柏林对20世纪曾作出这样的评价："我个人在20世纪的生活经历中没有遭遇过磨难，但在我的记忆中，20世纪在西方历史中是最可怕的世纪。"[①]的确，20世纪的资本主义是一场波澜壮阔的变迁。资本主义世界目睹了两次世界大战，战争给其带来了极大的损失。在经济上还经历了两次严重的危机，在70、80年代那次危机中，凯恩斯主义也失效了，最终导致几个发达资本主义国家大幅度的结构变动。不仅如此，它在第一次世界大战之前就面临着德国共产党、瑞典共产党、奥地利共产党以及共产国际的挑战，在第一次世界大战中出现了俄国十月革命和之后出现的第一个共产党领导的苏联政府，从而使资本主义世界不再安宁。第二次世界大战后，苏联建立的社会主义国家产生了连锁效应，纷纷建起了共产党领导的国家，如中国、波兰、越南等，形成了社会主义阵营。20世纪50—60年代，由于苏联的大力支持，全世界范围内掀起了反殖民主义运动，使英国、法国、葡萄牙和西班牙等老牌帝国主义国家的许多殖民地纷纷独立，出现了许多新的国家。加之共产党政权不可挡的发展势头，不论在经济还是政治上都给资本主义带来了威胁。总而言之，资本主义世界在20世纪的绝大部分时光中，是在提心吊胆中度过的，虽然在二战后也迎来了短暂的黄金时光，但是它们担心会即将灭亡。人们对资本主义即将灭亡的感觉直至20世纪90年代以后，确切地说是在东欧剧变和苏联解体之后，才得以结束，并建立起了资本主义能够长命百岁的自信。因此，此处描述的20世纪资本主义的动荡阶段也是截至东欧剧变、苏联解体前夕。

第一次世界大战爆发前，资本主义世界已经开始发生悄然的变化。当马

① 转引自［英］艾瑞克·霍布斯鲍姆：《极端的年代》，马凡等译，江苏人民出版社2010年版，第1页。

克思在1883年去世的时候，资本主义已经处在一个长时期的衰退中，存在着价格长期下跌的趋势。当时的英国积极鼓吹自由贸易学说，但并不是所有“新工业化”国家都遵从自由贸易的原则，美国和德国阻止自由贸易，而法国一直是一个不情愿的自由贸易者。自由贸易最符合最早实现工业化的英国的利益，也由此拉开了现代全球化的序幕，资本和劳动在全世界都有流动——尽管从来不是均匀的。1870—1913年经济增长虽然缓慢，但仍是资本主义上升期（苏联经济学家康德拉季耶夫的长波理论），与资本主义一同发展的是无产阶级的成长，这给欧洲中产阶级和统治精英带来了极大的担忧。其中最具代表性的是，1875年，受到广泛支持的工人阶级的政党在德国形成了，这可以算是第一个“马克思主义”的政党。随着瑞典共产党、奥地利共产党以及共产国际的成立，都对资本主义世界形成了挑战。资本主义世界的统治者们还在忙于对无产阶级政党进行颁布禁令及驱逐其领导时，第一次世界大战于1914年爆发了。这次大战在思想领域改变了资本主义世界崛起时的理念，启蒙时代对于理性的追求转变成了战争的非理性，同时它也中断了资本主义的全球化发展。资本主义在整个世界已经享受了无限制的权利——资本和劳动的流动，自由贸易的范围不断扩大，金本位制度维持着通货原则，但战争打破了这种自由主义的乌托邦。很多人没有预料到这场战争的到来，他们还沉浸于自由贸易将使战争成为不可能的言说中。战争的爆发并没有解决全球资本主义与各个国家经济之间的矛盾，国际贸易受到了严重破坏，资本流动干涸了。资本主义在战争中也暂时退回几个各自独立的国家经济，而且当和平来临之际也不能恢复到一种全球体系。一种新的经济逻辑就此诞生了，也称之为“一国资本主义”阶段，同时国内企业依然是私有化状态，但资本主义的经济逻辑已经不再成为占主导地位的有效逻辑。

资本主义在第一次世界大战中幸免于难，但是正如我们看到的，它也发生了转变。第一次世界大战结束后的那段时期是段糟糕的历史，特别是生活于资本主义世界中的人们都不愿再回忆那段历史。在第一次世界大战后的几年中，通货膨胀遍布了欧洲大部分国家。在英国，战争期间就业充分，工资上涨，但战后采取了严厉的通货措施，工资直线下降，失业率迅速上升，同时出现了政治骚动。德国则承受着沉重的战争赔款以及来自战败的疲惫和劳工正面冲突。而美国是唯一一个经历战后经济繁荣的国家。总体上，战后资本主义世界各国忙于重建国内经济，疲于应付各种冲突，再加上许多殖民地国家也都在利用关税保护来促进工业化或帮助农民致富，这使得自由秩序受到很大损害。实际上，对于自由秩序大得多的威胁还没有到来，墨索里尼在意大利的上台则是一个预告，一个更坏的时代即将到来。1929 年，资本主义体制从它正常的循环增长模式，一下子跳进了不景气的大萧条之中。在其后的岁月，资本主义一直没有从这种大萧条中完全恢复过来。相对于它通常具有的能力而言，在这期间，产出和就业下降到比以往任何时候都低的水平。这次危机也撞击了最强大的资本主义经济体，即最坚固的美国：失业率高达 25%—30%。到 1931 年，所有发达资本主义经济同时跌入谷底，美国、法国、德国因之前的或繁荣或恢复，萧条显得更加来势汹汹。大萧条时期为共产主义革命提供了肥沃土壤，在德国、匈牙利、奥地利、意大利北部出现了不少左翼的革命起义，同时与之伴随的是德国和意大利的右翼威权主义政体的确立，并为匈牙利、西班牙和葡萄牙提供了模式。因此，第二次世界大战爆发。这次大战是自由秩序不得不面临的两次战争之一，最终的结果是威权主义的资本主义模式——法西斯——被打败了。

第二次世界大战结束后的 45 年是变故丛生的 45 年，资本主义经历了“黄金时代”或“凯恩斯时代”、经济滞胀、自由主义的重新复归，这一时期也见证了帝国解体的第二个阶段——英国、法国、荷兰、比利时和葡萄牙的海上帝国的解体。当然，资本主义和共产主义之间的对峙也持续贯穿着这个时期。在黄金时代的大部分时光中，是保护主义和弗里德里希·李斯特

（Friedrich List）确定了战后经济的精神实质。西方资本主义在这一时期的经济绩效是引人注目的：产出增长率平均为 3.8%，而 1914 年之前的最好绩效为 1.4%——相对于两次大战之间的时期是不可思议的。劳动生产力快速地增长，而且实际收入也是如此。这里不仅存在着充分就业，而且存在着过度的充分就业，这导致外国工人的移民入境，并呈现出单一的净流入，这在西欧国家是如此，在美国也是如此。这种繁荣持续到 20 世纪 60 年代，接着麻烦就来了。问题出现的一个前兆是，1957—1958 年爆发的温和衰退——在 1945 年以后的历史上，第一次出现失业上升而通货膨胀却没有下降的现象。随着石油价格的提高，通货膨胀达到两位数的日子到来了，发达资本主义国家发生了一场通货膨胀的危机。凯恩斯主义决策者的策略不仅没能挽救时局，反而使情况恶化：收入政策导致了痛苦的罢工和政党的分裂。政府预算失去了控制，而财政赤字还在增加。资本主义世界中原本劳资间的相对妥协开始崩塌，左翼力量在增强，无产阶级也因生活的困境而开始反抗。在许多国家，尤其是在英国，种族主义也在上升。1979 年石油价格再次提升时，资本主义统治阶级被迫采纳了一个激进方案。“里根式”的政治领导人在美国、英国和德国掌握了政权，新自由主义经济——在整个 20 世纪 50 年代和 60 年代被视为愚蠢的想法——如今又回来了。而“凯恩斯时代”则结束了，凯恩斯理论的 1/4 世纪，带来的是一场经济上的热闹派对，它的结束迎来的是新自由主义时代。

第二节　资本主义批判的理论基础

资本主义的发展给历史带来了进步是不可否认的，但其代价是让大多数人承受痛苦。其产生的是相互伴随的两个后果：财富的倍增和贫困的加剧。资本主义社会的变化所发展出的矛盾的尖锐性，表现在世纪之交的一些激烈的意识形态的冲突上。在其中，对资本主义的批判性研究是认识资本主义重要的、不可或缺的视角，特别是对于马克思主义者而言。这是因为，在资本主义世界中，主流经济学家、政治学家、哲学家并不把资本主义作为一个主题来思考，他们只关心资本主义经济、政治体制、文化等某一领域的发展，而马克思主义者必须关注资本主义，如果想要加速它的灭亡的话。目前，对于资本主义的研究，从根本上来说是以现实社会历史变革为基础（这也是本章第一节所做的工作），但在理论基础上，还需依托于前期的资本主义批判理论，如从空想社会主义、共产主义、马克思、恩格斯到第二国际时期、西方马克思主义对资本主义的批判。

一、浪漫主义、空想社会主义和共产主义对资本主义的批判

资本主义从兴起到工业革命再到20世纪的波澜壮阔的变迁，其自身发展总体呈高速发展状态，但过程并非一路赞歌高唱，它其实一直在面对着许多反对的声音。尤其是在第一次工业革命和法国大革命推动下确立了工业资本主义生产方式，资本主义得到飞速发展，多种“反潮流”从不同的立场和角度纷纷涌现。这些人对影响自己的社会变化十分敏感，对正在进行的变革的批评往往正是来自他们中的一些人，或是以过去的价值观为名（如英国的伯克和法国的博纳德和梅斯特尔），或是以根据理性和平等的标准构想的另一种社会的名义（如英国的欧文，法国的圣西门和傅立叶）。在这里套用卡尔·兰道尔（Carl Landauer）的说法：对工业资本主义及其意识形态体现的自由哲学的抵抗，是在三种社会思潮中发展起来的。[①]我们将之概括为对资本主义的三大批判：浪漫主义、空想社会主义和共产主义。这三种反对资本主义的思想运动面对的都是同一个历史事件，即工业资本主义统治的确立，而且

① ［美］卡尔·兰道尔：《欧洲社会主义思想与运动史》上卷第1册，群立译，商务印书馆1994年版，第33页。

就直接的理论来源而言，它们也具有明显的关联，一方面是对以古典政治经济学为代表的自由主义和个人主义思潮的不满，另一方面则是启蒙运动和法国大革命的影响，特别是卢梭的“自然主义”社会历史观念。但是由于三者各自出发点不同，手握理论武器相异，因而在后续发展的历史命运上也呈现出不同的趋势：浪漫主义思潮曾一度推动了针对资本主义的反思，但最终还是无法形成一种科学的批判理论；到19世纪40年代，空想社会主义和共产主义两大运动逐渐合流，并经由历史唯物主义的改造而最终发展为“科学社会主义”，之所以呈现这样的发展走向，也是因其代表了先进工业生产。

浪漫主义作为一种社会思潮，源起于18世纪下半叶，主要表现在文学、哲学和政治等领域，是对当时社会中占统治地位的思潮的反抗。很难说这种思潮首先是在哪个国家兴起的，也很难说它是在某个国家首先由哪个人提倡的。[①]进而言之，这种思潮甚至不具有一种内在的一以贯之的理论逻辑，而且在不同的国家、不同的阶段上，它都呈现出一些不同的理论特征，事实上确也发挥了不同的历史作用。实际上，作为一种对工业资本主义发展的“怀旧式”反思，浪漫主义运动虽然因其时空上的局限而呈现出一种理论观念上的“万花筒”形式，但我们还是可以从总体上把握浪漫主义的理论特质及其历史走向：作为启蒙运动和产业革命的应激物，浪漫主义从卢梭那里汲取了人类自然本质和社会契约论的养分，又直接面对“市民社会”的堕落和法国大革命的恐怖场景，再经过伯克和费希特的中介后，才在欧洲兴起。浪漫主义作为资本主义批判理论的一种，其所产生的理论效应主要集中在三个方面。第一，对古典经济学及其思想基础的反思，即对个人主义和自由主义的批判。尽管熊彼特认为，所谓“浪漫主义经济学派”向来就根本没存在过[②]，但作为

① ［德］亨·海涅：《论浪漫派》，张玉书译，人民文学出版社1979年版，第1页。

② ［美］约瑟夫·熊彼特：《经济分析史》第2卷，杨敬年译，商务印书馆2001年版，第71页。

一种针对启蒙运动和古典政治经济学的批判性思潮，浪漫主义不可避免地影响着经济学的发展，甚至产生了以亚当·缪勒（Adam Mueller）和弗·李斯特为代表的德国浪漫派政治经济学。然而，最集中地体现浪漫主义理论特征且直接对马克思、恩格斯的资本主义批判有所推动的当属西斯蒙第（Sismondi）的经济学思想。根据马克思后来的话说："如果说在李嘉图那里，政治经济学无情地作出了自己的最后结论并以此结束，那么，西斯蒙第则表现了政治经济学对自身的怀疑，从而对这个结束作了补充。"[①]第二，浪漫主义思潮的最大遗产是历史学研究，特别是德国历史哲学的兴起和法国复辟时代历史学家对法国大革命所进行的政治史研究。经过赫尔德、康德、席勒、费希特、谢林到黑格尔的发展，历史哲学成了19世纪40年代德国青年学者分析社会历史的一般理论框架。这也是马克思、恩格斯在理解资本主义时从一开始就不同于古典政治经济学之处：虽然不尽"科学"，但它首先是历史性的。而法国政治历史学派对法国历史，特别是大革命的研究则在微观层面上直接推动了青年马克思向唯物主义和无产阶级立场的转变。第三，德国浪漫主义，其早期阶段构成了德国古典哲学的一部分，也是青年马克思、恩格斯学术生涯中跨越的第一个理论台阶。就批判资本主义而言，早期浪漫主义那种蕴含在美学理念中的社会政治思想及其后来的历史命运具有重要的理论借鉴意义。除了批判近代"市民社会"发展所造成的个体化与"虚无化"外，德国浪漫主义还着力反对法国大革命中折射出来的启蒙危机——理性的滥用，并极力强调个人同集体、社会同自然之间的和谐。总之，虽然浪漫主义思潮对反思资本主义具有一定的积极意义，但随着工业现代性的发展，看似旖旎的浪漫派注定将沦为一朵被超越的明日黄花。

空想社会主义也是对资本主义的一种批判形式，但就其自身所代表的社会

---

① 《马克思恩格斯全集》第13卷，人民出版社1962年版，第51页。

物质利益和历史使命来看，它根植于工业资本主义的发展，从启蒙运动和法国大革命中汲取理论，在理论诉求上则力求要代表全人类的利益。诚如恩格斯已经科学地指出过的那样，现代社会主义的发展经历了一个从空想到科学的历史过程，其中不同种类的社会主义思潮一直都是马克思、恩格斯认识和解剖资本主义的理论参照：要么起到了开阔眼界的作用，要么成为他们批判的对象。事实上，现代社会主义的发展是资产阶级社会和启蒙运动以来才发生的事情，是工业主义引发的一种反应，一方面工业革命使生产力获得极大的发展，另一方面是生产方式的变革带来的社会关系的深刻转变，此外，近代社会主义也是针对一些替早期资本主义现实辩护的观念所作出的反应。[①] 他们受到了乌托邦主义、启蒙运动和法国大革命的影响，从中获取了关于平等、财产权及自然法等思想，从而形成了近代社会主义思潮。加之在如格拉德·温斯坦莱（Gerrard Winstanley）、加布里埃尔·马布利（Gabriel Bonnot De Mably）等早期社会主义者的全力推动之下，近代社会主义思潮逐步孕育起来并在一批有志于改变当时社会状况的资产阶级青年的努力下演变为受人瞩目的社会运动，即以圣西门、傅立叶和欧文为代表的空想社会主义。他们三人在 19 世纪相当长的一段时间影响了社会主义运动的发展，在马克思、恩格斯关于资本主义的批判逐步深化的过程中，他们也扮演着十分重要的角色。不论圣西门的“实业社会”还是傅立叶的“文明阶段”，都从不同的角度对马克思、恩格斯产生触动，特别是在青年马克思尚未掌握古典政治经济学之时，空想社会主义学说在很大程度上起到了一个理论中介的作用。最后，尽管空想社会主义尚只是一种空想，但是三者都体现了站在工业发展基础上的大资产阶级对现实社会历史的指认，较之浪漫主义思潮而言，空想社会主义的进步意义更加明显。当然同时期还存在着其他社会主义思潮，如蒲鲁东主义、“真正的社会主义”、李嘉图式的社会主义。比

① ［美］卡尔·兰道尔：《欧洲社会主义思想与运动史》上卷第 1 册，群立译，商务印书馆 1994 年版，第 23 页。

埃尔·约瑟夫·蒲鲁东（B. J. Proudhon）是法国后空想社会主义的代表人物，是无政府主义的先驱之一。蒲鲁东主义在法国遗毒甚深，直到马克思创作《资本论》时，它还是科学社会主义的主要竞争对手。而“真正的社会主义”是在德国落后的社会历史条件下产生的一种特殊的社会主义思潮，与青年黑格尔的唯心主义哲学密切相关，直接代表了德国落后的小市民利益。李嘉图式的社会主义接受了李嘉图的劳动价值理论，并以此为根据，主张劳动者有权获得全部产品。这三种社会主义思潮都在马克思、恩格斯研究资本主义本质的过程中不断对其形成新的理论挑战。

“共产主义”作为早期资本主义批判的另一种社会思潮，它的诞生最初与 19 世纪 30 年代巴黎某些秘密社团有关，具有双重含义，兼指公社和流亡革命者团体。[①] 较之社会主义而言，“共产主义”更富战斗意义，与无产阶级的关系也更为密切。从历史上看，直到 19 世纪 40 年代前，社会主义运动和工人运动仍是两股不同的潮流，只在一些小小的漩涡之处发生了汇合。这既反映了在各自的发展初期，社会主义和共产主义两股运动在理论上和实践上存在明确的分野，而从更深的层面分析，也体现出工人阶级尚未清醒地认识到自身的历史地位和光荣使命之前所处的窘境。19 世纪 30 年代以来，以英国宪章运动、法国里昂工人起义和德国西里西亚工人起义的爆发为标志，工会组织普遍建立起来，无产阶级才作为独立的、直接反对资产阶级的政治力量真正登上历史舞台。这就充分说明：现代工人运动恰恰是资本主义发展，特别是工业革命的产物，也正是在此背景下，流传于欧洲下层民众中间的共产主义思潮和运动才能够获得科学的发展，进而为马克思、恩格斯理解和批判资本主义提供了重要的理论与现实支撑。具体到共产主义思潮与运动的发展来说，布劳恩塔尔（Julius Braunthal）在讨论工人国际思想史的时

① ［英］G. D. 柯尔：《社会主义思想史》第 1 卷，何瑞丰译，商务印书馆 1977 年版，第 13 页。

候提出，可以把引发 1789 年大革命、令许多国家的人民为之而振奋的伟大的民主自由运动称为最初的“第一国际”，因为正是这一运动导致了英格兰和苏格兰工人作为阶级的第一次独立的斗争，以及法国的第一个社会主义战斗共同体。[①]这也意味着作为一种现代社会运动的共产主义的碎片化历史最初导源于法国革命中的左翼激进思潮，并且，从巴贝夫的“平等派密谋”开始，经过邦纳罗蒂，到 19 世纪 30 年代布朗基的革命性社团，这之间存在着一脉相传的承接关系。事实上，这条线索还可以延续到“正义者同盟”以及稍后的“共产主义者同盟”这些包括马克思、恩格斯在内的德国人中间所激发出的现实反响之中。[②]如上所述，社会主义思潮和工人运动发展的一个重要阶段在 19 世纪 30 年代开启了。在这个时期，此前很少发生关联的两大运动不仅各自获得了进一步的发展，涌现出诸多流派，而且开始呈现汇流的趋势。更重要的是，也正是在这一历史现实及社会思潮的影响下，马克思、恩格斯努力进行理论探索，科学理解了资本主义的本质和发展规律，并在此基础上创立了科学社会主义的理论和实践之源。总而言之，在马克思主义产生之前的各种共产主义（社会主义）运动固然也都具有自身的历史价值，也为马克思、恩格斯提供了许多思想资源，但皆未能对资本主义作出真正科学的批判。

二、马克思、恩格斯的资本主义批判理论

面对资本主义的兴起和初步发展，特别是工业资本主义的确立，引起了对资本主义社会的三大反抗形式，即上文论述的浪漫主义、空想社会主义和

① ［奥］尤里乌斯·布劳恩塔尔：《国际史》第 1 卷，杨寿国等译，上海译文出版社 1985 年版，第 7 页。

② Eric J. Hobsbawm (ed.), *Marxism in Marx's Day*, The Harvester Press, 1982, p.6.

共产主义。但正如前文所述，这三大资本主义反抗形式或批判在其特定历史中有其自身的历史价值，为后来的资本主义批判理论也提供了许多思想资源，特别是马克思、恩格斯的资本主义批判理论，但因其自身所固有的缺点——或空想或阶级立场或改良等倾向而无法形成对资本主义真正科学的批判——对资本主义的科学批判只有到马克思、恩格斯这里才形成。但也必须看到，马克思、恩格斯的资本主义批判理论并非在短期内无障碍地完成的。同时还需注意到，马克思、恩格斯对资本主义的理解和批判对于后期的资本主义批判理论的发展产生了重大影响，但后期的批判家们由于自身立场或理论逻辑等原因，对于马克思的理论理解就产生了差异。因此，回顾马克思、恩格斯的资本主义批判理论的开始、形成和完成，就成了我们研究后期资本主义批判理论的前提任务。马克思、恩格斯对资本主义的认识和批判过程是较为曲折的，中间经历了好几次重大转折，最后才形成科学的资本主义批判理论，中间的细则也非几章文字所能描述，在此，我仅按其在重大转折上所使用的术语变化来分为三个阶段，即市民社会、异化劳动和生产方式。

第一个阶段是马克思、恩格斯实现从对封建国家的批判到深入“市民社会”作为批判资本主义的出发点。这个时期，青年马克思由于其生活背景和求学经历，对社会历史的理解仍然局限于理想的抽象理性主义。同时又因为资本主义的发展在德国相对滞后，因而马克思、恩格斯所面对的 19 世纪 30 年代的普鲁士王国远未呈现资本主义的“纯粹形态”；亦是因此，德国资产阶级的激进话语首先在宗教和哲学领域里出现，而非发生在政治和经济领域，所以青年马克思、恩格斯首先从哲学探索入手理解和批判资本主义。在对哲学探索的过程中，作为青年黑格尔派的成员的经历对马克思具有重大影响，也是在此时，他深入全面地阅读了黑格尔的哲学，并为黑格尔那丰富而深刻的辩证法所吸引。辩证法的批判精神使得马克思永远保持着对周围事物的现实感，这也为后来他进一步深入展开针对现实问题的反思最终发动对资本主义的现实批判做了铺垫。在马克思开始将自身的哲学理念与现实的政治斗争结合起来的时候，他虽然已获得了对黑格尔辩证法的独特理解，但在基本的政治理念上，还是呈现青年黑格尔派的一般特征，即对自由的追求与理性主义的国家观念——这种立场最初的做法是试图仅仅用理性的普遍原则作为评价普鲁士政府行动的准则。在随后的一系列政治活动中，马克思开始对社会结构和历史发展等问题给出自己的回答，包括有关登记代表制的分析和历史的不自由与自由阶段的阐释等，他仍对资产阶级民主主义抱有幻想。直到在《关于林木盗窃法的辩论》中，马克思首次遭遇现实利益的困惑，他发现自己过去抱有的那种把历史看作一种与外界发生着相互作用的精神发展的产物的观点，对现实问题的具体分析少有帮助，而且该观点与国家依赖于私人利益这个事实（等级代表制）之间还存在固有的矛盾。正是学理的内在逻辑冲突和现实社会环境，促使马克思从精神的窠臼走向真正“现实的大地”。经过克罗茨纳赫时期的研究（主要表现为《黑格尔法哲学批判》和《克罗茨纳赫笔记》），马克思已经转变为一般唯物主义者和哲学共产主义者，并首次以“现代市民社会”来指认和批判资本主义社会现实了。马克思在 1843 年 10 月迁居巴黎之前，关于资本主义的批判性理解就已将对“现代市民社会”的分析作为批判的核心，而市民社会和国家的关系则是批判的一条线索，由此线索出发，进而深入私有制和私有财产的思考路径。这使得马克思对资本主义的分析既与市民社会的发展相关联，又与现代市民社会与国家相分离这一现象紧密联系在一起。他认为，正是现代市民社会的发展才导致了现代意义上的个人与公民之间的对立；再往下走，针对个人与公民之间的这种对立，黑格尔浪漫主义地试图以君主立宪制来弥合它，而马克思强调，唯有代议制才是资产阶级国家的完成形式，可是代议制本身又是这一分离的标志，因此，只有改革选举制，才能实现政治国家和市民社会之间分立的消解，而这一任务的完成，则必须依靠代表人民的普遍利益的等级来完成。这一实现人类解放的思想在马克思的《论犹太人问题》中再一次得到了生动阐述，也是在这一文本中，他进一步从准经济学意义上关注了市民社会的内部结构，用布尔乔亚（bourgeois，资产阶级）一词来称谓市民社会的成员，并从利己需要的角度分析了市民社会中个人的结合方式："连接起来的唯一纽带是自然的必然性，是需要和私人利益。"[①]这表明了马克思已逐步从政治法权批判转到经济学思考上去，可以预见一种对资本主义的新探索即将破茧而出。

第二个阶段，马克思、恩格斯开始逐步转到经济学思考上，并运用异化劳动理论对资本主义展开批判。这一阶段的批判集中体现在《巴黎笔记》（1843 年 10 月—1845 年 1 月）的 7 本经济学笔记和《1844 年经济学哲学手稿》（以下简称《1844 年手稿》，1844 年 5 月底 6 月初至 8 月）的 3 个笔记本上。由于受到赫斯和青年恩格斯的影响，马克思在 1844 年意识到对市民社会的解剖应该到政治经济学中去寻找，所以他在巴黎开始了经济学研究，在《巴黎笔记》的基础上，尝试着以人本主义异化史观的哲学范畴驾驭所面对的经济学材料，写下了作为政治经济学研究初步总结的《1844 年手稿》。这部手稿总的理论逻辑为：马克思首先从"国民经济学的事实出发"，通过对私有财产的"物质"过程的分析导引出它的本质和基础——异化劳动。"异化劳动"是马克思在经济学研究基础上高度的哲学概括，是贯穿《1844 年手稿》全书的一个基本概念。异化劳动理论在哲学上来源于黑格尔和费尔巴哈，特别是受到费尔巴哈哲学人本主义的启发。起初，马克思把宗教异化归结为政治异化，并在《德法年鉴》时期初步揭示了政治异化的根源，即市民社会本身的二重化，市民社会中的个人相互分离而丧失了自己的类本质。异化劳动理论就是这一批判在《1844 年手稿》中的进一步推进。马克思从国民经济学的事实出发，逐层深入地分析了异化劳动的四重规定。他认为，经济事实

① 《马克思恩格斯全集》第 3 卷，人民出版社 2002 年版，第 185 页。

表明，劳动的现实化、对象化表现为工人的非现实化，占有表现为异化、外化。“这一切后果包含在这样一个规定中：工人对自己的劳动的产品的关系就是一个异己的对象的关系。”[①] 在劳动的对象化中异化，这一分析是直接依据经济事实作出的判定，但同时又包含着异化劳动的其他规定。借助经济学研究，马克思并没有将分析局限在赫斯的作为类本质的交往关系的层面上，而是延伸到劳动（生产）关系的层面，这也是他超越于其他社会主义批判家之处，也是未来探索中逐渐走向对生产（劳动）过程理解的重要原因。然而《1844 年手稿》中的劳动在很大程度上仍是一种主观理想化的价值悬设，劳动和资本的对立更多的是在交换和流通的意义上被涉及的。可以说，在 1844 年的马克思眼中，资本主义是劳动异化的产物，并且它的反人类性质直接体现在货币之中——货币在“私有财产社会”中占统治地位。可是，由于马克思在这一阶段对于经济的研究还是浮于表面，并没有关注到政治经济学中劳动价值论，他的“异化劳动”概念也区别于其后期在《资本论》中关于劳动的论述。因此，他在这一时期对于资本主义的分析批判仍然带有抽象性质，更多的是一种哲学上的价值悬设。只有随着马克思后面研究的推进，他不再满足于根据抽象的概念以外在于历史的方式批判现实，而决定深入社会历史运动的“实践”过程中去，寻求当前异化现实的形成原因和扬弃途径。

第三个阶段，马克思、恩格斯确立了以资本主义生产方式为核心的批判方法，在这一阶段，他们确立了历史唯物主义，并从剩余价值理论中揭露了资产阶级剥削无产阶级的秘密，从而得出“两个必然”的结论。1845 年 2 月，马克思一家被逐出巴黎，他们则迁居布鲁塞尔。在那里，为了进一步深化他已经开始的理论思考与现实分析，马克思开始了第二次系统的经济学研究，并留下了《布鲁塞尔笔记》（分前后两个阶段）和《曼彻斯特笔记》。布

① 《1844 年经济学哲学手稿》，人民出版社 2000 年版，第 51 页。

鲁塞尔和曼彻斯特之行也预示着马克思、恩格斯资本主义研究迈上一个新的理论平台，这既是二人经济学研究积淀的自然升华，也是他们所直面的社会历史情境变化的结果，自此以后，以英国为典型的工业资本主义的发展便成为马克思、恩格斯资本主义批判的直接理论对象。这一阶段的理论成果集中体现在《关于费尔巴哈的提纲》（以下简称《提纲》）和《德意志意识形态》，它们确立了历史唯物主义理论，是马克思、恩格斯对资本主义进行科学批判的理论基础，即从生产出发说明历史的发展并揭示资产阶级社会的历史局限性。这一资本主义批判的科学方法论的基础在《提纲》中达成，简而言之就是将工业现代性基础之上的“实践”范畴作为一般理论出发点，从“实践”出发批判费尔巴哈唯物主义的直观性，以变革现实为立足点，强调在现实的社会生活的实践中理解“市民社会”的矛盾并使之革命化。在写作《提纲》和《曼彻斯特笔记》之间，马克思还继续了他在《布鲁塞尔笔记》中的研究，《布鲁塞尔笔记》后期研究和《曼彻斯特笔记》为《德意志意识形态》中历史唯物主义的一般原则提供了重要的经济学理论背景。其主要内容包括：对物质生产和生产力的研究，对李嘉图劳动价值论的分析，对生产过剩的危机、地租和货币制度等经济学问题的关注。这意味着，马克思、恩格斯对于资本主义的分析研究相对于前两个阶段有着质的突破。此外，对于马克思、恩格斯的基于资本主义生产方式对资本主义的批判分析而言，李嘉图式的社会主义和施蒂纳的《唯一者及其所有物》都起到了理论“助产士”的作用：从客观的历史发展出发来批判资本主义，以及用具体历史中存在的现实个人消解抽象的类存在。而对于完整形成资本主义生产方式的批判而言，《德意志意识形态》起了奠基性的理论意义，但在其中并未出现“资本主义生产方式”等字眼，而依然以现代私有制社会作为批判概念。关于资本主义生产方式内在本质及其发展规律的探索只有在《哲学的贫困》和《雇佣劳动与资本》中得到深化，而只有在《资本论》才达到完全理解。较之前期的文献而言，马克思、恩格斯在 1847 年后的文献则更为明显地体现了这一过程：首先，体现为资本主义社会分析话语的转变，后期文献直接凸显了生产力、生产方式、经济关系等概念的分析作用。其次，马克思、恩格斯关注到了政治经济学中的劳动价值论，并以这一理论分析了劳资关系，揭示无产阶级和资产阶级的内在矛盾。最后，在《雇佣劳动与资本》中，马克思第一次就“资本”问题展开了全面分析，阐释了其性质及与生产关系的联系，并涉及了资产阶级剥削无产阶级的秘密，即剩余价值。尽管此时的马克思、恩格斯还未系统地对资本主义展开科学分析，但他们对于资本主义批判的科学理论已经正式开启了。1848 年初发表的《共产党宣言》是马克思、恩格斯资本主义批判一般理论框架的第一次公开阐述，这也是他们第一次以历史的眼光充分肯定了“资产阶级”曾经起过“非常革命”的作用。也正是通过对资本主义历史性肯定的评价，解释了资本主义社会内部的生产力与生产关系的矛盾，从而揭露其必然灭亡的客观根据。而以资本主义的生产方式剖析为指向的政治经济学批判则是在从《1857—1858 年经济学手稿》的写作到《资本论》的出版和修订中达到最高峰。在《1857—1858 年经济学手稿》中，马克思通过货币到价值的分析揭示出蕴含在商品中的劳动二重性，确立了作为资本主义批判科学工具的剩余价值理论，并且初步提供了资本主义全面批判的理论框架。但是由于其作为马克思经济学研究与思考的第一稿仍存在不成熟之处，在对资本主义具体生产过程的分析中仍处于艰难的探索过程。只有收获了广义剩余价值理论和对资本主义再生产过程的全面剖析之后，马克思、恩格斯的资本主义的生产方式批判理论才有可能获得最终的完成。这一完成大致是在马克思开始写作《资本论》第二稿（1861）之后，马克思在剩余价值理论的基础上，全面分析了资本剥削的本质和历史发展，阐述了不变资本和可变资本、绝对剩余价值和相对剩余价值以及剩余价值和它的表现形式之间的关系。他还专门分析了资本主义生产以前的各种形式和资本主义自身发展的不同历史阶段；在批判资本主义生产方式的同时，马克思还描述了取代资本主义的新的社会的一些本质特征。自此，作为资本“主义”的生产方式批判也得以最终确立。

三、第二国际时期的资本主义批判理论

到目前为止，国内对第二国际的研究十分薄弱，甚至许多方面是空白的。从 20 世纪以来，对第二国际，国内研究的主流是持否定倾向，并教条地将之作为为苏联社会主义辩护的反面论据。虽然后来这种情况有所好转，对第二国际的研究也有所加强，但是，依然存在着极大的局限性，在研究领域上较为狭隘，比如社会主义理论、政党建设的理论和实践领域等，人们一直忽略了第二国际时期的资本主义批判理论在批判理论历史上的地位。这一时期的重要性在于它的承上启下作用，上承马克思、恩格斯的经典资本主义批判，下启现代资本主义批判的种种尝试，甚至孕育了后来“西方马克思主义”的批判资本主义的理解模式。因此，第二国际时期的资本主义批判理论演变可以划分两个大阶段，体现为三个方面。这两大阶段分别是：第一，对于马克思、恩格斯的资本主义批判理论的完成和捍卫；第二，马克思主义的资本主义批判理论的分化时期。两大阶段体现为三个方面：第一，完成和全盛时期对经典资本主义批判理论的捍卫；第二，分化时期出现了两种选择的第一方面，即以伯恩施坦为代表的修正主义在“修正”旗号下否定、抛弃经典资本主义批判理论；第三，分化时期出现了两种选择的第二方面，发展经典批判理论，构建现代批判理论的种种尝试。

第二国际前期构成了经典资本主义批判理论的完成期和全盛期，实现了对经典资本主义批判理论的捍卫，这一捍卫主要表现为对马克思主义文本基础建设的完善、思想内容的传播和理论基础的捍卫。在这一过程中，晚年

恩格斯和卡尔·考茨基（Karl Kautsky）、保尔·拉法格（Paul Lafargue）、弗兰茨·梅林（Franz Mehring）、格奥尔基·普列汉诺夫（Georgii Plekhanov）等人作出了巨大贡献。首先，是对马克思的经典资本主义批判文本基础建设的完善。诚然，马克思生前已经完成了其核心文本——《资本论》手稿的写作，但他生前只整理出版了第1卷。《资本论》续卷则是在马克思逝世后分别由恩格斯和考茨基整理出版的。恩格斯晚年将《资本论》续卷的整理和出版看作头等重要的工作，直到逝世的前一年，他用了整整11年的工夫，先后编辑出版了《资本论》第2、3卷，使《资本论》的理论部分完备化，从资本的生产过程到流通过程再到资本主义生产的总过程，构成了对资本主义生产方式本质和运动规律进行系统分析的完整理论体系。就理论内容和逻辑结构来说，资本主义批判理论的核心文本的基础完备化了。考茨基对《资本论》第4卷的整理和《剩余价值学说史》的出版，是对这一文本基础建设工作的进一步完善，将这一理论牢固地立足于逻辑与历史相统一的文本体系之上。除此之外，恩格斯还和第二国际理论家们出版或再版了经典资本主义批判理论的一系列其他重要文本。这些文本的整理工作和出版为马克思的经典资本主义批判理论提供了重要支撑，也是其得到进一步广泛普及的重要前提。其次，是马克思经典资本主义批判理论的传播和普及。第二国际时期，马克思主义理论家为这一传播作了许多贡献，主要体现为两个方面的工作：一是翻译出版马克思、恩格斯的相关经典文本，为经典批判理论的传播扫除语言障碍；二是对经典文本的基本思想及其方法论基础进行评介和通俗化阐释，为经典批判理论的传播消除理解障碍。由于马克思的全部手稿采用过多种文字，公开刊印的论著最初也往往是以不同的文字问世的，这就给马克思的经典文本以及理论思想在有着不同语言，特别是不同语系的欧洲各国的传播造成了障碍。为此，恩格斯付出了极大的心血，承担起《资本论》英译本翻译的总任务。恩格斯的高度认真负责的态度也影响了第二国际理论家，他们也高度重视马克思、恩格斯经典文本的翻译出版工作，他们不是将其看作一种单纯的技术性工作，而是视为传播经典资本主义批判理论的基础工程和自己义不容辞的天职。可以说，最早的一批马克思资本主义批判理论重要经典文本的翻译出版都是由他们促成甚至亲自动手翻译或校订的。同时，对于经典资本主义批判理论思想的介绍和通俗阐释上，第二国际时期的马克思主义者也做了很多工作。拉法格发表了一批反对蒲鲁东主义和可能学说的著作，如《阶级斗争》《可能主义》等为经典资本主义批判理论在法国的传播奠定了基础。在意大利，传播马克思主义的人主要是布拉里奥拉（Antonio Labriola）。此外，对这一工作作出更大贡献的还有考茨基、梅林和卢森堡等。最后，是对经典资本主义批判的基础理论的捍卫。马克思的经典资本主义理论，由于其对资本主义制度所持的革命的批判的立场，必然招致这一制度的维护者的敌意和反对，他们总是企图从根本上否定这一理论特别是其核心文本《资本论》在科学上的合理性。如果说《资本论》第 1 卷的出版尚未引起资产阶级主流思想界的重视，那么，随着工人运动的迅猛发展，随着《资本论》第 1 卷在工人群众中和知识界的广泛传播，随着《资本论》续卷的出版，对于这一巨著继续保持缄默已经不行了。于是，资产阶级学者们对《资本论》开始了公开征讨。首先是在德国，污蔑马克思“抄袭”了洛贝尔图斯的思想，接着以奥地利学派的庞巴维克为主要代表，企图从方法论根基上彻底推翻马克思的经济学理论。第二国际理论家们立即给予有力回应，对包括洛贝尔图斯和庞巴维克在内的资产阶级庸俗经济学进行了全面的批判和清算，从而真正捍卫了马克思主义的经典资本主义批判理论。

19 世纪末 20 世纪初，资本主义发展进入了一个新阶段，资本主义从古典形态转向现代形态，从而在经济、政治和意识形态领域都出现了一些新情况，它们在某种程度上与马克思主义经典批判理论形成“反差”。由此，经典资本主义批判理论出现分化，并呈现出两种选择。第一种选择认为，马克思主义理论已经过时，它不再适应于资本主义的现状，对于资本主义的分析应该采用别的理论或至少是对马克思主义进行修正。这种倾向在德国社会民主党、其他国家的工人党以及在第二国际工人运动的理论和实践层面都有体现。就理论层面而言，典型的代表就是伯恩施坦的修正主义。他分别从哲学、政治经济学、科学社会主义等方面一一对马克思主义理论体系进行了系统、全面的修正。首先，在哲学上，他彻底扭曲马克思主义的唯物主义，将其等同于唯心主义，鼓动不可知论，从哲学上推翻社会主义的解放目标。其次，在政治经济学上，他攻击马克思主义用于批判资本主义的法宝——劳动价值论和剩余价值论。并且大力宣言边际效用，以一些所谓的实证主义论据来否定马克思主义的基本原理，如资本积累理论、经济危机理论、阶级理论等。最后，在科学社会主义上，伯恩施坦基于前面两个方面的歪曲和攻击，提出资本主义已经发生了新变化，不再如马克思主义描述的存在不可克服的危机、矛盾，生产也不再是集中化，社会也没有分化，工人阶级依然能正常生存甚至是大大得到改善。因此，他认为在关于社会主义斗争上，可以进行合法的改良，推行改良主义，而非进行暴力的阶级斗争。可以说，他这一系列主张在实践中产生了广泛的影响，而奥艾尔、海涅、福尔马尔、大卫、米勒兰等为代表的右倾机会主义者则是这一思潮的直接践行者。

与上述观点相反的是另一种选择，这些人认为，马克思主义关于资本主义的分析在基本原则上还是有效的，资本主义虽然发生了新的改变，但并非本质上的变化，他们主张依然坚持马克思主义基本原理，但又应有所创造性地钻研资本主义的新变化，从而将马克思主义的经典资本主义批判理论发展为现代资本主义批判理论。从 19 世纪末恩格斯、普列汉诺夫和拉法格开始，涌现了一大批分析批判资本主义的理论，他们均基于资本主义的新现象、新特征进行理论创新，其中鲁道夫·希法亭（Rudolf Hilferding）、罗莎·卢森堡

（Rosa Luxemburg）和卡尔·考茨基为代表的三种现代资本主义理论最为突出。这三种现代资本主义理论，直接构成了后来以列宁为代表的帝国主义理论的理论来源和思想背景。其中，形成最早、影响最大的是希法亭的“金融资本主义”理论，《金融资本》的出版标志着第二国际对资本主义现代形态的研究发展到了一个新阶段。一方面，它实现了研究过程的飞跃。如果说此前无论是马克思主义者还是非马克思主义者，对资本主义新现象的研究仍然局限于专题研究、国别研究、经验研究的水平，那么希法亭的这一研究则上升到了全面的、一般的、理论的研究高度。另一方面，它实现了批判理论的创新。如果说以马克思《资本论》为代表的经典资本主义批判理论揭示了资本主义的一般本质和发展规律，恩格斯和拉法格等揭示了资本主义新阶段的某些特征，那么希法亭的《金融资本》则提供了关于资本主义特殊阶段的一个完整理论。他指出现代资本主义在经济上走向了金融资本的统治并表现为垄断的特征，而在政治上呈现为帝国主义政策及帝国主义意识形态。整个理论作为马克思《资本论》在流通领域的继续，为理解资本主义新现象提供了新视角，但也隐藏着希法亭对马克思主义的经典资本主义批判理论的改变：它不再如马克思一样基于生产过程理解资本主义，而是转向流通领域，这也造成了其理论在后期的致命缺陷。而罗莎·卢森堡和卡尔·考茨基关于资本主义的理解所形成的理论在第二国际时期的影响力远远弱于希法亭。“资本积累论”和“国际分工论”在当时的情形下显得并不是特别合时宜，在学界中遭受质疑与批判。但不可否认的是，这两种资本主义现代形态理论在资本主义批判理论中起到了一定的创新作用，对理解资本主义新现象提供了新视域。特别是第二次世界大战后，随着所谓的各式后时代（如后工业、后现代、后冷战等）的到来，情况发生了逆转，希法亭—布哈林的“金融资本论”的局限性日益暴露，而卢森堡的“资本积累论”和考茨基的“国际分工论”所包含的某些合理之处却逐步显现出来。

四、西方马克思主义的资本主义批判理论

随着资本主义的发展，产生了一些新现象、新情况，经典资本主义批判理论与资本主义现实间有所差异，加之历史的、客观的、主观的因素，第二国际时期的资本主义批判理论传承经典资本主义批判理论时发生了改变，对资本主义的分析批判模式也出现了变化。这一对资本主义分析批判的转变，构成了第二国际后期马克思主义的资本主义批判理论从经典一元模式断裂和分化为现代多元模式的逻辑入口。第二国际时期流行的实证主义化的资本主义理解模式，从反面催生了列宁主义和20世纪的西方马克思主义思潮。上文已论述过，第二国际理论家们关于资本主义分析所形成的现代资本主义批判理论构成了列宁重要的帝国主义理论的重要来源，在此不再赘述。而关于“西方马克思主义”，它实际上并不是一种严格意义上的理论思潮，而是多种并不同质的理论动向，它们之间的关系是由于它们都与马克思、与资本主义批判相关这个性质维持着。西方马克思主义思潮总体和某种共同纲领或学派（如法兰克福学派）内部的多样性，构成其显著特征，但由于同处于资本主义世界发生变化的同一背景下，虽各学者群体理论气质不同，却对资本主义做了同样层面的研究，得出了类似的解放路径。由于西方马克思主义思潮的复杂性与多样性，本书界定的西方马克思主义对资本主义批判的时间范围是从20世纪20年代至90年代，而20世纪70年代又是个时间节点，采用了张一兵教授的“西方马克思主义终结”这一理论逻辑。对于20世纪70年代之后的新型西方马克思主义批判理论，我更倾向于称之为西方左翼或左派的批判理论。在整个20世纪的批判过程中，面对资本主义的变化，它们总体上实现了从依赖于马克思主义政治经济学批判转向话语批判，从经典资本主义批判的一元论到多元论的转变。

经典西方马克思主义对资本主义的批判是自格奥尔格·卢卡奇（Szegedi

Lukács György Bernát）以降到经历 1968 年运动检验而失败，也标志着“西方马克思主义终结”。[①] 从 1920 年卢卡奇写作《阶级意识》到赫伯特·马尔库塞（Herbert Marcuse）的《单向度的人》公开出版，这是一个从阶级意识到意识形态的圆圈，在这一圆圈中，革命主体从由历史的经济地位决定的无产阶级转变成在“被管理的社会”中“保守的大众”之中的某些“亚阶层”（如失业者、在政治上边缘化的人以及有色人种等），因此意识形态问题亦从直接源自工业生产的物化转移到全面社会控制的技术合理性。尽管这一时期对资本主义的批判受到苏联社会主义建设、第二次世界大战、战后民族解放运动等多种重大政治历史事件的影响，但总体上是第二国际的失败在主要资本主义国家的反响。因此，在理论焦点上，资本主义变化的实质（是否是一个新阶段以及是怎样的一个新阶段）、资本主义的界限以及革命策略是其重心，物化（异化）及其克服这一显著的理论的中轴正是在政治上无望的革命在理论上的曲折表达。佩里·安德森所言西方马克思主义从政治转向哲学（美学）[②]，指的便是这一点。但必须肯定的一点是，尽管卢卡奇、萨特（Jean Paul Sartre）以及早期法兰克福学派有着自身独特的理论起源，但在资本主义分析（以及更深的历史认识）上还是主要采纳了马克思主义的基本方法。他们对马克思主义政治经济学批判的依赖集中体现了这一点，他们在历史辩证法（主客体同一性辩证法）上的复杂甚至矛盾的探索也充分表明了这一点。正是这一点，决定着他们普遍地把生产（实践、劳动）作为分析的入口，例如，萨特后期的《辩证理性批判》仍然围绕劳动实践这个中轴来展开自己的讨论，即使远离了马克思的艾瑞克·弗洛姆（Erich Fromm），也都把雇佣劳动（劳动力）作为自己社会性格理论的基础。构成整个法兰克福学派

---

① 张一兵、胡大平：《西方马克思主义哲学的历史逻辑》，南京大学出版社 2002 年版，“附录”第 409—425 页。

② ［英］佩里·安德森：《西方马克思主义探讨》，高铦等译，人民出版社 1981 年版，第 61—62 页。

基调的批判理论，如霍克海默所强调的那样，正是以（马克思的）政治经济学批判为前提的，因此即使他们把自己理论研究的对象投放到远离工厂的领域，他们也不会忘记作这样的强调："办公室和工厂以外的生活被当作为了恢复精力再到办公室和工厂的生活；因而是一种纯粹的附属物，是一种劳动的彗星之尾，像劳动一样用时间来衡量，而且被称为'自由'。"[①] 如果与20世纪70年代以后的激进理论对比，我们将发现，不必说让·鲍德里亚这种极端论者，大多数批判理论家早已把这种深刻的洞察抛到脑后了。

但是在面对资本主义的实际情况时，仅仅依据马克思的政治经济学批判是不够的，毕竟马克思没有遭遇到这种情况。因此，在推进、深化、拓展马克思主义关于资本主义的认识与分析时，这一时期的西方马克思主义学者始终面临这个问题：资本主义到底有没有发生实质性变化？然而，这个问题又始终晦暗不明或充满矛盾。例如，他们一致认为资本主义的发展无疑已经深化了，法兰克福学派也明确使用源自第二国际的"垄断资本主义""晚期资本主义"等不同提法，但并没有充分的证据说明他们认为这是一个完全不同的资本主义阶段。有趣的是，晚年的卢卡奇非常明确地强调了当下的资本主义是一个新的阶段，但由于他向马克思主义立场的恢复，反而更加明显地从资本主义一般这个抽象水平来进行资本主义批判。[②] 与之对照，我们发现，当萨特和法兰克福学派以更充分展开的资本主义这个"人体"作为参照来发展资本主义批判时，同样是向更抽象水平的理论恢复，"辩证理性批判"和"启蒙辩证法"无疑都是如此。所以，我们看到，尽管他们的现代人本主义逻辑（特别是启蒙辩证法）开始直接把启蒙本身作为批判对象，但他们实际并没有超越启蒙，或者更精确地说，他们把启蒙逻辑推到了制高点，从而也最充分

① Max Horkheimer, *Critical Theory*, New York: Seabury Press, 1972, p.275.

② ［匈］卢卡奇：《关于社会存在的本体论》上卷，白锡堃等译，重庆出版社 1993 年版，第 15 页。

地表征了启蒙思想本身的矛盾。

20 世纪 70 年代之后是一个漫长的整合阶段，正如佩里·安德森所论述的，在 20 世纪 70 年代之后，西方马克思主义迎来的是一个新的更多元化的阶段，这也是其主要特征，从而涌现了一批各式各样资本主义批判视角路径的批判理论。安东尼·吉登斯（Anthony Giddens）出版了《社会的构成》，尽管他本身并非常态中认为的马克思主义者，但在这一著作中，他却强调了马克思的历史唯物主义。书中的批判呈现的是一种综合性视角，凸显了马克思主义原则，一方面以历史唯物主义作为其历史判断之原则，另一方面接受了宏大社会理论架构，并将其批判理论的一些原则应用于其中。詹姆逊发表了《后现代主义，或晚期资本主义的文化逻辑》一文，在文化批判上清晰地描述了“晚期马克思主义”基本框架，并且把自己从《政治无意识》（1981）开始的马克思主义文化批判确切地置于后现代主义语境中，从而亦推动了一种影响广泛的马克思主义思潮的形成。大卫·哈维出版了《资本的界限》，以显著的方式呈现了从空间角度重构《资本论》的成果，在马克思主义空间化道路上设置了一个重要的标志。差不多同一时期，哈贝马斯出版了《交往行动理论》，从而基本完成了自己对批判理论的重构，这意味着他以一个独特的案例再度说明了从早期西方马克思主义出走而可能达及的理论范式。1985 年，拉克劳和墨菲的《霸权与社会主义战略》出版并引起争议，这个局部的范例尽管到目前为止都没有严格意义上的追随者，但它见证了 20 世纪 70 年代发生的阿尔都塞—葛兰西转向，在霸权成为左派行话这一背景中，他们的言说无疑又代表着一种无法用传统概括的路向。还有，1985 年，埃尔斯特与柯亨、罗默共同主编了“马克思主义与社会理论研究丛书”，并且出版了自己的《理解马克思》，这使得柯亨 1978 年出版《卡尔·马克思的历史理论》之后开始形成的具有严格意义学派特征的“分析的马克思主义”成为一个有影响力的思潮。总体上，这一阶段只是一个漫长的过渡阶段。就分析的入口来说，马克思的商品生产理论显然被取消了，在一般意义上，通过消费、媒体、意识形态、理性等这些早期西方马克思主义已经开辟出来的入口，最终汇集成以意识形态或权力话语或霸权为内核的文化，这一点进一步在后来产生了重大而复杂的理论和政治影响。

第二章

剧变时代欧美左翼学者对全球资本主义的批判

资本主义兴起，经历了商业资本主义、工业资本主义、国家资本主义，从而也产生了各个阶段的资本主义批判理论。这些不同的资本主义批判理论实质上是对资本主义的历史认识，批判理论的变化发展一方面是基于理论自身学理上的发展，但更多体现的是资本主义现实变化的召唤。因此，从初始三大社会思潮（浪漫主义、空想社会主义和共产主义）对资本主义批判到马克思、恩格斯的经典资本主义批判理论，再到第二国际时期和西方马克思主义对资本主义的矛盾和规律的分析形成资本主义批判理论，都说明了资本主义是不断变化发展的，只要资本主义依然存在，对它的分析批判就不会停止。自 20 世纪 90 年代开始，整个世界笼罩在“剧变”“全球化”“新自由主义”这些词汇下，它们充斥着这个时代，由此形成剧变时代的资本主义批判理论。一方面它体现了这个时代的变化，特别是资本主义世界出现的新特点、新现象，另一方面它是前人批判方法、批判内容的延续、发展，特别是马克思、恩格斯的经典资本主义批判理论，但同时也是一种拓展、改变甚至修正。自东欧剧变、苏联解体以来，整个西方的资本主义批判理论在地理上也出现了转向，从之前的中、东欧到现在的西欧和英、美，因此，欧美左翼学者的资本主义批判理论成为我们的研究对象。欧美左翼学者在剧变时代对资本主义的批判紧紧围绕资本主义的新变化，提出全球资本主义批判，但由于东欧剧变、苏联解体，共产主义运动遭遇挫折，整个批判理论呈现反思性和退却性特征。

第一节　20 世纪末至 21 世纪初的剧变

在 20 世纪有两个断言奠定了熊彼特大作的结构。一个是："资本主义能继续幸存下去吗？不，我不认为它能存在下去。"① 另一个是："社会主义能行得通吗？当然行得通。"② 当时，有哪颗年轻的心不为这两句话所震撼。可是世界变化总是来得如此之快，资本主义不仅从 20 世纪里一波三折的危机中逃离，还获得了长足发展，而社会主义国家却遭受了巨大的挫折。一方面，资本主义世界从 20 世纪 70、80 年代的经济危机中复生，而且迅速进入资本主义全球化时代，其为资本家攫取了世界上巨大的剩余价值。另一方面，80、90 年代之交发生的东欧剧变、苏联解体标志着国际共产主义运动、社会主义国家陷入了挫折，诚然，这并非社会主义的终结，但是资本主义的死里逃生和长足发展在世界范围内产生了一种资本主义已经"获胜"的错觉，并且当时没有人知道这将持续多长时间。比如艾伦·伍德就曾说道，20 世纪 80 年代

① ［美］约瑟夫·熊彼特：《资本主义、社会主义与民主》，吴良健译，商务印书馆 2019 年版，第 119 页。

② ［美］约瑟夫·熊彼特：《资本主义、社会主义与民主》，吴良健译，商务印书馆 2019 年版，第 257 页。

末及90年代初所发生的东欧剧变、苏联解体似乎印证了人们长期以来坚信不疑的一个论题，即资本主义最符合人性发展，它体现了人类发展的自然规律，任何对该自然法则及偏好的偏离最终都不会有好下场。[①]因此，20世纪末至21世纪初所发生的巨大变动，我倾向于使用"剧变"来表达，而不是使用在这个时期经常出现的"大无序""转折""世纪末日""历史终结"等。因为"剧变"一词从速度上充分展现了事件的变化之快之大，形象、生动地表达了这一阶段的世界状态。

一、资本主义的全球化

20世纪末是资本主义世界重大变化的一个转折点。主宰了19世纪和20世纪前半叶的"工业资本主义"开始退却，而带着资本主义新层次和新变化的"全球化"出现了。随着跨国化和互相依赖的加深，以及"全球化"这个词汇涵盖的所有进程，长达几个世纪的可用"国家"和"国际"来分析经济生活本质的时期已经完结。但这一切并非就此都可以归为世界性的了，因为差别和不同远非减少，相反是在很多领域都加剧了。"全球化"一词只是为世界解构与重组这一复杂过程提供了欺骗性图景，我们应该超越这个词汇，看到资本主义全球化在经济、政治、文化等方面呈现的景象。

（一）经济的全球化

在学界中，关于全球化的认识派别纷呈，它的支持者声称这既是"自然的"，又是技术进步的必然结果，并创造了积极的经济和政治融合。批评者认为，全球化对地方和国家经济是霸权和敌对的。但他们都一致认可应用科学、技术和通信的进步在使全球化成为可能的过程中发挥了核心作用。因

① ［加］艾伦·米克辛斯·伍德：《资本主义的起源》，夏璐译，中国人民大学出版社2016年版，第1页。

此，全球化的动力基础是生产力的进步，特别是第三次科技革命信息技术的推动。但同时，又是资本主义生产方式加速了经济全球化，它是资本主义扩张的一种形式，意味着将地方和国家经济融入一个全球性的、不受监管的市场经济中。因此，现阶段的经济全球化的实质，就是消除对对外贸易和金融的国家壁垒，放松对经济的管制，实行以出口为导向的经济增长，取消对金融资本跨国流动的控制，扩大投资组合资本，私有化以及重组地方和国家经济，以促进自由市场的资本主义。在经济领域具体体现为资本的全球化、市场的全球化、生产的国际化和跨国公司的驱动力作用。

首先，资本的全球化，是基于它在内部及跨国界的流动性。与封建主义等早期制度不同，经济活动变得与领土无关，它可以不断追随利润的方向而去。历史上，资本流动的程度有很大差异。19 世纪和 20 世纪初有一个早期的国际化阶段，到 1914 年，英国对外直接投资占国内生产总值（GDP）的 53%。而随着美国里根政府和英国撒切尔政府的上台执政，全球债务危机的爆发，新自由主义作为一种经济框架的充实，全球化时代下的“华盛顿共识”为资本自由流动扫清了障碍，提供了广阔空间。统计数据表明，1980—2006 年，外国直接投资存量从 5600 亿美元增加到 12 万亿美元，占世界国内生产总值的比例从 5.3% 增至近 25%。① 其次，是市场的全球化。经济全球化的过程，也是市场全球化的过程。市场的全球化主要表现为产品市场的全球化和金融市场的全球化。随着运输技术的进步，有形货物更容易移动，最重要的是，经济变得不那么有形。非物质商品，尤其是金融产品，可以毫不费力地在世界各地流动。就产品市场全球化而言，1973—2007 年，世界贸易从 5190 亿美元跃升至近 12 万亿美元。② 而金融市场的全球化更是使得经济变

① 贸发会议:《2006 年世界投资报告》。

② 世贸组织:《2007 年国际贸易统计》。

得无形，几十亿美元的交易瞬间完成，资金项目在各经济体中来回传输，效率和交易量呈惊人地增长。最后，生产的国际化与跨国公司的驱动力作用。跨国公司是国际贸易、金融和投资协定的主要受益者，也是在商业和生产各个领域进行自由化、放松管制和私有化的最有力的倡导者。他们在维持对制造、分销和服务供应链的控制的同时，通过将选定的生产和服务流程外包给可获得最大回报的国家或地区的公司来降低运营成本，从而获得利润率的显著提高。因此，跨国公司往往是比国家及其金融机构更大的资本来源。到20世纪90年代中期，全球前100名经济实体中有51家是跨国公司（TNC），包括通用汽车、沃尔玛、埃克森美孚，丰田汽车、荷兰皇家壳牌等。

（二）社会结构的两极化

全球化不仅仅是单一地体现为经济的全球化，而且表现在政治、文化、军事等方面。对于政治，目前还未形成政治全球化，但政治的国际化是毋庸置疑的。政治的国际化是一种中性的表达方式，并不能突出地展现出这阶段全球化下资本主义世界的明显特征。因此，在此处考察的主要是在经济全球化的推动下，形成了具有明显两极分化的特征。这种两极分化又体现为三个层面：一是国与国之间，二是国际阶级之间，三是资本主义国家内部。这种分化、差异本身就存在，但在资本主义全球化的推进下，使得这些差异更加凸显，同时还激发了一些新的差异。

首先，在全球化背景下，战后三个世界的划分终结了，形成了新的国际结构。20世纪90年代是资本主义从全球化中获得超额利益，确切地说，应该是富裕资本主义国家整体。这些国家和公司以决定性的方式在整个地缘政治中有着举足轻重的作用，它们集中了最大最多的力量——购买、消费、储蓄、投资、研发、金融工具、军事能力。这些国家里的大国（以美国为首）和超大型世界公司以及世界上的主要金融家执行着全球战略，对主要经济机构和国际金融施加必然的影响。其他资本主义国家以及处于分裂的第三世界国家都成了或被剥削或从属或依附的状态，国与国之间呈现极度不平衡状态。其次，不平等的鸿沟也在世界上的小康阶层和富裕及非常富裕阶层与贫穷及赤贫阶层之间不断扩大：在全球范围内，最贫穷的那部分人所占有的资源比在逐年下降，从 1969 年的 2.3% 到 1994 年 1.1%，再到最后的不到 1%。[①]反之，最富有的那部分人所拥有的资源比则逐年上升。从阶级角度上看，这种两极分化在新的水平上加剧，这种分化正在扩大到国际范围。资产阶级不再局限于一国，而是在跨国、并在全球化推动下对多国的无产阶级进行剥削从而达到利润最大化，从而也形成更强势的优势和垄断，无产阶级也因此处于更加贫困化的状态。最后，国内平均值的统计掩盖的是各个国家内部的不平等幅度，这种不平等其实一直都存在，只是在全球化的刺激下，不论在富裕的三极资本主义国家还是在相对落后的资本主义国家中都更加激化。为了衡量各国国内的不平等幅度，联合国发展计划署计算了最富裕的 10% 的人口的国民收入与最穷的 10% 人口的国民收入比值。在富裕国家，这一比值最高的是美国（15.9）和英国（13.8），最低的是芬兰（5.6）和日本（4.5）。[②]在贫穷国家，这一比值十分依赖于国家的历史与政权的性质。这三个不同层次的两极分化的组合进一步扩大了差距，直到一个极端的程度。因此，在全球化下，资本主义世界的社会结构两极分化呈现出更为复杂且亦是更为扩大化状态。

（三）全球化下的意识形态传播

意识形态作为资本主义的一种文化霸权本身并无新意，但在全球化阶段，其运行模式发生了变化。之前的运行模式更具地域局限性，也更具政治色彩，而在此阶段，更多的是通过某种日常的渗透性直接传播开来。同时由

---

① ［法］米歇尔·波德：《资本主义的历史》，郑方磊等译，上海辞书出版社 2011 年版，第 318 页。

② 联合国发展计划署（PNUD）：《世界人类发展报告（2009）》，第 213 页。

于网络媒体的快速发展，这种日常化的渗透传播更加迅速，也更加为人所接受。更重要的是，资本主义消费社会中的时尚力量已经及于大众，并被同辈群体内的压力放大，这种力量把资本主义文化向世界各地传播。消费者品位的日益同质化，食物和文化的“麦当劳化”以及自由民主思想的日益普及，都归因于某种全球化方式的意识形态传播。因此，消费观念、消费方式和消费内容的全球趋同化是全球化下意识形态传播的重要表现之一。除此以外，在这一阶段，资本主义世界中还盛行所谓的“文化唯物主义”，将文化看作决定性的一方面，替代了唯物主义，“拔高”了文化的地位，从而借着文化的外衣行宣传意识形态之实。在全球化时代下，资本主义世界的意识形态既分化又整合。占主导地位的意识形态依然受新自由主义经济措施的影响，这些措施据称可以增强“经济自由”和“消费者选择”，它们表现为新自由主义意识形态和新多元主义。同时，其他文化或意识形态也没有明显减弱的迹象，而是被资本主流意识形态进一步整合为所谓的“政治正确”。不论极左翼的意识形态还是极右翼的意识形态，都得到包容、接纳，从而给大众形成一种自由、多元的文化氛围，并且将之奉为普世价值加以宣传。

二、“社会主义”的失势

到 20 世纪的尾声，社会主义世界出现了巨大的动荡，随之而来的是东欧国家的共产党政权纷纷瓦解，苏联开始解体。由此，世界共产主义运动迎来了“冬月”，社会主义运动的发展经历巨大的挫折。右翼们声称 1989 年的东欧剧变和之后的苏联解体是资本主义的胜利。左翼们也被这一剧变所震撼，产生了动摇，如美国激进经济学家罗伯特·海尔布隆纳（Robert Heilbroner）也宣称：“资本主义与社会主义两种体制的竞争，在其正式开始后不到75年时间内已经结束，资本主义获得了最终胜利。”[①] 主流评论员认为，正在发生的事情是社会主义的决定性失败和自由主义（实际上是新自由主义）价值观和政策的胜利。福山是最受新自由主义右派欢迎的作家，他谈到了“历史的终结”和“普遍同质国家”的最终胜利，把资本主义制度界定为历史的终结，是人类最好的选择。而现实情况中，社会主义虽然并没有失败，但是东欧剧变、苏联解体确实使社会主义在一个时间段失势了。特别是1991年圣诞节这天，通过电视，世界上成千上万的人都见证了参议院大楼上苏联红旗的缓缓降落，这也意味着苏联政府的垮台。戈尔巴乔夫的“新思维”变革只是导致苏联解体的一个原因，西方国家特别是美国在冷战期间制造的动乱与“和平演变”在其中产生了重要影响。正是在这多种因素的冲击下，苏东地区的共产党政权就像扑克牌一样一个一个地或被推翻或自动下台。社会主义的这种失势不是一瞬间的，而是一个过程，并主要体现在经济和政治这两个方面。

经济上，自20世纪60年代中期起，苏联式的中央计划的社会主义模式显然迫切需要改革。进入70年代，苏联经济出现了衰退的迹象。此时此刻，苏联模式的社会主义国家跟其他任何国家一样，由于全球化的经济，饱受难以控制的流动性和无法预测的波动性，尽管它所受影响的程度相对较轻。但随着苏联大举进入国际粮食市场，加之70年代石油危机的冲击，使“社会主义阵营”进一步深受变幻莫测的世界经济风向影响，其经济状况变得无法预测。而与之相对的是，“发达的市场经济”虽然也受到石油危机的打击，却没有太大的麻烦，安然度过了困难的岁月，至少直到90年代早期还是如此。但在冷战阶段，整个国际局势虽然是紧张而不安的，但是资本主义与社会主义两大阵营也是紧密相连的，二者之间有着奇妙的相互依赖性。也正是在这

① Robert Heilbroner, “Reflections: The Triumph of Capitalism,” *The New Yorker,* Vol.23, 1989.

种依赖性下，由美国和苏联支撑的两大阵营之间的世界格局是稳定的。因此，如果这两国崩溃了，双方阵营必定会先后陷入混乱，不仅是政治失序，而且是经济大乱。因此，随着苏联政治体系的崩溃，原先在其范围内发展出的地区劳动分工以及相互依存的网络也分崩离析，从而迫使本与此相适应的国家和地区如今要单打独斗，面对它们根本不具备有利条件以应付的世界市场。这使得社会主义阵营下的国家变得似乎手足无措，经济陷入混乱。

谈过了经济，现在回过头来看苏东社会主义国家的政治，因为正是从上而下的政治问题在很大程度上导致了 1990—1991 年苏联的解体。在政治上，一方面是把控苏联国内外政治、最终又决定背弃共产主义的精英们实行了错误的改革方略，另一方面是东西方主要领袖的政治博弈。而东欧国家成为苏联体系的“阿喀琉斯之踵”，波兰（加上匈牙利，不过程度较轻）更是其最脆弱的部位。“布拉格之春”后，正如我们所看到的，共产党政权在苏东大部分地区都失去了正统的合法地位。其余国家则是通过国家的高压政治，并有苏联的干涉威胁为后盾，维持共产党的政权。但这些国家较多似匈牙利那样，给予公民良好的物质条件，以及超过东欧平均水平的相对自由，得以稳定维持，但很快又在经济危机的压力下无法维持了。

政治解体促成了社会主义阵营“失势”，经济上的危机加重了这一失势。1989 年下半年，东欧剧变的形势已经欲罢不能了。在 1989 年 10 月到 1990 年 5 月这关键的数月间，苏联政治崩溃已成无法挽回的定局了。然而这个时候，世界的关注点正集中于另一场虽相关却略为次要的突发事件上：欧洲卫星国的共产党政权骤然解体，事先完全不曾预料到。从 1989 年 8 月开始，到同年年末，欧洲地区的传统的社会主义政权，包括波兰、捷克斯洛伐克、匈牙利、罗马尼亚、保加利亚和德意志民主共和国，不是被逐下台，就是从此消失，除了罗马尼亚外，甚至连一颗子弹都没有射出。不久之后，巴尔干半岛的两个国家南斯拉夫和阿尔巴尼亚，虽不是苏联的卫星国，但那里的共产党政权也失势了。东德不久被纳入西德，南斯拉夫则很快四分五裂，陷入内战。这一连串惊人的事件，不仅频频出现在西方世界的电视荧屏上，而且引起了其余各洲社会主义政权的密切关注。

第二节　全球资本主义批判

在这一剧变之下，资本主义发展迎来高潮，一路凯歌高奏，而社会主义政权纷纷垮台，迎接它们的是一场严重的曲折。欧美国家中右翼学者则趁着资本主义发展的东风，进一步从理论上论证资本主义制度的“优势”及美好之处，极力吹捧“历史终结论”。反之，欧美左翼学者则痛下决心，反思原本发展向好的社会主义运动为何瓦解了，他们深入分析当代资本主义的新现象、新特征，挖掘这些变化的本质以及为何资本主义没有走向消亡反而显示出强大生机。由此，他们对资本主义的认识、理解、批判也进入一个新阶段——全球资本主义。全球资本主义是指在资本主义主导下的全球化，这是欧美左翼学者的一致判断，并认为它的实质是资本主义力量在全世界的扩张，企图将全世界的经济、政治、文化纳入其新自由主义的框架之下。资本主义全球化涉及经济、政治、文化，且是一个动态的演进过程，整个过程是一个复杂而多方面的现象，且具有广泛的力量和影响力。因此，要实现对全球资本主义较为全面的理解和批判，必须多视角、多层次、动态式地对之进行剖析批判。对此，欧美左翼学者从全球资本主义的内在限度、霸权体系、生态环境外部局限以及产生的反抗主体等方面对之进行了全面批判。

一、全球资本主义的内在限度批判

全球化是个历史进程，这个进程由来已久。早在一百多年前，马克思就对资本主义的发展趋势，也即今天称之为“全球化”的趋势，做了科学的预见和比较系统的阐述。马克思在论述资本主义的“全球化”时主要采取了资本主义生产方式这一视角，他认为历史向世界历史的转变，看似是空间的转变，但其前提在于生产力的发展作为支撑，且生产力的发展具有历史必然性，不可逆转。世界历史的形成除了生产力的发展，同时还应有相应的世界市场的出现，从而构成了其前提条件。最后，马克思得出结论：基于资本主义生产力的发展，开创了全球化，由此构成了实现共产主义的物质基础，从而全球化最后的发展归宿必然是共产主义。当今欧美左翼学者在资本主义内在限度的范围内提出各自用来取代马克思的生产方式的新的全球资本主义批判理论，得出了与马克思类似但又有重大区别的结论。他们的这一批判是与其对于全球化下资本主义的新特征的认识紧密相连的，整体上呈现反全球化倾向。但是基于对全球化下资本主义的新特征的认识及其带来的影响，欧美左翼学者们对这一分析在方法论上主要可以区分为两大类：一是微观上显示的资本主义特征，二是整体宏观叙事上显示的资本主义特征。

（一）数字资本主义、技术资本主义、赌场资本主义

数字资本主义是指称资本主义进入数字化时代，数字、信息成为驱动资本主义发展的主要动力，它对资本主义世界下的工作、通信、政治程序、教育和娱乐都产生了重要影响。持数字资本主义论的左翼学者均认为数字化、信息化是资本主义的最重要特征也是根本特征，它决定了资本主义世界的存在与运作。但是欧美左翼学者又从不同的视角、层面去理解数字化、信息化，如经济的、社会的、语言的、速度上等，从而达到对资本主义的批判。在经济上，信息化所产生的是信息经济或称知识经济，一般认为，在当前的经济中，它的整个过程均已信息化，信息技术不仅提供了重组工作的可能性，以便更好地控制该过程，从而更好地提高了生产率，而且还提供了资本和消费品新的增长周期，从而促进了经济增长。同时还通过改变消费方

式，加强和重组休闲、通信和娱乐方式的资本。在以著作《信息时代》三部曲著名的曼纽尔·卡斯特（Manuel Castells）看来，数字资本主义的优势的确在于信息技术为资本主义生产力的进一步发展提供技术支撑，而这一信息化也伴随着进一步全球化。[①] 卡斯特将信息经济看作资本主义经济的基础，进而分析这一基础性经济带来了整个社会的变化。他列举了在产业结构上农业、制造业的衰落，反之非体力劳动产业的兴起，同时由于消费方式的改变带来的是服务业的多样化。而在阶级结构方面，传统的工人阶级被“白领”工人阶级所替代，资产阶级对工人阶级的剥削也更加无形化，管理性岗位代替了资本家的工作。[②] 最终他得出结论，当代资本主义社会虽然发生了这些重大变化，但是这些变化并没有改变资本主义的根本性质，而是进一步加剧了新的社会贫富两极分化，且让剥削及分化更具隐蔽性。美国教授丹·希勒（Dan Schiller）也认同这一论断，并指出：“从长远来看，日趋严重的社会不平等现象带来的种种问题丝毫没有好转的迹象。我们很难认为社会富裕程度的差异是上个历史阶段的残留。这种差异显然是由数字资本主义本身造成的。”[③] 在欧美左翼学者看来，在全球资本主义时代资本主义的数字化、信息化不仅仅体现于经济领域，而且涉及整个社会的每个角落，因其数据的力量而使得生活也日益信息化与受监控化。美国加州大学历史系教授、批判理论研究所所长马克·波斯特（Mark Poster）独特地从语言层面对当代资本主义作一种后结构式的描述与批判——信息方式理论。在波斯特看来，电子媒介已经成为资本主义的新特征，因为人们的交往和交流已经越来越多地依赖电子媒介，而且形成了一种新的语言经验。也正是这种言语结构的改变，使得这个时代不

① ［英］曼纽尔·卡斯特：《网络社会的崛起》，夏铸久等译，社会科学文献出版社 2001 年版，第 117—118 页。

② ［英］曼纽尔·卡斯特：《网络社会的崛起》，夏铸久等译，社会科学文献出版社 2001 年版，第 276—277 页。

③ ［美］丹·希勒：《数字资本主义》，杨立平译，江西人民出版社 2001 年版，第 281 页。

论经济、政治还是文化都与现代社会之间产生了一种断裂，整个社会是被电子语言所构型的。因此，语言交流和交往活动是波斯特分析、批判数字资本主义的基础。波斯特认为，一方面，电子媒介的确如卡斯特概括的那般改变了资本主义的生产方式，从而改变了产业结构与阶级结构。整个生产过程都充斥着数字化、信息化。另一方面，他重点指出，电子媒介时代具有不同于过去的交往模式，因此也就导致了主体状态的重构，并因此导致了主体间关系的重构，即出现了新的政治地形。主体状态的重构主要表现为主体在电子媒介的仿像世界中越发呈现为分散、流动、多重化特征。主体的离散带来了整个社会的离散，特别是统治权力的分散化。波斯特还就此提出了一种新的统治模式：超级全景监狱。在这一监狱中，数据库因其可以在空间中完美传输、在时间中无限保存的特征而发挥了至关重要的作用。

技术资本主义其实是对数字资本主义的一种内容上的扩大化，整个技术革命涵盖了信息化、电子化，还包括生物工程、纳米技术等的突破性发展。很多西方学者都使用过“技术资本主义”一词，既有经济学角度也有哲学角度，也从经济、政治、文化等对技术资本主义进行过阐述甚至批判。这些批判很大程度上类似于上述的数字资本主义的批判思路，在此处重点介绍凯尔纳（D. Kellnel）的技术资本主义批判，原因在于他从马克思主义的辩证法出发，辩证地看待技术资本主义并指出了之前学者对这一批判的片面性。凯尔纳既认可技术的积极性，同时看到其消极方面，但他也反对将两方面极端化。在他看来，技术在资本主义中起到了积极作用，但不可提升至技术治国层面，同时他也反对将技术视作妖魔鬼怪。他认可技术所具有的解放潜能，但也看到技术作为资本家用来剥削工人的助推作用。而凯尔纳对技术资本主义的具体批判主义表现为三个方面。首先，凯尔纳的技术资本主义批判指向的是对技术意识形态性质的批判，他认为当前社会出现的新技术极有可能蜕变为一种为资本主义辩护的意识形态，具体来说区分为技术乐观主义和技术悲观主义两种形式。技术乐观主义充当了美化资本主义社会的工具，把技术视为人类解放的工具，相信它能解决人类面临的一切问题。而技术悲观主义总体上是将技术视为一种和人类相异化的力量，看似批判了资本主义，其实只是对技术的批判，这反而十分有利于资产阶级国家维持对人们的统治和压迫。其次，凯尔纳主张辩证地理解技术在资本主义社会中的地位和作用。一方面，基因工程、克隆技术、多媒体技术等新技术在资本主义社会中应用，提高了资本的流动效率，为资本家创下了更高的利润。与此同时，新技术的应用也改变了人们的生活、消费模式，让资本家更清晰地掌握短期内经济发展动向。另一方面，新技术虽然在资本主义社会中起到了重要的推动作用，但其依然受到资本力量的支配。而资本的流动又由资本主义的剩余价值生产、积累所决定，是这些力量决定了资本主义社会在生产、分配、消费、文化等领域的运行。因此，技术在社会外是中性的、无立场的，在资本主义社会中则成了资本家奴役、剥削工人的工具。最后，凯尔纳提出，马克思对技术的分析局限于狭隘的生产领域内，而他认为，随着资本主义社会的不断发展和新技术的涌现，技术的影响力早已不再局限于生产领域，而是逐渐渗入政治、文化，即他所说的“技术政治”“技术文化”。在凯尔纳看来，技术文化是技术日益摆脱经济，成为影响文化的主要因素，它开始呈现对日常生活的殖民，并越发自动化，给工人带来更多休闲时间和创造自由的同时也给工人增加了负担。而在技术政治中，凯尔纳的贡献在于不仅看到技术带来的压迫，同时也发现了计算机和媒体技术对政治的影响，在赛伯空间和媒介政治中看到未来解放的潜在可能。

英国政治经济学教授苏珊·斯特兰奇（Susan Strange）的“赌场资本主义”一词在学术界和政策界引起共鸣，她使用了熟练的技术市场戏剧化方法，向大众展示了他们正在经历的多变和不稳定的金融全景。斯特兰奇无疑不是第一个对金融世界与赌博世界之间的联系发表评论的人，正如玛丽·德·戈德

（Marieke de Goede）在其著作《美德、财富和信仰》（2005）中所讨论的那样，至少两个世纪以来，赌博与金融投机之间的联系一直是激烈辩论的主题。斯特兰奇和其他欧美左翼学者认为，当代资本主义社会特别是全球金融界陷入了风险文化中，它如赌场一样，为金融世界玩家提供了多种游戏选择——债券、政府证券、股票、期权买卖等。最后的结果也如赌场里一样，在充满投机性的游戏中，直白的现实是"赢家和输家之间存在明显的区别"，多数人沦为输家，少数人暴富。在整个资本主义金融体系中，起操纵作用的始终是那些大银行家、大资本家，他们是金融赌场中的大赢家。斯特兰奇批判了这些金融界的操纵者，指出他们为了自身利益，将无数不论愿意与否的普通人卷入其中，让这些人用工作、收入、储蓄进行赌博，最终让他们一一沦为牺牲者。这也体现了资本的内在逻辑，为获利不择手段。[①] 在后期，斯特兰奇又提出了"疯狂货币理论"[②]，这是对赌场资本主义的补充与升级更新，其中关于疯狂的定义依然体现了不稳定、无法预测、不合理的行为，正如她所说的，不仅对"患者"，而且对其他人都造成损害。"患者"指的是在资本主义世界中面对经济不稳定，为了保护自己利益从而采取了强力的投机活动的大资本家们。值得注意的是，之所以说"疯狂货币理论"是赌场资本主义的升级版，在于斯特兰奇更加重视国际金融体系中的政治性。在她看来，赌场资本主义之所以具有极强的投机性还得深入政治权力中，金融体系中的运作模式之所以对大资本家有利可图就在于它实则是一个高度政治性的问题。正是他们所拥有的政治权力赋予了他们制定金融体系的运作和管理规则，从而看似公平交易实则已经被预设了结果。由此，斯特兰奇从经济、政治两个方面完整地展现了她的赌场资本主义理论。最后她得出的结论是：资本主义国家

① ［英］苏珊·斯特兰奇：《赌场资本主义》，李红梅译，社会科学文献出版社 2000 年版，第 1—3 页。

② ［英］苏珊·斯特兰奇：《疯狂的金钱》，杨雪冬译，社会科学文献出版社 2000 年版。

经济、政治上的行动都是基于自身利益，但对于什么才是符合自身的最大利益则是不确定的，因此，由金融体系形成的赌场资本主义可能带来了短期利益，但从长远看则会导致更大的动荡。

（二）世界体系论、全球化的三次浪潮论

从宏观叙事上批判全球资本主义的较为典型的就是世界体系论，而全球化的三次浪潮论是斯洛特戴克（Peter Sloterdijk）提出的，之所以将它作单独介绍是因为斯洛特戴克选择的视角在资本主义批判的激进话语中具有较为独特的视角——融空间和时间于一体，而且在一定程度上类似于世界体系论但又不能相提并论。世界系统理论是一种宏观的社会学视角，试图将“资本主义世界经济”动态地解释为整个社会系统，伊曼努尔·沃勒斯坦对这一理论作出了主要贡献。世界体系理论的起源可以追溯到马克思的思想以及霍布森、卢森堡、布哈林、希尔费丁和列宁等人对帝国主义的批判，而构成这一理论基础的，还包括安娜勒斯学派和依附理论。沃勒斯坦认为，世界体系是一种社会体系，它具有界限、结构、成员群体、合法性规则和连贯性。它的生活由相互冲突的力量组成，每个部分都在不断寻求将其重塑成其优势时，通过张力将其保持在一起并撕开。在整个体系中，沃勒斯坦提出了四个部分：核心、半边缘、边缘和外围，这四个不同的位置与地理位置不等同，是定义了特定区域在世界经济中的相对位置，每个类别都有其自身特定的内部政治和经济特征。核心区域是受益最大的地区，受益于资本主义世界经济。边缘区域将原材料出口到核心地区，并依靠强制性的劳工做法。核心是受益于周边地区基于不平等贸易关系而产生的大部分资本盈余。半边缘区域处于两极之间，这些地区由处于衰退中的核心地区或周边地区组成，这些地区正试图改善其在世界经济体系中的相对地位。半边缘概念在世界体系中起到了一个动态、博弈的作用，说明世界经济体系的可波动性。外围区域在很大程度上维持了自己的经济体系，并处于世界资本主义经济领域之外。在沃勒斯坦看来，世界经济并不是今日才有，

它其实经历了四个阶段，每个阶段体系的中心都不同。但是他指出，核心、半边缘和边缘之间的关系仍然且相对恒定不变。与此同时应注意的是，核心区域并不是所有人都富裕，非核心区域也并不是所有人都贫穷化，其中依然均存在金字塔关系。总体而言，沃勒斯坦认为资本主义世界经济的发展不利于世界人口的大部分，它没有进一步发展余地时则必然灭亡，最终为社会主义世界政权所取代。

斯洛特戴克因其在学术上的原创性而在德国为人所熟知，人们将其媲美于哈贝马斯。他对资本主义世界全球化的批判并非完全属于宏大叙事，他认同后现代历史观对传统总体性的目的论历史观的批判，但也不是一味地跟随后现代思潮的脚步，他提出了关于资本主义全球化的多元、非统一的批判性宏大叙事话语。东欧剧变、苏联解体后，斯洛特戴克对于资本主义全球化的批判主要体现在三卷本的《球体学》（1998—2004）和《资本的内部空间：全球化的哲学理论》（2005）这两部著作中。而后一部著作是他对资本主义进行批判中最为激进且具批判性的一部，它全面、深刻地分析了全球资本主义阶段资本主义获得的所谓的“胜利”，最为引人注目的是他所提出并详细分析的“全球化的三次浪潮”。在斯洛特戴克看来，全球化不是一件新鲜的事件，它是一段历史，而且是一部包含经济、政治形态的多层面复杂的历史。由此生成他的全球化三阶段论：一是古代人在哲学世界中的全球化，他们通过观天象察宇宙，在哲学中幻化出一个全球化状态；二是在资本主义刚兴起的时代，他们将远古幻化的全球化状态落实于实践，地球成为其实践的对象，化作实现价值的场所；三是今天的全球化时代，主要是由电子媒介和网络信息构建而成，全球在电子世界中形成一个网络。首先，在斯洛特戴克的全球化宏大叙事中，全球化第一个阶段是由西方人用古代世界观塑形的主观情境。在《球体学》第1卷中，他曾这样表述：“如果用一个词说出主导欧洲形而上学时代的主题，这就是‘全球化’。在几何上完美圆形的符号之下，直到今天，我们仍然使用着古希腊语的球体（spere）、拉丁语的球体（globus）来指代这个符号，有关世界的整体的西方理性问题既得以展开，也变得穷竭……”[①] 总之，第一阶段的全球化是虚幻的，是基于观察下的形而上学的抽象思维。其次，在全球化的第二个阶段，是落实于实践、现实的，是资产阶级出于资本积累的需求通过航海行动，实现了地理大发现。从而，在经济上资本主义世界完成了大量的资本原始积累，在政治上通过殖民主义实现了对外统治。最后，全球化的第三个阶段，就是今天资本主义的电子全球化时代。理解斯洛特戴克对于这一阶段全球化的批判的关键入口是“资本世界内部空间”这一概念。斯洛特戴克在三层含义上阐释了资本的世界内部空间。一是吞食存在的资本的世界内部空间。在整个空间中布满了资本主义金钱关系，而且它还在将所有非资本的东西都纳入进来。正如斯洛特戴克所说：“资本的世界内部空间不是古罗马广场上的市场，也不是露天的交易所，而是一个温室，它把一切原本处于外部的东西都吸纳到内部中来。”[②] 二是通过数字化、技术化的使用消除了现实中存在的空间障碍，从而实现电子全球化。斯洛特戴克认为，资本主义电子全球化不同于第二阶段的地理大发现后的暴力殖民统治，它通过网络、数字化、电子化等手段将地球上的真实空间丧失，从而在虚拟世界中实现了其征服和统治。三是同质化存在的资本主义全球媒介。资本控制下信息传递的同质化、信息与用户的共时性存在、网络信息的快速读取，这都使人从根本上丧失特殊的感性经验存在。在斯洛特戴克看来，电子时代的全球化看似解放了一切束缚，带来了便捷、自由，消除了距离、边界，但实际上是再一次铸造了新的虚拟的世界外壳，距离的压缩方便的是使资产阶级的权力控制和制造欲望的商业盘剥更微细地植入存在的

① 汪民安、郭晓彦主编：《生产》第 11 辑，江苏人民出版社 2016 年版，第 273 页。

② ［德］斯洛特戴克：《资本的内部》，常暄译，社会科学文献出版社 2014 年版，第 18 页。

微分断面中去。而所谓的自由也仅仅是属于拥有购买力的那帮资产阶级成功人士，这个全球化网住的却是“草根”。

二、全球资本主义的霸权批判

“霸权”概念源于葛兰西，在葛兰西那里，它指的是一个阶级对其他阶级所执行的特定类型的统治，或者是社会的一个部分而不是整个阶级。现实中，“霸权”往往又与帝国主义相联系，欧美左翼学者对全球资本主义的霸权批判也是基于这一时期帝国主义批判的复兴。帝国主义理论在列宁那里达到顶峰，之后一度沉寂，但随着东欧剧变、苏联解体，冷战结束，以及资本主义全球化进一步发展，欧美重新思考和定位自己的全球战略，并一改之前对帝国主义的拒斥态度，将之进行重新包装和阐释，作为统治世界的意识形态工具。特别是“9·11”事件之后，全球权力结构面临着关键性的调整，美国强势推动的全球反恐战争迫使欧美左翼学者再次面对帝国主义问题。哈特和奈格里的《帝国》引起的轰动就是证明。还有后续欧美左翼学者们发展出的新帝国主义理论，都是在资本主义全球化背景下对资本主义霸权的批判。他们对资本主义霸权的批判从经济领域到政治领域一直延伸到文化领域。在批判过程中，欧美左翼学者们对各个领域可能均有涉及，但为了更为清晰地展示他们的批判理论，按其批判的重点，将之划分为资本的霸权、政治的霸权、文化的霸权三个方面的批判方向。

（一）资本的霸权：帝国、资本的帝国

奈格里和哈特在《帝国》一书序言里，一开始就提出了被称之为如《共产党宣言》般的 21 世纪论断[①]，即一种新的全球构序帝国正在逐步形成。东

① Slavoj Žižek, “Have Michael Hardt and Antonio Negri Rewritten the Communist Manifesto for the Twenty-First Century?” *Rethinking Marxism*, Vol.13, 2013, pp.190-198.

欧剧变、苏联解体之后，整个资本主义世界发生了巨大的变化，其中最为凸显的就是它打破了整个世界市场的障碍，实现了经济和文化的全球化交流。在奈格里和哈特看来，伴随着这种全球化在生产、交换、消费、文化中的形成，全球也相应地形成一种全新的统治逻辑和结构，即一种全新的统治模式正在形成。而在这一新的统治模式中，帝国是一个至关重要的政治主体，它是最高权力的拥有者，全球化的运作在它的掌控之中。而且这一在资本主义世界中掌握一切的政治主体，是一种超越领土、国家的隐性力量，这也就是不可直观的资本帝国。[①]我们可以从帝国的生成及其特征两大方面透视奈格里和哈特对资本帝国的批判。第一，在奈格里看来，这种帝国生成的根基在于资本主义生产方式的根本改变。在生产领域的重大改变，即从福特主义向后福特主义的转换。其经济预设的前提是认知资本主义，资本需要对全新的经济政治远程在场存在[②]进行支配和控制，同时资本主义的非物质的信息积累将创造出资本对劳动的全新实质吸纳。这一转变是基于当代帝国主义全球地理的转型以及世界市场的实现，其中资本处于一个不断流动的状态，没有领土的限制，也没有主权的限制，随着利润的方向不断转动。第二，帝国是一种无中心、无疆界的霸权。奈格里将罗马帝国视为今天帝国的历史起源，认为它随着生产方式的变化，一开始发展为早期欧洲版的老牌帝国主义，后来演变为美国版本的帝国主义模式，而到了现如今，由于资本主义全球化，发展为资本霸权的帝国模式。正是资本在全球化下的特点，形成了由资本占统治地位的统治模式，它不同于之前构建的实体统治模式，如欧盟这种政治统治联盟，帝国具有非实体性，由于资本的统治力而形成的是无形的政体。但

① ［美］迈克尔·哈特、［意］安东尼奥·奈格里：《帝国》，杨建国、范一亭译，江苏人民出版社2005年版。

② 远程在场存在是由资本主义当代远程技术的发展所引发的存在论。由于技术的发展，过去的存在论中当下在场的规定被解构了，在场不再是自身的直接在场，而是电子化的远程在场。

是这一无形政体却以强大的支配力统治了整个世界，而且将整个世界的国界一一打破，形成无疆界的“文明”世界。哈特和奈格里记录了全球化时代民族国家不可阻挡的衰落。他们认为，后者废除了国家主权和现代国家所拥有的监管能力，并相信全球化从根本上挑战了国家形式。但这并不意味着主权问题已经消失，它现在处于更高的水平，这正是帝国的水平。帝国主权的定义是它没有中心而不是领土。正如哈特和奈格里提到的那样，他们借鉴了德勒兹创造的概念，提出帝国是一个“光滑的空间”，它没有经历作为国家古代制度特征的边界或政治、经济不平等的“粗糙”。第三，帝国的霸权形式是弥散式的。哈特和奈格里认为，帝国跟欧洲等之前的传统帝国主义的统治模式不同之处，在于它的霸权中介是现代化的知识经济，体现为一种软实力。正是在这一知识经济作用下，并依托跨国公司这一主体，实现对全球建立网络式的统治模式，从而形成新的生命政治统治[①]。当然，这里的生命政治[②]已区别于福柯对生命政治的定义，它更带有弥散式状态，是一种笼罩感，无处逃脱的状态。正如奈格里在2004年的一次演讲中所说：“资本的敌对关系统治着所有的社会关系，生命的所有节点，不管是生产、文化，还是生活方式，换句话说，我们周围的世界现在以生命政治为特征。”[③]因此，资本帝国的霸权呈现无中心且隐性状态，看似不存在却无时无处不存在。哈特和奈格里还指出，在这弥散式的帝国霸权中，跨国公司起了基础性连接构造作用，它们直接构建和整合领土和人口、选择投资方向，从而决定了世界的新

① 所谓新的生命政治统治在哈特和奈格里看来，指的是帝国的规则操纵着所有延伸到社会世界（Social World）每个层面的社会秩序的登录。帝国不仅管理着疆域和人口，而且也创造了它安置自身的世界；它不仅统治着人类的相互交往，而且直接寻求统治人性。它统治的对象是完全的社会生活，因此，帝国代表着生命权力（Biopower）的典范形式。

② 福柯的生命政治的核心是“生命权力”，以区别于传统强暴的新型资产阶级政治权力，意在对生命及其一举一动进行监视、干预、扶植、优化、评估、调节、矫正。

③ ［意］奈格里：《超越帝国》，李琨等译，北京大学出版社2016年版，第178页。

生命政治统治结构。最后，奈格里和哈特总结道，帝国的全球霸权的本质仍然是金钱至上的资本逻辑，而且通过资本的无形力量遍布全球，从根本上改变全球生命政治和社会存在主体本身。

与奈格里和哈特批判资本帝国具有不同路径的是艾伦·伍德对于全球资本主义下的经济霸权的分析。这一批判分析主要体现在她于 2003 年推出的《资本的帝国》对资本帝国主义的分析与批判。伍德在书中勾勒出了一幅帝国主义的谱系图，但这并不是她的目的所在，主要是通过将资本帝国主义与其他形式的帝国主义加以对照，从而揭露资本帝国主义的真实本质。伍德通过对今天作为典型的资本帝国主义的美国与之前作为传统的帝国主义的英国帝国主义进行比较，揭示了资本帝国主义的特殊性、本质特征及动力，并批判了资本帝国主义表象下的一些谎言。首先，关于资本帝国主义的特殊性、本质特征及动力。在伍德看来，曾经的英国帝国主义建立了一套较之于新型的资本主义霸权更接近于传统帝国主义的、以聚敛财富为目的的军事专制暴政，比如当时的东印度公司。而美帝国主义与之最大的区别就是它的意愿是“维持其经济霸权而又不至于陷入殖民统治的泥潭”①。因此，两者的区别就是：“传统的殖民帝国通过‘超经济’的强制手段，通过军事征服和经常的直接政治统治来控制其领土及属国。而资本帝国主义则能够通过经济手段来实施其统治，如操纵市场，包括以债务为武器。”②资本的经济影响力大大超越了直接的政治与军事控制则成了资本帝国主义的鲜明特征。而对于资本帝国主义的本质特征的了解，伍德强调需要了解在资本帝国主义制度下经济与超经济力量之间的关系。她认为，在资本帝国主义下，虽然经济力量具有相对大的独立性，但也不能完全脱离超经济力量的支持，但又得注意的是，这种

① ［加］艾伦·M. 伍德：《资本的帝国》，王恒杰、宋兴无译，上海译文出版社 2006 年版，第 2 页。
② ［加］艾伦·M. 伍德：《资本的帝国》，王恒杰、宋兴无译，上海译文出版社 2006 年版，第 99 页。

超经济力量在资本帝国主义下又有着与过去不同的形式。因此，这种经济力量和超经济力量错综复杂地交织在一起，就构成了当今由资本帝国主义所主宰的世界的基本特征。至于资本帝国主义的发展动力，伍德认为，资本主义的发展动力始终是资本，资本帝国主义也不例外，而且为了最大化地实现利益，它会依靠超经济力量如民族国家的力量来实现。民族国家对于资本的追逐，特别是对于资本在全球化下的流动显得尤为重要。这种重要性主要体现是把资本主义的经济法则强加给整个世界，即将市场机制引入尚不存在这种机制的地方，而在已经存在之处则予以维持。其次，关于资本帝国主义表象下的几个谎言。伍德揭露了资本帝国主义在新形式下所产生的三个误解或谎言。第一，资本帝国主义实施资本主义经济“全球化”的假象。伍德要求人们对“全球资本主义”这一概念有一个正确的认识，它的实质不是“全球化”而是“资本主义”，全球化只是实现资本主义利益的工具。资本帝国主义者之所以要实施全球化并不是真心实意地实施全球化、鼓励世界所有地方都像自身一样发展资本主义经济而变得强大，他们的根本目的在于确立自己的全球化优势，并且让这些国家在面对资本主义法则时弱不禁风，更成为依附于帝国列强的“附属国”。第二，资本帝国主义削弱民族国家的假象。以美国为代表的资本帝国主义打的是全球化的旗号，而这种全球化不仅被人们理解为资本的国际化，而且又被人们误认为美国在追求经济的一体化的同时还要实现政治的一体化，而政治的一体化就意味着民族国家的被削弱。在伍德看来，相信在全球化状态下民族国家会衰落，这不仅不符合当今世界秩序的实际，更有害的是如果持有这种观点，那必然导致人们无力与强大的资本帝国抗衡。她强调，民族国家在传播资本主义的过程中一直是不可替代的工具，一方面表现在欧洲民族国家的军事力量把资本优势力量带到了世界的各个角落，另一方面又体现在作为接受方的民族国家又成了资本主义的“导流器”。伍德要求人们要清醒地认识到，在当今资本帝国中，资本之所以可以做到不断扩张就在于它以一种特有的掩盖方式将自身看似抽离出国家力量，但其实它又内在地依托于国家所提供的超经济力量，有时甚至是其必要手段。“这便是资本帝国看似愈发显得纯经济倾向，却愈发有可能产生民族国家。”[①]第三，资本帝国主义似乎会放弃使用以军事势力等构成的超经济力量。伍德强调，资本帝国中资本的控制占主导地位，但并不意味着完全放弃使用民族国家的超经济力量，这种超经济力量的使用不为人识别，在于它改变了形式，以一种中立性和正义性的面貌出现。在伍德看来，只要论证了在资本帝国主义时期民族国家非但不会削弱反而更为强化，也就等于论证了军事力量在资本帝国主义时期必然会起作用，因为民族国家的强化是与军事力量的强化联系在一起的。正如美国利用其军事优势在全球经济竞争中获得极大的特殊利益。最后，伍德在对以美国为代表的资本帝国主义的研究中得出一个基本结论是：美帝国主义在今天的存在，就意味着战争，但不是一般的战争，而是“无限战争”。因此，她的这一研究的最终价值也就是提醒人们对美帝国主义的“无限战争”保持高度警惕，并随时与其战争伎俩进行斗争。

（二）政治的霸权：新帝国主义、美国的超级帝国

大卫·哈维的新帝国主义理论不同于伍德将经济相对独立分离于政治，他的突出之处也不是单独从政治视角看待这个帝国主义，而在于资本与地缘政治之间的相互纠缠。他是通过分析“权力的领土逻辑”与“权力的资本主义逻辑”之间的复杂关系来界定新帝国主义的。在大卫·哈维看来，帝国主义是指“一种独特的政治规划”：权力行动者依赖于对领土的占有及动员自然和人力资源的能力以实现其政治、经济和军事的目的。哈维的《新帝国主义》有三个主题。第一，国家与资本的关系。他认为，新帝国主义是资本主义帝国主义，它“产生于权力的领土逻辑和权力的资本主义逻辑之间的辩证

① ［加］艾伦·M. 伍德：《资本的帝国》，王恒杰、宋兴无译，上海译文出版社 2006 年版，第 117 页。

关系之中。这两个逻辑是不同的，因而绝不能相互还原，但它们又深深地交织在一起”[①]。所以理解资本主义帝国主义必须以这两个逻辑的区分为前提。第二，石油问题在伊拉克战争和全球地缘政治中具有特殊的地位和作用。美国之所以处心积虑地发动伊拉克战争，是为了控制石油，因为控制石油这一重要的战略资源可以补充美帝国主义由于经济和政治力量衰落而陷入的困境。第三，资本的积累机制问题。哈维认为，“掠夺式积累”是现阶段资本主义的重要特征，他从马克思《资本论》的原始积累理论出发，认为资本主义从来没有放弃超经济的剥削和占有。同时，今天的美国在全球强行推行私有化，特别是在原社会主义国家推行新自由主义指导下的改革，其目的不是为了推行自由与民主，而是要在过度积累危机的环境下为资本寻找出路。总之，在哈维看来，资本与国家的逻辑在资本主义帝国主义中是交织在一起的，国家权力从来没有放弃超经济手段为资本创造条件这一功能。

列奥·潘尼奇（Leo Panitch）与山姆·金丁（Sam Gindin）对新帝国主义的分析更多的是突出其政治因素。在他们看来，没有什么比将当代马克思主义的帝国主义分析方法仅仅视为机械化重复列宁、布哈林和卢森堡的经典理论更加错误的了。列奥·潘尼奇与山姆·金丁共同撰写的一系列文本中，潘尼奇建议根据资本主义的新近发展，重新思考经典的马克思主义帝国主义理论。但是他对这一经典理论提出了批评，认为经典的马克思主义帝国主义理论高估了经济因素而低估了从政治层面解释帝国主义的影响。根据他的说法，与列宁和布哈林相反，帝国主义不是资本积累内部矛盾的直接产物，而是源于国家权力的意志，而不仅仅来自其资产阶级的物质利益。在这一点上，潘尼奇的立场接近于安东尼·吉登斯这类的“新韦伯式”理论家的立场。潘尼奇指出，从这个角度来看，帝国主义理论必须被视为国家理论的延伸，而不是作

① David Harvey, *The New Imperialism*, London and New York: Routledge, 2003, p.183.

为经济危机理论的延伸。他还补充道，问题在于国家理论，更广泛地说，应该是政治理论。但他误解政治层面是马克思主义一直存在的缺点，认为因政治位于“上层建筑”之中这一事实从而导致马克思主义者忽视它，转而支持“经济基础”——经济问题。

国家对于经济的“相对自治”这一假设是潘尼奇和金丁对新帝国主义进行分析批判的核心。在他们看来，资本主义国家不是不依赖资产阶级的物质利益或经济基础，而是有能力代表整个资本主义体系行事。因为尽管资本主义国家依靠自身合法性和再生产的整体积累成功，但仍然使这些能力受到了限制。而潘尼奇的目的在于使政治与经济这二者之间看起来相对简单的联系复杂化，从而确认政治与经济的“相对自治”这一假设。这种“相对自治”的表达方式表明，各国可能出于政治因素或经济因素，或两者兼而有之，在国际舞台上进行军事干涉。但潘尼奇特意强调经济因素从未在机械上引发帝国主义，即使涉及经济因素，它们也是由政治决策“调解”的。潘尼奇主要是借鉴了波兰尼的观点，认为资本主义的特点是经济和政治的逐步分离。在这个系统出现之前，这些领域彼此“嵌入”，以至于任何与该系统相关的事件都会对另一个产生影响；或者更准确地说，任何现象总是与两者同时存在。国际资产阶级、跨国公司或其他经济行为体参与的经济竞争系统地转化为帝国主义（政治）冲突。相比之下，马克思主义认为，政治是无法与经济完全脱离的，而在经济内部发生矛盾冲突的过程一般会产生相应的（地缘）政治影响。此外，潘尼奇还声称全球化逐渐消解民族资产阶级的一致性。他的某些方面的论点类似于哈特和奈格里的立场。然而，他的立场在两点上与《帝国》的两位作者立场不同。一方面，潘尼奇不同意国家因全球化而被清算的想法。对他而言，后者是国家政策的产物。另一方面，他认为美国帝国主义在这阶段比以往任何时候都更强大。特别是，哈特和奈格里声称限制美帝国主义权力的国际机构是潘尼奇积极支持的，因为它通过其代理机构主宰世界。毫无疑问，他对美帝国主义的立场是当时最出名的。在新的批判性思维中，关于这个问题的主流论点认为，美国目前受到不可阻挡的衰退，特别是因为其经济的灾难性局面和新的大国的出现，其中包括中国的出现。而潘尼奇在当时是反对美国霸权结束的假设，并坚持认为美国因其政治的强大仍处于全球没有对手的地位，在不久的将来也不会有。

（三）文化的霸权：全球化话语、消费主义的文化

资本主义的霸权形式在全球资本主义阶段显得相对隐形和间接，但在经济与政治领域还较为有踪可循、有迹可追。文化霸权一直以来就是属于较为隐蔽的一个领域，在全球化的掩盖下更为模糊，但这种模糊和不可见性更容易让人放松警惕。因此，很多欧美左翼学者也观察到了这一点，并对全球资本主义下的文化霸权进行了批判。在 20 世纪 90 年代之后，关于文化霸权的批判主要体现为两大方面：一是对全球化话语作为一种意识形态的批判，二是全球资本主义下消费主义意识形态的批判。

20 世纪 80 年代，特别是冷战结束后，“全球化”在国际学术空间成为一种急剧扩散的话语，它直接契合了冷战结束后那种超越左与右的意识形态氛围，亦因此，它实际上构成对马克思主义理论的巨大挑战。事实上，全球化话语以空间向度替代了时间向度，并以此隐含了新自由主义意识形态的权力。作为一名左派马克思主义历史学家，德里克对全球化话语提出批判，并主张把历史地理解全球化和全球化地理解历史两种视角相结合。在当代全球化话语中，流行的做法是一种文化分析，例如约翰·汤林森（John Tomlinson）、迈克·费瑟斯通（Mike Featherstone）、马丁·阿布劳（Martin Abreu）、罗兰·罗伯逊（Roland Robertson）、阿俊·艾帕杜莱（Arjun Appadurai）等一大批理论家的研究中，他们试图从全球交往的角度揭示在技术等因素作用下全球互动的新形式，而在对全球化性质定位上则把其理论视角转向普遍与特殊、同质与异质的关系。著名文化人类学家阿俊·艾帕杜莱

就强调："今天，全球互动的中心问题是文化同质化与异质化之间的紧张关系。"① 这是相当典型的看法。德里克认为，当前文化研究或文化主义的朝向是从文化视角出发构想身份的政治，不同于之前在公共领域对身份政治进行构建。他认为，全球化所形成的话语开始作为一种意识形态，且深入个人的自我意识范式中，它对个人自我意识范式和社会想象的改变，意味着过去支配世界的意识形态发生了转变。德里克强调，这种意识形态的转变也可以看作人们思想观念中的"空间转向"，全球化话语的使用使得空间压倒了时间，也掩盖了时间的向度。在德里克看来，这种用空间替代时间来理解社会不是不可以，只是由于集中于空间本身会因为历史时间的缺失而形成独断论。并指出，在这样的全球化研究中就无法说明新的政治经济权力中心与旧的政治权力中心之间的关系。同时，德里克还指出，这样的全球化在表面上虽然反映了左派理论的诉求，而且这种话语也似乎变得越来越普遍，"但是对它的热情宣传却来自旧的权力中心，最为显著的是美国，这便加剧对鼓吹其霸权企图的怀疑。经济和政治权力或许较之早先更加非中心化了，但是离开对资本主义的全球胜利，全球化就是不可理解的，而且对'市场和民主'的压力正处于全球化的中心，正如其在现代化之中那样"②。因此，文化冲突现在比过去更为明显地体现在意识形态和制度领域，这恰是欧洲中心主义现代化的产物。这样说来，文化研究恰恰反映了社会历史的这种变化，它与实际社会历史中的权力转移保持着高度的一致性或共谋性，它试图根据新的全球想象来重新建构世界，这种想象比任何其他东西都更为有效地服务于一些利益的要求。由于现代化话语把欧美现代性规范当作保证永不间断的人类进步的积极

① ［美］阿俊·艾帕杜莱：《全球文化经济中的断裂与差异》，陈燕谷译，载汪晖等编：《文化与公共性》，商务印书馆 1999 年版，第 527 页。

② Arif Dirlik, "Globalization as the End and Beginning of History: The Contradictory Implications of a New Paradigm," *Rethinking Marxism*, Vol.12(4), Winter 2000.

价值，所以全球化也是以资本主义长久活力作为其话语基础的。

关于消费主义的文化，很多左翼学者都提到并进行了批判，这里主要介绍一下莱斯利·斯克莱尔（Leslie Sklair）的观点。在莱斯利·斯克莱尔看来，最成功地利用来实现资本主义现代化过渡以及随之而来向资本主义全球化过渡的价值体系就是消费主义的文化—意识形态。他认为，发达资本主义国家为了自身利益在第三世界推行资本主义，这一过程依赖于在人们中成功地推广消费主义的文化—意识形态，而不会顾及当地人们为自己生产产品的能力。因此，斯克莱尔提出了“诱导欲求”这一概念，认为消费主义与满足人们生物学意义上的需要毫无关系，消费主义是一种怂恿下的消费。而广告，成了这一意识形态传播的主要渠道，对于第三世界大众媒体及其广告的研究大部分是在文化帝国主义和媒体帝国主义理论的框架内进行的。斯克莱尔阐述了人们通常是从文化帝国主义如何通过媒体帝国主义而得到再生产的意义上解释消费用品在第三世界得到大力宣传，并列举了相关的争论。但他并不同意很多批判家将文化帝国主义等同于美国化的做法。他认为美国化只是资本主义消费主义文化—意识形态的一种偶然形式，这种等同是一种影响深远和被极度神秘化的错误，它意味着如果美国的影响可以排除，文化帝国主义和媒体帝国主义就将终结。他认为消费主义文化—意识形态并不像电视剧情节那般跌宕起伏，而是落实到生活中的一个个实践，在长期的实践行动中化身为社会的一部分。特别是在资本主义全球化下，这种消费主义文化—意识形态被确定为一个全球性的问题。它对全球媒体市场起着一个控制的作用，比如即使第三世界国家的一些节目并没有西方或美国的节目，但整个节目编排的框架还是由消费主义文化—意识形态决定着。在斯克莱尔看来，最为突出的是广告业与消费主义的传播，跨国广告代理机构在其中起到了重要的作用，它们通过策划性广告的技巧，即造成新的需要或欲求，并使之成为一种新生活方式的组成部分，这也就是斯克莱尔提出的“诱导欲求”。最后，斯克莱尔得出结论：消费主义文化—意识形态正如新自由主义者声称的，只要跨国公司力图销售的东西不直接威胁生命，它就有资格进入市场，重要的是不要落入道德说教的圈套，这样第三世界的大多数人会非常愉快地得到分享第一世界生活方式的机会。这种生活方式因消费主义的精神而生机勃勃。因此，消费主义文化—意识形态造成了某种形式的文化依附性，这种依附如此强大却又如此隐蔽。①

以上欧美左翼学者们从不同领域、视角对全球资本主义的霸权进行了分析、批判，虽然采用了不同的名词，不论帝国、新帝国主义、美帝国还是文化帝国主义，它们都还是帝国主义，与帝国主义保持着连续性，仍然以疯狂追求资本利润和国家霸权为目标。在实现这一目标的过程中，仍然以军事力量为后盾，而且国与国之间的矛盾仍然存在，只是矛盾的形式和具体表现发生了改变，在国际中占优势的国家依然以剥削他者为自己赢得利益。可见，在欧美左翼学者看来，在资本主义全球化的新背景下，其霸权体系发生了一些新的表现和新的东西，但它仍保留甚至深化了原先霸权所具有的本质特征。

三、全球资本主义的外部局限批判

虽然马克思和恩格斯对由资本主义生产方式所引起的生态灾难给予了关注，但马克思主义对于资本主义的研究更多的是以生产方式为核心关注资本主义的生产过程，而未详细、正面就生态环境等作为生产条件对于资本主义的外在局限性作批判研究。因此，马克思主义的经典资本主义批判更多呈现的是从资本主义内在限度，即资本主义生产方式的限制性对之进行批判，又

① ［英］莱斯利·斯克莱尔：《资本主义全球化及其替代方案》，梁光严等译，社会科学文献出版社2012年版，第55页。

基于内在限度批判延伸至与之息息相关的政治、文化等批判。这也是上文展开论述过的内容。而对于资本主义外部局限的批判较少直接涉及，特别是随着今天全球资本主义的扩张以及环境的恶化，迫使更多欧美左翼学者开始考虑生态问题，并试图把生态视角纳入自己的理论之中，提出了各种新的生态理论。比如詹姆斯·奥康纳（James O'connor）、约翰·贝拉米·福斯特（John Bellamy Foster）和大卫·佩珀（David Pepper）等欧美左翼学者对全球资本主义下生态问题进行了深入研究，提出了资本主义第二重矛盾、生态帝国主义、生态社会主义等观点。

（一）资本主义的第二重矛盾

詹姆斯·奥康纳是美国最著名的马克思主义社会学家之一，他对美国的政治经济和全球资本主义提出了许多独到的见解。他一开始的工作是关注资本主义危机理论，自从他创立《资本主义、自然、社会主义》季刊以来，他将资本主义危机和社会主义运动的视野扩大到更充分地融入自然条件。《自然的理由》[①]一书汇集了他这一时期的主要成果。奥康纳的生态马克思主义的核心问题是20世纪末以来全球资本主义的基本矛盾，即一方面是“环境和社会问题”的倍增，另一方面是“旧的政治、经济和社会资本管制形式的崩溃”。他认为资本一直倾向于掠夺和损害人类、社会和自然的生产条件，将这些条件视为商品，即使这些条件不是作为商品生产的。而且这些破坏性倾向因新自由主义的“自由市场”体制变得更加疯狂和无约束。就此，奥康纳进一步提出资本主义双重危机和二重矛盾。资本主义的第一重矛盾涉及过度剥削劳动者所造成的生产过剩的危机，当“资本对劳动力的权力太大”时，基于工资的需求相对于所生产的商品的总价值减少，使资本难以实现这些商品所包含的剩余价值；而资本主义的第二重矛盾是资本和生产条件之间的矛

① ［美］詹姆斯·奥康纳：《自然的理由》，唐正东等译，南京大学出版社2003年版。

盾，它所导致的是资本主义生产维度上的危机，即生产不足的危机。奥康纳理论的突出点也正是在于他提出的资本主义第二重矛盾，这是他将生态马克思主义方法应用于“资本主义生产关系退化或破坏生产条件的方式”分析的结果。对他来说，资本主义全球化时代对资本主义积累的外部物质条件的破坏不仅造成生态危机，同时也形成经济危机。他列举了因资本主义生产造成的各种生态问题如大气变暖、水土流失、灾难天气，而为应对这些生态问题造成的破坏，资本主义国家又花费极大的代价，从而造成经济危机。除此之外，由于生态危机让人们感受到生存受到了极大的威胁，人们纷纷起来反抗资本主义政策、制度，各式生态运动和政治斗争都给资本主义积累增加了成本。因此，资本主义的第二重矛盾造成的破坏力是双重危机，但在奥康纳看来，生态危机是更为主要的，因为它作为资本生产的外在条件的限定直接否定了资本主义的可持续发展问题。这在一定程度上也是奥康纳在马克思关于资本主义根本矛盾的理论基础上面对全球生态危机时的补充和拓展。

（二）生态帝国主义

在生态学马克思主义理论家群体中，美国生态社会主义者约翰·贝拉米·福斯特的生态批判理论因其将生态问题与作为政治经济现象的帝国主义联系起来而产生了重要影响，从而形成了生态帝国主义理论。这一理论是前期生态社会主义学者没有涉及的，他们更多的是专题性剖析生态问题及其产生的负面影响。福斯特的生态帝国主义理论主要体现在他这一时期的几本重要著作及论文中，如《生态危机与资本主义》[①]《马克思主义的生态学：唯物主义与自然》《脆弱的星球：环境经济简史》《反对资本主义生态学》《生态帝国主义：资本主义的诅咒》等。首先，福斯特考察了早期生态殖民主义，认为生态帝国主义是早期生态殖民主义的升级版。而早期生态殖民主义在马

① ［美］约翰·贝拉米·福斯特：《生态危机与资本主义》，耿建新、宋兴无译，上海译文出版社2006年版。

克思的作品中已有相当大程度的体现，特别是关于资本主义与生态矛盾的代谢裂痕理论。福斯特认可马克思的“代谢裂痕”概念，赞同马克思所说的资本主义在人与地球之间的“代谢相互作用”中创造了“不可弥补的裂痕”。他的生态帝国主义理论也是基于这一理论，认为资本主义全球化时代进一步扩大了这一裂痕。即使当前在资本主义制度框架内采用了多种解决生态危机的努力，但都是无用功，因为生态与资本主义是相对立的，生态危机是资本主义生产方式永远无法克服的。其次，福斯特分析了生态帝国主义对第三世界的生态剥削与压迫。在他看来，生态帝国主义的运作最明显地表现为以下几种方式：第一，核心资本主义国家掠夺外围发展中国家的资源以及导致外围国家赖以生存的整个生态系统的转变；第二，对资源的开采和转移导致相关的人口和劳动力的大规模流动；第三，利用通过掠夺方式造成外围国家的生态脆弱性来促进对这些国家进行帝国主义控制；第四，以扩大中心与周边之间鸿沟的方式倾倒生态废物。总体而言，福斯特描述了一个创造全球性“新陈代谢裂痕”的资本主义世界，它描述了资本主义与环境之间的关系，同时也限制了资本主义自身的发展。他进一步阐述了产生生态帝国主义三个方面的主要原因：第一，由于东欧剧变、苏联解体，国际格局发生了变化，帝国主义更加猖獗，随着石油资源日益紧缺，美国为了维护自身的能源安全，不惜动用战争手段。第二，全球化理论的发展，为生态社会主义对生态帝国主义的认识提供了理论依据。第三，发达资本主义国家在国内生态运动的压力下，相继出台了一系列限制污染环境的严厉措施，一些企业为了逃避处罚，牟取暴利，造成污染输出。而导致生态危机全球化最为根本的源头还是在于资本主义生产方式主导下形成的疯狂剥削模式。最后，福斯特驳斥了自然资本、技术决定论等的荒谬性。不论自然资本还是技术决定论，归根结底，都是为了资本的积累和扩张，它们从短期看与资本主义相悖，实则一致。所以，福斯特坚持主张，在世界范围内不论发达资本主义国家还是第三世界国家都处于深深的生态危机中，这是不可逆转的，只要资本主义不终结，无论采取什么样的改变都不能从根本上克服生态环境问题。

（三）生态社会主义

英国的大卫·佩珀于1993年出版的《生态社会主义：从深生态学到社会公正》一书代表了他对红绿辩论和对生态理性的社会主义发展的重大贡献。在书中，大卫·佩珀批判了西方生态中心主义者认为只要切实做到以生态为中心，实施生态中心主义，就能实现环境保护的观点。他呼吁生态中心主义者克服当时普遍存在的对马克思主义范式的不信任，并倡导对人类与自然的关系进行重大的重新评估，因为他认为，其中有很多内容对于绿党在寻求对生态危机的成因和更全面了解生态问题方面可以有更好的帮助。第一，关于人与自然的关系，佩珀认为这二者之间是辩证的关系。他认可马克思所指认的人类是生物中独特的种类，可以通过精神和体力劳动来组织和控制环境，但他拒绝将这种控制看作所谓的“主奴关系”。因此，他指出，并不是自然统治的结果使我们超越了人类活动的自然限制，而是与这种统治在人类历史上迄今采取的形式有关，目前的生态问题的形成则是资本主义的统治形式决定的。而资本主义国家之所以会出现人类破坏自然生态平衡的行为，是由资本主义生产方式决定的。因为资本主义生产的目的就在于掠夺和剥削，这也是资本主义制度的本质特征，而为了实现这一目的，他们就不断地对自然进行掠夺，扩大对无产阶级的剥削。这种掠夺与剥削只能进一步导致资本主义的过度生产和利润下降，为了实现利润的提升，资本家则将生产成本外化，即外化给环境，如此恶性循环。[①]第二，关于“绿色资本主义”式构想的批判，佩珀认为这是不可能实现的。基于他当今产生生态问题和矛盾的根本原因在于资本主义生产方式的分析，那么解决这一矛盾的方法只能从资本主义制度

---

① ［英］大卫·佩珀：《生态社会主义》，刘颖译，山东大学出版社2005年版，第133页。

本身入手，而不是给资本主义增添各式“绿色”标签就得以解决问题。一方面，他认为这些绿色政策与资本主义发展相悖，不可能长期存在。另一方面，不但如此，当前的发达资本主义国家大多数都采取对发展中国家实施生态掠夺和污染输出以实现转嫁危机并缓和国内生态矛盾。在佩珀看来，从全世界范围来看，生态矛盾依然存在，甚至还在不断加剧。因此，资本主义不能解决生态问题，因为它才是原因，要彻底解决生态危机的唯一方法只能是彻底变革资本主义制度，即以社会主义代替资本主义。值得注意的是，他这里提到的社会主义并不是马克思所阐述的社会主义，而是生态社会主义。第三，关于变革路径和主体，佩珀的主张是“人类中心主义”的生态社会主义，他认同马克思主义关于人与自然的辩证法，并对“生态中心主义”进行了批判。他与其他生态社会主义者持不一样的观点在于，他依然坚持未来革命的主体是无产阶级，对高兹的“无产阶级消失论”进行了批判和反驳。

四、全球资本主义的反抗主体构想

随着世界的动荡发展，今天的世界就像马克思主义未出现前的世界。在其他方面，它们是显著不同的，但最大的共同之处是对于欧美左翼学者们来说今天依然没有明确确定的“解放主体”。在20世纪初，马克思主义者可以依靠强大的工人阶级组织，他们往往是领导者，他们的活动将有可能超越所谓的资本主义最终危机之一。目前没有类似的东西，或者可能是在不久的将来。批判理论之所以不仅仅是社会科学理论，就在于它不是只对社会的分析、解剖，这种分析是为了一定的理想目标的预设而做的，而目标的实现需要一个承载的主体。欧美左翼学者的资本主义批判理论面临的是与马克思主义经典批判理论完全不一样的背景，如上所述，它没有强大的工人阶级作为依托，甚至出现很多告别无产阶级的言论，同时还出现很多新的社会群体，不过还是有不少欧美左翼学者在自身的资本主义批判基础上提出了他们所认为的在新阶段的反抗主体。

（一）诸众

奈格里和哈特基于前面在《帝国》中对资本帝国的无中心、无地域限制、不断流动的特征分析，在其中占统治地位的阶级的统治模式也超出原来的民族国家范围，同时也不同于传统帝国主义式的强制性、现实性的暴力统治。资本主义时代下，通过资本统治，已经形成复杂多样的全球布展。因此，随之而来的反抗主体也发生了深刻的改变，诸众成了过去无产阶级的替代者，在奈格里和哈特看来，诸众如无产阶级一样是集被奴役和反抗于一体的，只是他们是帝国时代的产物。奈格里和哈特认为，今天的无产阶级主体已经从传统的产业工人阶级转变为一切受资本主义剥削的复合性诸众。他们指出，马克思所指认的“大工业的工人阶级只代表无产阶级及其革命的历史中的部分阶段，在那个期间，似乎只有带薪工人的劳动是生产性的，因而所有其他的劳动分工看上去只是再生产的或者甚至不生产的”[①]。而在帝国统治下，革命的主体已经跳脱出传统观念中在工业生产中简单结构的无产阶级，而是处在复杂社会下受到资本主义以各种形式剥削的所有人。他们进一步指出诸众的特征。第一，诸众是一种新的无产阶级，而不仅仅是“新的大工业工人阶级”。这种新的无产阶级不局限于马克思的产业工人，而是整个社会中受到资本盘剥的人们。第二，诸众作为一种新革命主体，他们更多的不是从事物质生产活动的人们。因为全球资本主义时代的数字化、网络化、信息化，诸众更多的是存在于社会中各个层面的非物质生产行业中，他们区别于工业资本主义下的蓝领工人，但受到的剥削却不少于他们。第三，作为新的革命主体的诸众是一种流动性的存在，也正因为这一流动性，他们创造出新的空间

① ［美］迈克尔·哈特、［意］安东尼奥·奈格里：《帝国》，杨建国、范一亭译，江苏人民出版社2005年版，第457页。

和时间。关于新的空间，在奈格里和哈特看来，是由于帝国的全球统治模式让诸众的运动也不受地域限制，可以利用其科学技术形成新的空间运动。而关于新的时间，则是因为诸众大多数从事职业的非物质生产性，传统观念中的上班时间作为衡量剥削的时间已经不再适用，在他们的生活中，工作跟休闲时间没有明显的界限。最后，奈格里和哈特得出结论：因为帝国的资本统治方式和无产阶级主体的改变，革命的斗争方式也一定要随之发生改变。他们认为，新的革命斗争必须是一种"具有新品质的社会运动"，这种针对资本帝国全球布展的斗争，将"既是经济的，也是政治的和文化的，因此它们是生命政治斗争，是为生存而进行的斗争。它们是生成性斗争，它们正在创造新的公众空间和新的社会形态"①。

（二）偶然性的主体：无分之分

20世纪90年代，面对整个西方资本主义世界的幸灾乐祸，一大批左翼学者从前期资本主义批判中逃离出来，开始表现出新的对资本主义社会反抗的特征，如朗西埃、巴迪欧等。在他们急剧向左转的过程中，最突出的是他们所构建的反抗资本主义的主体。朗西埃再一次从他之前叛离的老师阿尔都塞的反面出发：阿尔都塞在1969年写下《意识形态与意识形态的国家机器》，提出个人主体询唤建构说，认为警察在发出声音将人拦截之后形成的就是主体；朗西埃则与此不同，他认为主体的构建是发生在当运动或游行时警察对之进行驱逐。在朗西埃这里，主体的身份是缺失的，真正的主体恰是那一群处在传统政治边缘的"无分之人"，如社会中所说的人民、穷人、无产者等。这些无分之分的特性在于，看似存在却又不存在，正如朗西埃所说："人民只不过是无区分而没有明确资格的大众——没有财富、没有美

① ［美］迈克尔·哈特、［意］安东尼奥·奈格里：《帝国》，杨建国、范一亭译，江苏人民出版社2005年版，第60页。

德——然而却自认为拥有与其他人同样的自由。”[①] 因此，朗西埃将他们称之为“无名之空”。空，即他们如空气般是现实存在的，但在现实中往往被人所忽略。这些无名之空是一群乌合之众，却自认为是一群自由之民。他进一步区分了在整个社会秩序中即他的新政治概念里的“治安”中存在着可见者与不可见者。不可见者亦即上述的无分之分，虽然看似可见存在，实则被忽略，他们的发声、言语都被认为只是一种动物的噪音，但又构成整个安定社会秩序的一部分，如空白的存在一样。可见者则是社会占统治地位的人们，他们的需求、话语、行为能被认可、被看到、被重视。这也是在激进左翼学者中生命政治学上的存在与不存在，在朗西埃看来，这也是一种无意识发生的状态，因为它是基于身体的感性秩序。但朗西埃十分痛恨这个秩序，甚至他痛恨一切秩序。在他构建的生命政治中，本质的政治是一种失序。这也是朗西埃对传统政治的颠覆，他觉得要推翻目前资本主义社会的秩序就是要跳出传统的政治构架，打破身体感性构序进行重新主体化。这一重新主体化就是为无分之人争取地位、获得份额并成为可见者，就是无分之分。无分之分既是朗西埃对资本主义批判设定的反抗者，也是实现新政治的途径。

第三节　全球资本主义批判的反思性特征

20 世纪 80 时代，由于经济危机，凯恩斯主义失效，新自由主义强势崛起，社会主义在其攻打下也不断退缩，最终演变为东欧剧变、苏联解体。由此，欧美左翼学者们对资本主义的批判亦陷入“冬月”。他们尝试以各种方式剖析全球资本主义，并期望能由此寻找走出全球资本主义布下的“天罗地网”，其中涌现了一批这个阶段影响重大的左翼精英和理论高手。比如上文

① ［法］朗西埃:《歧义》，刘纪蕙等译，西北大学出版社 2015 年版，第 22 页。

提到的曼纽尔·卡斯特、凯尔纳、斯特兰奇、沃勒斯坦，甚至新近的奈格里、福斯特、大卫·哈维、艾伦·伍德、朗西埃等人。他们深入分析资本主义新特征，并对其所体现的霸权逻辑及发展局限性进行批判，但面对全球资本主义呈现的生机，他们始终无法真正解密全球资本主义，他们的批判有时甚至显得姿态性意义大于实际意义。从总体特征和趋势上看，在这一段时间，欧美左翼学者对资本主义的批判呈现反思性且退却保守的状态。当然，造成这一特征趋势的原因是错综复杂的，既有客观的也有主观的。分析起来大致有以下两大方面：一是客观现实世界的新变化，资本主义社会从 20 世纪危机中死里逃生并且获得进一步的发展，在全球化的推动下展现出一派繁荣景象。而与此同时，作为现实的社会主义国家苏联的解体以及东欧社会主义政权国家的垮台，对整个社会主义运动产生了挫败感。二是欧美左翼学者自身理论的局限。他们的资本主义批判理论更多地承袭了较近距离的西方马克思主义的一些理论家的方法路径和理论框架，而不是从马克思主义着手。即使有些左翼学者是从马克思那里汲取批判资源，但也仅仅是作为资源的一部分，他们面对社会的发展，批判资源更为丰富，却在自认为补充马克思主义经典资本主义批判理论的过程中丢失了其真正的灵魂。因此，欧美左翼学者在这一段时间对全球资本主义的批判的反思性特征具体又表现为批判精神的钝化、理性深度的丧失和阶级立场的弱化这三个方面。

一、批判精神的钝化

马克思关于资本主义的理论是以其历史唯物主义作为方法论的前提和基础的。我们知道，马克思对资本主义的批判经历了从人本主义的伦理批判到历史唯物主义科学批判的转变。在这一转变过程中，马克思首先在《关于费尔巴哈的提纲》中确立了“实践唯物主义”的哲学范式，在《德意志意识形态》中将这一范式具体化为历史唯物主义的基本理论，然后在《哲学的贫困》《关于自由贸易的演说》《雇佣劳动和资本》中进一步将其历史理论具体化为研究资本主义社会特别是其生产方式的方法论，并以这种方法论为指导，开始了从《政治经济学批判》到《资本论》的宏大研究，揭示了资本主义剥削的秘密——剩余价值规律。因此，正如恩格斯所说，马克思的重大贡献在于他发现了历史唯物主义和剩余价值规律，也正是这两个规律，是马克思主义经典资本主义批判理论的利器，是其批判精神之所在。因此，在这一阶段，欧美左翼学者批判精神的钝化在很大程度上也就体现在对于马克思主义的这两大批判武器使用上的钝化，历史唯物主义和剩余价值规律在他们的全球资本主义批判中或消失或被替换。值得注意的是，这种经典资本主义批判武器的消失或替换并不是在柏林墙被推倒的那一刻开始发生的，它是一个长期的发展演变，只是在东欧剧变、苏联解体时达到了顶峰，然而这种钝化在剧变后对看似繁荣和平的资本主义的研究、批判中得到了持续并也在悄然地发生改变。

欧美左翼学者全球资本主义批判中生产方式视角的消失或被替换。20 世纪末的动荡变化，不论资本主义世界的“惊喜”转变还是社会主义世界的惊人剧变，都让左翼学者们措手不及，他们面临的首要任务就是要反思。他们思考的是资本主义世界到底发生了什么改变，这种改变是量上的变化还是质上的变化，这种改变又给整个世界特别是未来理想社会的构建带来何种影响，是否还存在另一个世界的可能性。他们在这一思考过程中，将马克思界定社会历史阶段的生产方式视角取消了，或者他们中的一些人，特别是马克思主义学者，依然承认历史唯物主义是分析资本主义的大前提，但是一旦落实到具体的讨论时，他们就采用了其他概念替换了生产方式这一核心概念。首先，欧美左翼学者一致认为，在这个阶段上，资本主义在全球化时代下的生产过程、政治统治、意识形态都与马克思时代的工业资本主义之间有着明显的差异，他们中的一部分学者纷纷依据自己对资本主义新现象的观察及自身理论基础，提出一个用来取代马克思主义的生产方式的新批判理论。比如，在上文详细介绍的曼纽尔·卡斯特的数字资本主义、波斯特的电子媒介时代、凯尔纳的技术资本主义、斯特兰奇的赌场资本主义，他们均以资本主义在新阶段下的某一具体的新特征作为时代变化、资本主义变化的衡量标准，并从这个角度构建了整个资本主义批判理论。这就从根本上违背了马克思主义对资本主义批判的出发点，不能从本质上揭露出资本主义的真实变化。他们抓住了资本主义变化的一部分，并展开了详细的论述、阐释，在学术研究上视角是创新的，但这种创新对于批判理论而言，失去了其自身最重要的目的，即对资本主义的批判力度。这种只见树木不见森林的研究方式，不仅对资本主义的认识不够真实，即使其出发点也是批判，整体理论看起来也是持批判的态度，但有时甚至在客观条件下沦为资本主义意识形态的帮手。数字资本主义、技术资本主义、赌场资本主义等概念在一定程度上为资本主义的基本矛盾，即生产的社会化与生产资料的私人占有之间的矛盾，起到了掩盖作用，让人们误以为全球资本主义已经发生了质的改变，它们已经逃离了资本主义基本矛盾的魔咒。如凯尔纳明确拒绝使用“晚期资本主义”，他关于晚期资本主义概念的理解基本沿袭了法兰克福学派的思路，不同意詹姆逊沿用曼德尔（Ernest Mandel）《晚期资本主义》一书中对晚期资本主义概念的理解，因为它暗含资本主义已经进入一个萧条、衰败的时期。而在他看来，事实恰恰相反，资本主义正向着新的全球资本主义方向大步前进，很难说已经发展到了某种“后资本主义”阶段，更看不出有任何衰败的迹象。与此同时，他认为，马克思主义关于资本主义的理论也被宣判了死刑，认为它已经不再适应当下新情况的资本主义，已经过时了或是错误的。其次，欧美左翼学者中的马克思主义学者并没有完全放弃生产方式这一视角，他们依然坚持马克思主义的历史唯物主义原则，特别是如南京大学张一兵教授所界定的晚期马克思主义者。但他们还是出现了理论的摇摆，在批判理论中的具体讨论时往往用了异质性的东西将生产方式这一概念进行替换。比如哈维在对资本主义进行批判时也是始终坚持从马克思的历史唯物主义原则出发，但他依据的地理知识，进一步将马克思主义的历史唯物主义“升级”为地理—历史唯物主义。看似还是历史唯物主义，但其实中间发生了替代，已经不同于马克思的传统历史唯物主义的纯物质生产。而在奈格里和哈特对于资本帝国的批判中出现了更为明显的替代问题，他们用德勒兹的社会生产的“千高原”置换了历史唯物主义的物质生产。在他们看来，只有德勒兹的无器官机器的社会生产论才能更适用于分析资本帝国这一新现象，它能更好地挖掘当今资本主义世界中复杂的社会再生产的生产能力。这种悄然的或明显的替换看似依然坚持马克思主义，实则产生了更坏的影响。

欧美左翼学者全球资本主义批判中剩余价值规律的消失和替换。剩余价值规律是马克思发现的资本主义剥削的秘密所在。由于资本主义全球化的发展，欧美左翼学者仍然都看到并承认资本主义依然存在着剥削，但他们认为现阶段资本主义的剥削已不同于马克思所在的工业资本主义阶段。所以，他们也从新的情况中去发掘资本主义在国内和国际中进行的剥削，只是剩余价值规律已经被放弃或替换了。例如大卫·哈维在他的新帝国主义批判中，用掠夺性积累替换了马克思的生产性积累。这种替换从而导致将资本主义的主要矛盾置换为发达资本主义国家的跨国资产阶级对于发展中国家的剥削。掠夺性积累这一概念掩盖了资本主义国家内部真正的阶级矛盾，也转移了人们对国内矛盾的视线，从而为全球资本主义进一步发展获得时间。其他欧美左翼学者的资本主义批判中也出现了类似的情况，他们有的以消费和流通领域遮蔽生产，彻底抛开剩余价值规律，认为剥削存在于日常的消费领域。这种关于日常生活消费社会批判更多的是始于西方马克思主义时期的列斐伏尔他们，当然，目前这种批判虽然与之前有所不同，增添了新的特征、元素，但存在的问题依然是一样的，即没有真正认识到资本主义剥削存在的真正领域——生产过程，消费领域只是实现剥削的最后阶段而已。像福斯特这样提出了生态帝国主义式的剥削和掠夺，这种视角令人耳目一新，这种情况也的确是在全球化的发展下才能得以实现的，但这归根结底依然是资本家为了获得更多的剩余价值的方式之一。

二、理性深度的丧失

马克思主义对资本主义的批判从来都是深刻的，其核心只有一条，那就是历史辩证法。从认识论上看，历史辩证法主要强调辩证理性的认识批判功能，透过纷繁复杂的现象而抓住事物的内在规律。而对于资本主义的认识，按历史辩证法，也应是通过认识其表象，从而揭示它的整个产生、发展、灭亡的规律。这是因为，资本主义从其兴起就不是人类纯主观意志的产物，但也绝非独立于人的自然事物。资本主义从产生、发展到现在经历数百年，其整个运行过程涵盖人类的各种活动，但又不完全符合个别人的自由意志，从而展现出来的表象也是复杂多样的，而且因为经济利益、政治因素，甚至使这些表象与其真实的本质相互颠倒。特别是资本主义世界在经历了 20 世纪跌宕起伏的发展，即使在 20 世纪末迎来了一个新的发展，但整个世界越发呈现它的纷繁复杂，不再如工业资本主义阶段般有相对较为明了的经济状态、社会结构和阶级对立。欧美左翼学者们力求在反思资本主义世界为什么没有如马克思所预期的那样走向灭亡，反而在危机中死里逃生并获得进一步发展的过程中，去揭示资本主义世界发生了哪些改变，是哪些新特征使得资本主义获得新的生存。因此，这就在很大程度上造成了他们对资本主义的批判将更多的焦点关注于资本主义发展的新动态，或者全球资本主义阶段下与之前资本主义相比较更为突出的某一个方面。这种将研究更多地停留于经验事实和事物的表面，看似科学实则丧失了批判的理性深度，也就丧失了批判理论的意义，批判不是为了仅仅批判表面现象或者社会中的不同现象，更多的是为了从中获得整个社会发展的规律并促成其往好的方向发展。

欧美左翼学者全球资本主义批判的碎片化。因为生活在后现代思潮对总体性逻辑的轰炸之后，很多左翼学者都必须小心翼翼地重提历史的宏大叙事话语。正如斯洛特戴克所说："迄今为止人们所熟知的各种宏大叙事——基督教式的、自由渐进式的、黑格尔式的、马克思主义的、法西斯主义的——都被看作为霸占错综复杂的世界的不合适的尝试。"[①] 虽然笔者在前文中将斯洛特戴克的资本主义批判置于宏大叙事之下，但也提出了他的批判框架其实是一种多元的、非统一的批判性宏大叙事，是两者的糅合。在整个全球化的阶段划分上他的论述的确是一种总体性思维，但一到具体的每个阶段的讨论时则陷入了碎片化，特别是对于全球化第三次浪潮的论述，亦即所谓的电子全球化时代，他主要阐述了由电子媒介和网络信息建构起来的资本主义世界，以及由此产生的剥削与控制。这种批判路径再一次陷入类似于数字资本主义、技术资本主义、赌场资本主义这种基于资本主义单一的某一特征的批判。这种批判的碎片化还体现于批判理论的多样化，如上文提到了各式帝国主义理论，还有一些后现代、后结构主义等批判理论。不是说这些批判是毫无意义的，只是它们可能并没有达到真正批判的效果，姿态多于实质内容。哈特对此评论道："看上去具有解放性的后现代论、后殖民论策略已不再是挑战，而成了新的统治策略的实际同属，甚至不自知地强化了新的统治策略。"[②] 这也是杰姆逊"后现代主义是晚期资本主义的文化逻辑"断言的具体确证。[③] 与此相对应的就是左

① ［德］斯洛特戴克：《资本的内部》，常晅译，社会科学文献出版社 2014 年版，第 5—6 页。

② ［美］哈特、［意］奈格里：《帝国——全球化的政治秩序》，杨建国、范一亭译，江苏人民出版社 2005 年版，第 167 页。

③ ［美］杰姆逊：《晚期资本主义的文化逻辑》，张旭东编，陈清侨等译，生活·读书·新知三联书店 1997 年版。

翼阵营内部发生急剧的分化，流派众多，例如西方马克思主义、女权主义、民粹主义、社会民主主义、后现代主义、生态主义等。在这些流派之中，要么缺乏未来社会发展的理想目标模式，要么就是局限于单一的当前的短期目标，成为资本主义改良派。对于他们来说，资本主义不再是一种具体的生产方式，而是一种抽象的话语结构。

三、阶级立场的弱化

无产阶级立场的确立在马克思的科学资本主义批判理论的形成中起到了重要作用。在《论犹太人问题》中，马克思通过对人的解放的论述，确立了真正超越资产阶级民主主义的立场，这也成为他资本主义批判理论的一个重要分界点。真正实现无产阶级立场的确立是在1843年底完成的《〈黑格尔法哲学批判〉导言》中，马克思第一次阐述了无产阶级的历史地位和作用，这也标志着他最终转到共产主义立场，由此马克思展开了对资本主义的科学批判。批判理论不同于其他社会科学理论之处就在于其具有价值倾向，是为谁服务并且为何理想而奋斗，它不是一种如韦伯所说的“价值中立”的理论。因此，阶级的立场在批判中显得尤为重要，没有这个立场的支撑，整个理论就失去了它的批判力度和实现理想的支撑点。在欧美左翼学者对全球资本主义批判中呈现出了阶级立场的弱化，这主要是指无产阶级立场的弱化。这一立场的弱化主要有三方面的原因。第一，受到西方马克思主义批判理论的影响。今天的批判理论是西方马克思主义的继承者。当然，他们并没有完全受其影响，因为他们是多重联系的产物，其中一些与马克思主义有关。例如，法国尼采主义就是这种情况，特别是福柯和德勒兹的作品。但新批判理论的主要渊源之一是在西方马克思主义中找到的，其历史与新左派的历史密切相关。从20世纪20年代开始，苏联成了马克思主义正统学说的代表。这使得左翼学者处于结构上的困境，开始逐渐与无产阶级组织产生了断裂。这使得知识分子处于结构上的困境，因为知识领域的任何创新从此都被剥夺了，他们开始与无产阶级组织产生了断裂。随着时间的推移，两者间的距离只会增长，加之其他因素加大了这一距离，例如提高知识分子的专业化程度或学术水平这种活动往往使知识分子远离政治，从而也产生了越来越远离无产阶级立场的资本主义批判理论。第二，当代欧美左翼学者的身份。欧美左翼学者大多数都只是纯粹的学者，而不再参与政治活动，除了少数欧美左翼学者在一些共产党内任职，左翼学者们大多数以教师的身份出现在全球范围。特别是在 20 世纪 80 年代后批判理论出现了全球化倾向，但批判源更多是指向英美世界，而美国则成了接受批判理论家的重要阵地。一方面是由于美国的崛起成为新的资本主义世界的中心，它是左翼学者们研究的全球资本主义的典型，也是研究新帝国主义理论的典型；另一方面则是由于美国学院对世界开放。由于美国是一个移民国家，特别是智力移民国家，使得这种开放性得到了解释。批判知识分子与无产阶级组织的断裂进一步加深了。第三，资本主义世界中阶级变化的复杂性。资本主义全球化下，第三部类的产业增加，服务行业提供的岗位超过其他行业，再加上信息化、数字化的发展，这些行业的员工都已经跟前期工业资本主义阶段呈现完全不一样的特征。这些员工都不再是马克思笔下典型的工业无产阶级，甚至他们之中有些人手里还拥有公司的股份，成为管理层的一员，看似是剥削下层员工的一分子。因此，在有些左翼学者的著作中出现了“中产阶级”这一概念，或者声称我们应该告别无产阶级，甚至有的学者直接排除了无产阶级的存在。

欧美左翼学者全球资本主义批判中无产阶级立场弱化的表现。第一，他们在批判中使用一些中立的或偏包容性的词语，如全球化、霸权、消费主义、生态等。虽然这些词汇可能指出了当下资本主义的某些特征、状态，但这些词语在很大程度上掩盖了资本主义真正的阶级矛盾，让人们误以为资本主义在新的阶段已经不存在资产阶级与无产阶级的矛盾，而是其他一些别的次要的对立。因此，在右翼分子那里也经常出现这些词汇，他们并不避讳这些词汇，一方面是因为这些词汇并没能真正揭示阶级矛盾，另一方面是因为他们恰恰也使用这些词汇作为掩盖，甚至作为资产阶级意识形态的工具，比如在帝国主义前添置"新的""民主的"，在资本主义前增添"绿色的""生态的"等。由此转移了批判理论家们的批判目标，由此错失真正的敌人，不仅不能做到"打蛇打七寸"，反而扑了个空，甚至还替资产阶级作了论证服务。当然，值得欣喜的是还是有一部分欧美左翼学者认识到了这些看似中立的词汇所起到的资产阶级意识形态的作用，他们对之也发起了批判，比如上文提到了德里克的关于全球化话语作为一种资产阶级意识形态的批判。不过遗憾的是，他们仍然没能揭示出真正的阶级矛盾。不过我们还是得承认，欧美左翼学者对这些词汇的使用，初衷是好的，因为在他们眼中，无产阶级已经不存在了或者分散为社会中各个部分受剥削受压迫的边缘人等，他们期望通过这些词汇对资本主义的批判起到混凝剂的作用，将那些虽然不作为一个阶级的人们统一起来，形成强大的反抗力量。这也就是我们接下来第二点要谈到的反抗主体的多元化。第二，反抗主体的多元化。既然欧美左翼学者在对资本主义的研究中发现无产阶级消失了，那么在最后承担起整个反抗资本主义任务的主体必须发生转变，他们在新的世界中寻找到了各式各样的主体。特别是在这个阶段受到极大关注的身份政治，这凸显了左翼学者对于反抗主体构建的多元化。从意大利传统中的"诸众"到朗西埃的无分之分、巴迪欧的对于事件忠诚的主体再到其他理论分析下的所有被剥削者，涵盖了生态领域、女性、种族等。无产阶级立场在这些多元的反抗主体中已经被完全消解了。第三，对无产阶级的重构。即使还有些欧美左翼学者仍然持有无产阶级立场，也依然承认无产阶级是当下解放和革命的主体，但是他们眼中的无产阶级已经不再是马克思主义所分析的无产阶级，他们对这一阶级进行了重构。他们脱离了马克思主义基于生产资料的所有作为阶级判断的标准，有的强调阶级只是一种个人选择，有的将之扩展为跨国无产阶级，只因其有着某种反抗的共性。因此，即使戴上了无产阶级的帽子，但实际上已经脱离了无产阶级的立场。

第三章

危机时期欧美左翼学者对资本主义危机的批判

2008 年金融危机爆发，整个资本主义世界陷入恐慌，恐慌并没有因为国家的介入而结束。因为危机在不断蔓延，直至 2011 年欧盟国家陷入公共债务危机，危机还在持续。不仅经济领域笼罩在经济危机的迷雾下，而且由经济危机引发一系列社会反抗运动，资本主义国家不同程度地陷于政治、社会危机的泥潭之中。整个时期被“危机”“反抗”“新自由主义终结”“长期萧条”“回到马克思”等话语包裹，欧美左翼学者对自由资本主义的批判声不断高涨。围绕危机的批判成了这个阶段欧美左翼学者的主要任务。正如 2010 年《历史唯物主义》年会的主题“危机与批判”所表达的，这是左翼对时代的诊断和批判的任务，危机既是事态的恶化，也是历史的转折点，未来的发展取决于批判的力量。由此，欧美左翼学者自金融危机爆发起就对资本主义世界出现的经济危机、政治危机、社会危机、文化危机、生态危机展开批判。

与此同时，在这场危机的逼迫之下，左翼学者们已经日益清晰地意识到，自新自由主义资本主义兴起以来，欧美左翼理论界的理论重心一直是对全球资本主义最新特征的把握和对资本的逻辑的批判，如今不能仅仅停留于对资本的逻辑的批判，而要同时思考克服资本主义的另一条道路，不然只会令资本主义批判理论屈从于资本的逻辑。在这一阶段，欧美左翼学者们不论对危机的批判还是对未来克服资本主义道路的探寻，都呈现激进的态度和特征，同时这一激进特征中却因现实因素和前期政治的失败而呈现失败的阴霾。

第一节　危机四伏的资本主义世界

一、金融危机爆发

2008 年的金融危机始于 2007 年在美国发生的次贷危机，尔后发展至全球各国，形成巨大的危机。金融危机在全球蔓延经历了一连串的转折点。第一次是在 2007 年 8 月信贷紧缩开始的时候。2008 年 9 月，雷曼兄弟（Lehman Brothers）破产，引发了自 1929 年以来最严重的金融危机。2010 年春季欧元区危机的爆发标志着第三个转折点。2011 年夏天，随着人们意识到，4 年过去了，这场危机远未得到任何解决，金融市场出现了另一场恐慌。国际货币基金组织（IMF）承认“全球经济正处于一个危险的新阶段”。即使到了 2015 年，资本主义各国经济都有所恢复，经济危机在表面上已经过去了，资本主义再一次死里逃生了，但实际上，整个资本主义世界并没有一点复苏的迹象，同时这场危机正在进一步蔓延到政治、文化、生态等领域。

《金融时报》在 2007 年 9 月 13 日和 14 日出了两个标题分别为“关于市场救助的警告”“银行将援救北岩”的文章，这显示了始于 2007 年 8 月的金融市场动荡的严重性。一开始，很多人认为这只是一场短期恐慌，美联储（Fed）在8月18日降息后，这一恐慌将得到解决。关于恐慌的直接原因，几乎没有争议。那是因为在美国经济复苏期间，那些有钱人（老式银行、对冲基金等新兴金融集团，以及拥有数百万现成现金的富人）发现，他们可以通过低利率借款来扩大财富，以便向那些准备支付更高利率的人放贷。这种贷款被称为“次级抵押贷款市场”。与此同时，还有其他类型的投机性贷款——押注大宗商品价格（尤其是石油和金属）上涨，以及为“私人股本”收购提供资金。通过裁员和关闭来“重组”将产生偿还债务所需的额外利润，因此可以借入巨额资金来收购大型公司。而也就是在这个时候，美国经济发展开始放缓。由于利润下降，公司解雇了他们两三年前雇佣的工人。数以十万计的美国穷人再也跟不上不断上升的抵押贷款，而在这一链条一端的借款也无法偿还。危机由此爆发，两天后，《金融时报》报告：“数百家美国公司在短期债务上面临着急剧上升的成本，这些债务是用来为日常运营……提供资金的。公司高管和华尔街分析师表示，信贷紧缩可能迫使几家公司减少对价值2000亿美元的商业票据……公司市场的敞口，包括迪斯尼、ITT、亨氏和摩托罗拉在内的众多公司都有数百万美元的借款。”[①]一场“信贷危机”正在冲击整个系统中将生产和销售联系在一起的一些借贷链。为了修复这些问题，美联储和欧洲央行（ECB）介入，向面临问题的大型银行提供援助。人们开始预测这场危机将导致美国和其他地区经济增长率下降。

后来的发展证明了如上预测。金融危机迅速带来了衰退与通胀的结合，由此形成金融危机和通货膨胀的“双重危机”。美国政府介入，接管了两家大型抵押贷款公司房利美（Fannie Mae）和房地美（Freddie Mac）——这可

① Francesco Guerrera and Victoria Kim, “Business Faced with Increase in Cost of Borrowing,” *Financial Times*, August 20, 2007.

能是世界历史上规模最大的国有化——以阻止金融体系的灾难性崩溃。仅仅7天后，美国最大的投资银行之一雷曼兄弟就破产了。这引发了这样一种反应：美国政府随后承诺从整个金融体系吸收约7000亿美元的坏账。与此同时，这场双重危机的影响在英国也显而易见。房屋销售和新建房屋均创下历史新低，收回量不断上升，截至2008年8月，食品价格上涨了12.5%，7月份失业人数上升了2万，领取救济金的总人数为864700人。劳工组织对失业的衡量结果显示，这一数字远远高于167万人（5.4%）。人们普遍担心未来会发生什么，而物价上涨已经导致工人们削减开支。据报道，超市转向“自有品牌”，有机食品销量下降，汽车使用量下降，廉价航班预订减少。8月份宣布的天然气和电力价格上涨将大大增加燃料贫困家庭的数量——4月份已经有450万个家庭。

2010年春季和初夏欧洲遭遇的危机证明，关于从危机中复苏的所有言论都是完全错误的。5月初是席卷欧洲大陆各国政府和世界各地投资者恐慌最严重的时候，有许多不祥的迹象表明，这种情况与雷曼兄弟破产前的情况相当相似，导致全球经济陷入二战结束以来最严重的衰退，就连欧洲央行行长让－克劳德·特里谢（Jean-Claude Trichet）这样的权威人士也意识到了这一点。美国总统巴拉克·奥巴马（Barack Obama）也被迫介入，对法国和德国政府施加压力，要求它们同意达成一项将避免另一场金融危机的解决方案。实际上，欧洲领导人从2月中旬到5月中旬花了3个月时间研究这一问题。他们就向希腊政府提供财政援助的具体条款发生争执。所有这一切都意味着，当2007年金融危机爆发时，特别是在2008年和2009年金融危机转变为深度衰退之后，南欧国家的负担要比德国重得多。这与财政挥霍无关，正如马丁·沃尔夫所说，希腊是个坏孩子。但意大利、法国和德国违反预算赤字标准的次数远远超过爱尔兰和西班牙。然而，后者现在面临着巨大的财政困难。财政规则未能承担风险，这并不奇怪。资产价格泡沫和相关的金融化过度推动了爱尔兰和西班牙的经济，从而导致泡沫经济的崩溃留下了财政废墟。[①]与此同时，中欧和东欧一些经济体实质上发生了内爆——部分地区的生活水平大幅下降，抗议活动和社会动荡频发。波罗的海国家已不再被称为“波罗的海猛虎组织”，而是以欧盟最严重的形式遭受危机的影响，它们的货币、银行系统和经济濒临崩溃。比如2010年，匈牙利受到来自市场的投机攻击，威胁要将其债务降级为垃圾债券。只有波兰和捷克共和国乍一看像是相对“软着陆”的。这场危机通过两个渠道袭击了欧盟的中欧和东欧国家。用世界银行（World Bank）的语言来说，“全球去杠杆化”（贷款的大规模收缩）是在“陷入困境的母国金融市场”（由有毒债务暴露的金融机构）引发的，随着一些东道国“房地产繁荣的解除”（房地产价格崩溃），金融市场为主权债务融资的意愿降低了。随后的衰退减少了西欧的出口需求，对捷克和斯洛伐克共和国以及爱沙尼亚和匈牙利等小型经济体的生产和就业产生了负面影响。2008年，爱沙尼亚和匈牙利的出口占国内生产总值的70%和80%。在较小程度上，波兰和罗马尼亚等较大经济体的情况也是如此。因此，中欧和东欧国家之间的危机程度各不相同，具体取决于房地产泡沫的规模、对出口的依赖程度、公共部门赤字的规模，以及它们是否实行浮动汇率，从而抢占竞争对手国家的优势。然而，各国政府的反应都是一样的——让工人阶级为危机付出代价。整个地区的一系列紧缩计划只不过是由削减工资和福利、打击养老金、削减医疗和福利支出以及提高（累退）税这一主题的变换组成的。尽管失业率上升和GDP下降，国际货币基金组织和欧盟仍敦促进一步削减福利和增加税收，以减少公共部门赤字，达到惩罚性的“马斯特里赫特目标”，即国民收入的3%。

① ［英］马丁·沃尔夫:《欧元区“以邻为壑”行不通》，FT中文网，2010年5月25日。

二、反抗运动迭起

经济危机反过来很快就诱发了社会政治危机，金融危机成为近年来西方资本主义国家政治社会大变动的导火索，欧美主要资本主义国家出现了近几十年间罕见的社会动荡。各种形式的反紧缩罢工抗议连绵不断，高潮迭起；从“愤怒者”运动、“占领华尔街”到“黑夜站立”，捍卫民众基本权利、呼吁进行政治变革的群众性反抗运动此起彼伏，接连发生。

在国际金融危机爆发后，资本主义世界的各国都受到了严重冲击，经济衰退、失业率持续上升、财政赤字严重、大规模削减公共开支随之而来。由此引发资本主义世界中重大社会矛盾，劳资矛盾进一步激化，罢工运动在遭受危机重创的欧美地区此起彼伏，绵延不断。2008—2010 年，是罢工运动最为激烈的一段时间，构成了近 20 年来对西方世界冲击和影响最大的一轮罢工浪潮。但是由于这场波及全球的金融危机在每个国家造成的影响并不是均等的，而且每个国家应对危机的能力也不同，所以欧美各国发生的罢工次数及规模均有所不同。在这次危机中受到重创的是欧元区，平均失业率高达 20%，特别是南欧四国，它们的临时合同和失业比例最高，加上一些最低的工资和社会支出，导致它们的罢工运动在资本主义世界中更为突出。根据意大利公共管理和精简部门的统计，自危机爆发以来，不论是宣称要进行的罢工还是实际举行的罢工，数量都持上升状态，较之危机前的数据有大幅提升，一度增长至 17%。而西班牙受国际金融危机和国内结构性调整影响，经济持续低迷，就业形势空前严峻，各地各行罢工此起彼伏。曾经引以为豪的“欧猪五国”的西班牙面临着主权债务危机，与其他西方国家一样，它不得不采取紧缩政策，各种社会矛盾日益激化。西班牙工会于 2010 年 9 月 29 日举行了为期一天的全国总罢工，这是 8 年来第一次。500 多万工人罢工，几十万人示威，比 2002 年的前一次总罢工少，但其对社会的影响是不容忽视的。希腊和葡萄牙两国金融危机后的罢工运动也蔚为壮观。而在欧洲的其他地区，罢工的频率和规模与各国受到经济危机影响的程度挂钩。在受影响相对小的国家，发生的罢工与之前不相上下，如危机下英国的罢工总数较危机前没有显著增加，但在特殊时期下因罢工涉及的损失则较之前有所增长。而东欧地区，经济形势总体较差，罢工频率和规模呈上升趋势。作为资本主义世界中最大经济体的美国，在危机下的罢工运动也经历了一个逐渐增长的过程。

自国际金融危机以来，西方国家乃至整个世界的青年抗议运动出现了高潮。对教育的毁灭性削减，学生债务的猛增，以及青年就业机会的减少，这样的危机不仅存在于工人阶级中，而且存在于每个面临转变为无产阶级的中产年轻人。他们通过示威游行、学潮和骚乱等形式进行抗议，很多规模较大并具有全国甚至国际影响。欧美资本主义世界中多国都连续爆发一系列在影响和规模上都较大的青年反抗运动。2010 年夏末初秋，法国发生了抗议总统尼古拉·萨科齐（Nicolas Sarkozy）提高退休年龄的提议，学生大规模罢课，导致全国各地的大学校园和 700 多所高中关闭。11 月初，爱尔兰发生了一代人以来规模最大的学生抗议活动，都柏林街头有多达 4 万名年轻人参加。一周后，也就是 11 月 10 日，伦敦街头爆发了一场大规模的学生示威，参加游行的人数出乎意料地高达 5 万人。这场游行发生了激烈的变化，数千名学生包围并占领了保守党总部米尔班克 30 号。意大利学生在 11 月底和 12 月初举行了大规模示威，其中有几次演变成了与防暴警察的战斗。12 月 17 日突尼斯小贩自焚让阿拉伯世界着火了，北非和中东地区示威游行的闸门打开，六个或更多国家的数百万人在短短几周内涌上街头。还有 2011 年 9 月的“占领华尔街”运动，11 月 30 日英国学生们举行了示威和占领活动以支援自 1926 年以来规模最大的罢工，等等。在一系列此起彼伏的抗议活动中，都有青年一代的身影，甚至他们是很多活动的主要参与者，“愤怒者的一代”的称谓由此而起。其中“占领”运动是资本主义危机下最具影响力的群众性反抗运动，其起点是发生于西班牙的“愤怒者”运动，对国际金融危机以来岌岌可危的西方资本主义形成了巨大冲击和挑战。其发展高潮是2011年秋在资本主义世界中心——美国爆发的“占领华尔街”运动。这一运动的意图是决心对银行及其经济和政治权力采取象征性的立场。它已经发展成为一个国际运动，它也围绕着警察的暴行、言论自由和第一修正案的权利展开了关键的斗争。没有人能想象到，“占领”运动会发展蔓延到北美的数百个城镇，成为包括劳工运动在内的一系列不同斗争的焦点。它还蔓延到了大学校园，“占领高校”运动大规模兴起。但在美国警方的突击镇压下，“占领华尔街”运动声势减弱。与此同时，各种五花八门的小型“占领”行动在全美各地频繁上演。运动参与者为了规避政府的打压和封杀，在法律和政策边缘游走，逐渐发明了一些新的“占领”形式，其中具有代表性的是“快闪占领”和“睡觉抗议”。总体而言，各地大罢工和示威游行在和平进行的间歇还发生了不同程度的骚乱。

第二节　资本主义危机批判

经济危机不仅仅是经济学的话题，更是讨论一切现实问题的共同背景。作为马克思主义者，我们往往倾向于将2008年爆发的金融危机视作一场“综合性危机”。“综合性危机”的重点在于它的综合性，意味着它并非单纯是经济领域的，更不可能仅是金融部门的危机，它是整个资本主义世界各领域包括经济、政治、文化、生态等爆发的危机。而它一开始在金融领域爆发，是因为金融泡沫的破裂成为导火索，金融危机只是这场资本主义全面危机的表层，只有深入思索下去，我们才会发现资本主义到底怎么样了。从一开始，可能很多欧美左翼学者也会局限于经济视域。他们去探寻金融危机的性质及其发生的根源，并批判危机产生的不良后果。但随着危机的深入发展，他们更多的是看出这场危机的综合性，以及背后所体现出来的资本主义矛盾。特别是作为典型的全球资本主义代表的美国，它也无力扭转这场危机带来的深重影响，它从金融危机爆发后就接连陷入社会、政治、文化、生态等危机，使得新自由主义的资本主义制度失去了合法性，它甚至在艰难地继续维持其剥削，但无法再有效地获得其前期所拥有的霸权。由此，欧美左翼学者对资本主义经济、社会、政治、文化、生态等方面的危机展开了批判，并提出问题：我们是否正处在资本主义世界发展的一个历史性的紧要关口？是否可以探索不同于资本主义的道路以克服和超越资本主义危机？正如布伦纳所认为的，这场广泛而综合性的危机非但远未结束，而且极有可能带来一场持续性的世界震荡。在这样一个危机时代，左翼应该有长远的策略，尤其应该有具体的行动来实施这种策略。

一、资本主义经济危机批判

自 2008 年金融危机爆发以来，金融危机、经济危机已经成为人们无法回避的话题。不论身处资本主义世界还是不在资本主义世界的人们，都意识到这是一场严重的危机，大多数人认为这场金融危机是 1929—1933 年以来西方资本主义世界最严重的危机。不论右翼还是左翼，都开始纷纷对这场危机展开诊断和讨论，右翼希望从对金融危机的研究中寻找到真正的根源，帮助资本主义世界摆脱危机，而左翼也对危机的性质和根源展开研究，探究资本主义是否还能继续，是否能够抓住机会为社会主义运动创造条件。因此，对于金融危机的性质和根源是什么的研究也成为欧美左翼学者资本主义批判在这一阶段的重点。对于危机的性质和根源的分析是紧密相连的，总体上，欧美左翼学界的分析大致来说有三条路径：金融危机论、实体经济危机论、综合危机论。

（一）金融危机论

金融危机论的代表是英国马克思主义历史学家、《新左派评论》前编辑罗宾·布莱克本（Robin Blackburn），他是最早预测到次级贷款危机的左翼经济学家。罗宾·布莱克本一开始就将资本主义经济界定为金融化状态，而且判定金融部门已经成为整个资本主义体系中资本的主要流向，因为它提供了主要的利润来源。在他看来，今日资本主义危机的根本原因就是金融领域资产的泡沫化，因为在资产完全金融化的环境下，不仅存在着一级资产，而且存在着二级资产、三级资产，它们交易的对象不是实物，而是交易资产的指数。加之金融系统中的影子银行没有受到有效监管，它们经常为了获得更高的利润而通过对资产价格进行虚幻式拔高，营造经济繁荣的假象。但是，这一过程不可能无限地持续下去，因为利润最终只能来自生产部门创造的价值。因此，当前的危机实际上不过是价值法则的强制恢复而已。[①] 不过布莱克本并不主张完全抛弃货币和金融系统，而是认为应该把它嵌入一个恰当管制的体系之中，按照所有权和功能性两个方面积极地整改公司和银行，建立全球社会基金网，限制影子银行和金融衍生品。另一些学者也强调当前的危机是金融危机，但重点不是放在对经济金融化倾向的考察上，而是放在社会金融化上。如伦敦大学东方与非洲学院的科斯塔斯·拉帕维查斯（Costas Lapavitsas）就是从家庭债务金融化这一视角进行考察的。他指出，由于资本过剩，但生产部门利润又不断下降，资本的营利性使其不再投入生产部门，而是转向了更有盈利潜力的个人和家庭消费信贷。[②] 但资本家总是贪婪的，他们为了获得超额利润，降低门槛，对个人和家庭提供了大量信贷，鼓励他们消费，从而又通过各种透支罚息获取新利润。在拉帕维查斯看来，这是资本

① Robin Blackburn, "The Subprime Crisis," *New Left Review*, Vol.25, 2008.

② Costas Lapavitsas, "Financialised Capitalism: Crisis and Financial Expropriation," *Soas, Research on Money and Finance Working Paper*, February 15, 2009.

家们将社会金融化的一个重要环节，也是他们实现剥削的新方式。但是这个剥削链条最终在原本就贫困的个人和家庭无法提供还款时断裂了，危机也就因此爆发，特别是体现在美国的次贷危机上。所以他将这一社会金融化作为危机爆发的原因。

（二）实体经济危机论

对当前资本主义危机分析的第二条路径是实体经济危机论。实体经济危机论主要是将危机归因于实体或生产性经济。贝拉米·福斯特和弗雷德·麦格道夫（Fred Magdoff）就是这种观点的代表，他们通过《家庭债务泡沫》《债务和投机的爆炸》《资本主义的金融化》等文章分析了房地产泡沫破裂和随之而来的金融崩溃的原因。在《大金融危机：原因与后果》这一书中，他们进一步更新了前期的分析。他们认为，这场最新的金融危机虽然比 1929 年以来更严重，但它本身就是与成熟资本主义的“实体”或生产性经济停滞有关的更深层次问题的症状。金融泡沫已成为对抗停滞的主要手段，但这些泡沫不可避免地破裂，使潜在的经济问题重新浮出水面。因此，不能将金融危机的原因归结于金融系统上的错误，它只是缓解实体经济危机的手段而已。在贝拉米·福斯特和弗雷德·麦格道夫看来，长期经济放缓先于金融危机。就美国而言，20 世纪 70 年代的增长率（略高于随后的 20 年）比 20 世纪 60 年代低 27%，2000—2011 年，增长率比 20 世纪 60 年代低 63%。而造成停滞趋势的核心矛盾是无法吸收生产中产生的巨大盈余。由此催生了巨大的赌场经济，并极大地助长了剥削和腐败行为，以及国外的暴力行为——所有这些都是为了寻找和保护以有利可图的方式来投资企业的资本盈余，形成了他们所界定的资本主义的最新阶段——“垄断—金融资本”。但是建立在投机和不断复杂化的金融机制之上的这种赌博性经济的结构，却远远无法解决问题，金融体系唯一的出路是：新的、更大的泡沫，导致金融危机加剧，生产条件恶化，最终泡沫随之破裂，危机爆发。此外，他们还指出，社会上大多数人的真正迫切需求没有得到解决，唯一的办法就是对整个经济进行彻底的重建，以适应绝大多数人的需求，使之重新适应社会性生产，而非私人获利。

《解释危机》确立了克里斯·哈曼（Chris Harman）作为马克思主义政治经济学家的地位。他长期专注于对资本主义危机的分析。2008 年金融危机爆发后，他倾向于从二战后资本主义实体经济中利润率下降这一路径着手分析其原因。克里斯·哈曼在他 2009 年出版的一本重要著作《僵尸资本主义：全球危机与马克思的相关理论》① 中概述了危机再次发生的原因和后果，同时描述了危机给工人带来的挑战。首先，哈曼开始指责那些倾向于关注新自由主义而非资本主义的马克思主义经济学家，认为前者是金融的主导，而忽视了战后繁荣与新自由主义时代（例如，国家支出水平和对“社会工资”的投资）之间的连续性。哈维极受欢迎的“掠夺积累”概念遭到了他严厉的批评，尤其是将私有化描述为“外部”资本主义的资源转移，而不是资本主义重组的一种形式。其次，他在认可马克思关于利润率规律的基础上，将资本主义经济危机的爆发置于发达资本主义经济体持续存在的盈利能力问题的背景下。哈曼指出，资本主义国家利润率持续下降主要有三个方面的原因：技术竞争驱逐劳动力，资本有机构成的增加，劳工工资降低导致消费不足。而利润持续降低造成的结果就是大量商品和过剩的资本，为危机的爆发埋下伏笔。最后，哈曼通过马克思的“商品拜物教”理论，进一步揭示出这一阶段资本主义所具有的僵尸性质，即整个资本主义制度下都是死的东西对生的人的支配，工人们与自己所生产的产品之间依然存在着异己的力量。进而他指出这是资本主义积累规律的必然结果，同时也是这一规律导致了如今金融危机的爆发，而且这一危机只是资本主义众多危机之一。因此，在他看来，仅仅将视角置于新自由主义金融化这一层面无法真正揭示资本主义危机，仅通过对

① Chris Harman, *Zombie Capitalism: Global Crisis and the Relevance of Marx*, Haymarket Books, 2009.

金融体系加强监管和调整也无法避免资本主义危机的再次爆发。

（三）综合危机论

第三条分析路径是对危机作综合性分析。它认为，虽然当前危机的根源是资本主义结构危机，但近年来的金融创新和自由化也是重要原因，甚至资本主义的其他矛盾及过剩人口都是危机产生的原因。约瑟夫·库纳拉（Joseph Choonara）曾对马克思主义者的危机分析的优势和弱势进行分类阐述，最后得出结论："对像我们时代这样的资本主义的分析，需要结合马克思价值理论的严谨性，对成熟的资本主义的分析，同时也要吸取前面我所考察的理论家的见解。"[①] 在库纳拉看来，资本主义在冷战阶段主要是依靠军事投入以消化过剩的资本存量，从而让资本主义不至于资本过剩又能实现高投资水平。特别是冷战期间两个超级大国的军事对抗使二战后的军费开支一直处于较高水平，也创造了一种"内在的战时经济"形态。这种支出构成资本循环的部分"流失"，消耗掉本该积累起来的剩余价值，从而保证了体系运行的稳定性。但是内在的战时经济包含着自己崩塌的种子，苏联解体后，军事对峙也随之结束，资本的军事投入也不能继续，而全球化的发展，金融部门为吸纳剩余资本提供了良好的替代形式。金融的发展会带来三种效应：一是避免由于企业的产品无法卖出而导致的危机，从而使这一系统所生产的产品和服务内含的剩余价值得以实现；二是通过资产价格泡沫产生利润和经济活力的假象；三是进一步降低了利润率下降的压力。但资本主义金融化与资本军事化存在同样的问题，就是这种资本的投入均属于非生产性的，并不能创造真正的剩余价值。因此，通过资本金融化来维持的资本主义虽然可以延后危机的发生，却只具有过渡性，最终它因资产泡沫的破裂是要走向崩溃的。在这个意义上，这场资本主义危机是一场综合性危机，是生产部门的过度积累危机

① Joseph Choonara, "Marxist Accounts of the Current Crisis," *International Socialist*, Issue 123, June 2009.

和金融部门的产业泡沫危机的相互融合。库纳拉主张再次回到马克思的价值理论，才能真正认清资本主义积累机制的变化，危机的最终根源依然是资本主义生产方式和积累机制的内在矛盾。

大卫·哈维的分析也属于综合危机论。他认为，当前危机的爆发并不是今日之原因，而是资本主义世界长期以来的过度积累危机。他指出："过度积累指资本主义现有的剩余找不到出路的情况下出现的情况，不论是面临着劳动的约束、市场的约束、技术的约束，还是其他情况。"[①] 而在 2008 年爆发的金融危机可追溯到 20 世纪 70、80 年代时的危机，当时的危机并没有得到解决，只是换个形式得以延缓。当时撒切尔夫人和里根总统携新自由主义而来，采取反劳工政策，一方面保障了资本家的利润，却导致工人们因工资下降而社会需求不足，因此造成了资本的投资受到束缚。为解决上述矛盾，资本主义体系采取的方法是通过信用卡或消费信贷鼓励负债消费，但这种模式是不可能长久的。哈维在《资本之谜与资本主义的危机》一书中也是从导致本轮经济危机的一系列事件谈起的，但他并不认同那种在危机发生后对新自由主义落井下石式的指控，因为在他看来，金融危机并非目前的单个事件，而是资本主义整个体系的内在结构、矛盾及其张力所引发的一系列危机，应该通过对资本主义的本质及其运作方式对周期性失灵的原因进行探讨。因此，在哈维 2014 年出版的《十七个矛盾和资本主义的终结》中就仔细考察了引发最近危机的资本流动的内部矛盾。在这本书中，他列出了关于资本的十七个矛盾，并将它们归为三大类：基本矛盾、运动矛盾和危险矛盾。基本矛盾指与资本的运行必然联结在一起的矛盾，资本离开它们将无法运行，如其中最重要的是使用价值和交换价值之间的矛盾以及资本和劳动之间的矛盾。而运动矛盾特别指新自由主义资本主义的条件下，资本的扩张所借助的

① "Interview: David Harvey-Exploring the Logic of Capital," *International Socialist*, Issue 335, April 2009.

矛盾，其中关键因素是技术的矛盾性质，在技术的帮助下，资本实现了对自然和社会生活的双重剥夺，不断实现扩张和积累。而关于危险矛盾，哈维指出三个方面的危机，即经济危机、生态危机、人道危机。哈维又将经济危机称为“复合增长危机”，认为在资本快速增殖的现实条件下，人们会陷入关于资本自我增殖的拜物教观念，在拜物教观念的支撑之下，人们会根据所谓的理性规律建立起关于资本增殖的各种数学模型，并通过金融投机来实现这种关于资本增殖的理论预期。如此一来，人们就在拜物教观念的支撑下借助金融投机制造出了一个又一个泡沫，它也必将导致由这些泡沫破灭所带来的经济危机。

二、资本主义政治、社会危机批判

尽管按照官方的说法，大衰退结束于 2009 年 6 月，但是人们对于一个经济快速扩张时期到来的希望很快就被粉碎了。现实中，经济增长缓慢，失业率居高不下，工资和福利几乎没有得到改进，贫困人口在增长，收入与财富不平等的趋势还在发展。总之，资本主义体系内的危机不论加剧还是缓和，它都不可能被消除。而且金融危机爆发后，资本主义政府和经济体系的掌控者们所采取的“拯救”政策、措施，都是在挽回大资本家的利益，而让无产阶级为这场危机买单。可现实的情况是，导致经济危机产生的从来就不是无产阶级，而是资本主义的生产方式所固有的矛盾导致的，应该为此灾难负责任的是那些曾经受益的资产阶级。更糟糕的是，无产阶级内部不同成员为经济危机买单的程度也不一样，反而是那些最弱势的群体在其中受到的伤害最大。社会中的无数群体沦为危机的牺牲品，为生存所迫，他们对资本主义失去了认同。由此，意味着资本主义经济危机已蔓延至社会、政治领域。欧美左翼学者也随之将视角转向资本主义世界中政治民主和社会两极分化的批判，并由此对当前发生的一系列社会抗议运动作了评价及展望。

（一）资本主义民主空心化

在资本主义世界中有一种普遍流行的错误信念，即新自由主义资本主义的发展必将导致民主政治的进步。这一错误信念背后的逻辑是：新自由主义的资本主义必然带来世界市场的逐步确立，市场意味着对个体自由原则的承认，个体自由的原则不仅仅意味着私有财产权利，同时意味着民主政治和法治国家。随着新自由主义资本主义在全球范围内的展开，社会现实日益显示出这一观念的彻底悖谬，2008 年以来的全球资本主义危机更使人们清楚地看到新自由主义资本主义与民主政治之间的冲突。因此，欧美左翼学者对这一冲突展开论述，并揭示了这种冲突下资本主义政治民主的空心化，还提出将政治民主进展到社会民主以制衡资本主义。

首先，以哈贝马斯为代表的观点认为，新自由主义资本主义与民主政治在原则上不相匹配。哈贝马斯在危机爆发以后，从新自由主义资本主义和民主之间的关系角度进行了深入反思。在《新自由主义的终结和金融体系破产之后的世界秩序》一文中，他指出，这场危机的最直接结果是巨大的社会不公。无论在国际范围内，还是在美国国内，都是最易受伤害的社会群体来承担此次危机损害。在此基础上，他进一步指出这场危机还将使美国处于新自由主义和新保守主义的双重危机之下。金融危机由新自由主义模式的经济和政治所致，由于危机的爆发，它又将导致对新自由主义的直接反动，带来新保守主义的盛行。紧接着，哈贝马斯具体分析了导致这一结果的双重原因，认为首要原因是新自由主义以及内在于其中的社会达尔文主义。新自由主义的核心原则是市场至上，其实质是一种强者生存的丛林法则，它与社会的和民主的法治国家的平等原则不相称。正是由于新自由主义本身内在的就是一种社会达尔文主义，这场危机才会导致如此令人震惊的社会不公。导致该结果的另一个原因则是全球范围内的（跨民族国家意义上的）民主政治的缺失。自 20 世纪 90 年代以来，在政治的期望和推动之下，有了经济的全球化，却没有相应的跨国家的民主政治。最后，哈贝马斯在清醒地意识到所有这些困难的同时，对世界秩序的新走向进行了极其乐观主义的展望，希望通过以平等为原则的民主政治来制衡以社会达尔文主义为原则的新自由主义资本主义。

其次，克劳齐（Colin Crouch）早在 2004 年出版的《民主之后》一书中提出的观点是：新自由主义资本主义必将导致民主政治的空心化。也就是说，新自由主义资本主义不仅在原则上与民主政治不相匹配，而且还将导致民主政治彻底失效。在新自由主义资本主义的条件下，经济必将不再受控于民主政治，民主政治将反过来为资本利益集团所掌控。这一观点在施特雷克、萨洛蒙等人那里得到进一步支持。W. 施特雷克（Wolfgang Streeck）在 2013 年出版的《购买时间：民主资本主义被延缓的危机》一书中，通过具体说明资本主义国家是怎样通过购买时间来一再延缓新自由主义经济危机的，明确指出新自由主义资本主义的发展将导致民主政治日益陷入无效的境地。针对自 20 世纪 70 年代以来的新自由主义经济的兴起和它的不断危机，以美国为代表的民主资本主义国家先后通过强制通胀、公共债务和私人债务三种方式来延缓危机，这三种方式一方面使民主资本主义国家从财税国家逐渐转型为负债国家，另一方面也使得民主政治日益失去制衡资本主义的作用，主要表现为：公民选票的失效、社会权利的消解、社会大众对危机的承担。D. 萨洛蒙（Vgl. David Salomon）则通过考察公共领域在新自由主义资本主义时代所发生的结构转型，再次强调新自由主义资本主义一定会导致政治民主的陷落。他指出，在传统资本主义社会中，存在着公共领域与私人领域的明确区分，公共领域作为以普遍性为原则的行动领域，它一方面是人们展开政治参与性行动的领域，另一方面也同时是人们就普遍性的公共事务进行理论论辩的领域。在新自由主义资本主义条件下，公共领域与私人领域之间的关系发生了重大变化，具体体现在三个方面：一是公共领域的私人化。大量公共机构被资本化，公共服务性产品被私人接管。二是私人领域的公共化。在文化工业和网络传媒条件下，私人领域日益消失，人们的生活失去了自己的内在性。三是公共领域的空心化。公共领域是人们展开政治参与性行动的领域，但由于传媒业被资本利益集团所垄断，政治新闻和公共新闻被控制，人们的政治参与和理性反思领域被彻底掏空。在这个意义上，新自由主义资本主义的发展必将伴随着后民主化的趋势。

（二）社会的两极分化

金融危机之后在资本主义社会中产生的另一重大影响就是社会进一步两极分化，社会冲突不断。欧美左翼学者对这一现象也进行了关注，并纷纷提出相关的批判理论，有从道德立场的批判，也有从政治经济学视角的阐述，还有从政治视角。在这一阶段，最为突出的应该是从阶级立场去阐释这一问题，也凸显了危机下左翼学者们阶级理论研究的复兴。对这一问题的分析中，齐泽克的无产阶级立场下的资本主义四种对抗性对社会两极分化作了独特的分析、批判。

面对新自由主义的理论和政治攻势，齐泽克的“自然及其不满者”[①]明确强调左翼必须坚持无产阶级的立场。他指出当今资本主义世界存在着四种对抗性：一是生态系统；二是私有财产与资本主义世界盛行的“知识财产”问题；三是新技术研发与应用，特别是生物遗传学方面所具有的社会和伦理含义；四是新式隔离墙与被困住的贫民窟。在齐泽克看来，不论在资本主义批判还是斗争中，始终需要坚持一种无产阶级立场，而这一无产阶级立场也就是站在社会中不组成其部分的那部分人的立场。因此，他认为不能把当今的四种对抗性等量齐观，而必须以其中的被排斥者与被容纳者之间的对抗性，

① Slavov Žižek, “Nature and its Discontents,” *SubStance*, Vol.37, No.3, 2008, p.37.

作为全部斗争领域的主导，这也就是他提到的第四种对抗。随着贫民窟居住者的逐年攀升，这一群体外在于国家控制，没有适当的医疗与社会保障，生活在近乎无法无天的状况中，非常需要最起码的自我组织。他们不是不幸的意外，而是“发展”“现代化”与“世界市场”这类口号的真正“症状”，是全球资本主义内在逻辑的必然产物。只有将这种对抗作为主导，其他三种对抗性才具意义，不然生态系统会转变为一个“伦理性”问题，知识财产问题只会是一个需要复杂程序的法律问题，而新技术的使用，特别是生物遗传学，也只能是一个偏向伦理的道德问题。没有阶级之间的对抗性，人们都可以是为环境问题而战，也可以是知识产权的拥护者，激情反对生物遗传学上基因版权化问题，但他们都是没有立场的反抗。在齐泽克看来，这些人甚至有可能是站在被排斥者的对立面的立场而去进行所谓“真诚”的反抗。因此，齐泽克强调必须严格区分这四种对抗性，尤其是被排斥者与被容纳者之间的鸿沟同其他三种对抗性的质的差异。它呈现了资本主义世界中严重的两极分化问题。最后，他呼吁面对全球资本主义下诸多被排斥者和不被容纳者，以及由此产生的一些社会问题，左翼势力必须有所作为。首先要将这些分散的不被容纳者在政治上组织团结起来，其次坚持这些无产阶级的立场，并作出大胆的“集体决断”，来应对当前的各种危机与可能的灾难。

三、资本主义文化危机批判

随着经济危机影响的不断扩大和深入，各类社会矛盾和冲突逐步暴露出来，很多资本主义国家教育体系已有的矛盾暴露无遗，特别是作为资本主义世界中心的美国，更是深陷教育危机之中。正如福斯特所说，21 世纪初美国学校教育的问题，并非由教育哲学家们和教育资源造成的，也并非如人们所想象的那样可以把教师、学生、家长以及社区完美地结合在一起；这一局面主要是由资本主义社会对于劳动力分层化和管制化的不断增长的新需求决定的。金融危机之后，欧美左翼学者针对教育领域危机的问题，特别是针对教育私有化问题、重建公共教育问题以及新自由主义教育政策等问题展开了大量讨论。在此仅对威廉·埃尔斯（William Ayers）、瑞克·埃尔斯（Rick Ayers）和福斯特三位左翼学者对这一问题的观点进行介绍。

来自伊利诺伊大学的威廉·埃尔斯和来自旧金山大学的瑞克·埃尔斯为《每月评论》2011 年 7、8 月合刊上的教育专题撰写了引论。他们指出，21 世纪初的教育领域处处充满了危机和争论，资本主义经济的不稳定性，使得原本已经问题重重的资本主义教育体系更加摇摇欲坠。新自由主义的企业规划者、私人基金会、美国商会、各类商业圆桌会议、美国的政府战略规划家以及持保守倾向的教育精英们，对教师、教育联合会、师范教育、学校甚至是学生加强了抨击。他们的目标是再造强大的特权，同时锻造新一代的技术工作者和被动的跟随者，从而训练下层社会民众接受他们在这种社会模式中的位置。这一叙事模式的吸引力是如此强大，以至于激进的改革者们最后都发现，他们也只不过是在以不同的方式重复着欺骗性的教育目标和虚假的教育理想。占统治地位的关于财势的新自由主义隐喻，把学校定位成商业，把教师定位成工人，把学生定位成产品和商品。这会使大众认为，学校封闭了公共空间并把它们私有化，而这本身是自然而然之事；这会使大众认为冷酷无情的、标准化的测试惩罚制度是合理的；这会使大众认为以零容忍来替代正义是理性的。而这正是新自由主义教育的忠实信徒们所谓的“改革”。最后，两位作者提出，教育私有化带来了各类严重后果，面对无情的私有化局面，必须重新思考公共教育问题，必须为保护真正的“公共性”而斗争，同时也为让学校获得真正的解放而斗争，以使教育真正实现走向个人价值的自由发展。

福斯特则进一步详细解释了教育私有化的深层原因，认为这是资本主义结构性危机的产物。他提出，我们正生活在一个资本主义结构性危机的新阶段，即垄断性金融资本的阶段。这一阶段的特征在于：成熟资本主义的经济发生了停滞，经济出现了金融化的转向，资本在全球快速集中。这种发达经济缓步增长的后果就表现为，统治世界的巨型企业被迫寻找新的市场和投资机会，并且超出了传统领域，侵入了国家经济的核心领域，并将之私有化。而这一垄断金融资本在政治上的对应物就是新自由主义的教育重建计划。在这种政策的主导下，国家不断涉足公共教育，将它视为一个尚未开发的市场机会。数万亿美元的全球公共教育市场被认为应该向私有化教育进一步开放。此外，教育在劳动力发展中也扮演了核心角色，这也导致了不断增长的新自由主义式教育重构的呼声。公共教育的危机和对其重构与私有化的要求，应该被视为当前经济和社会长期不稳定所带来的后果。福斯特最后指出，目前我们必须为一场长期的教育革命作准备，这场教育革命的目标是建立一种与社区相结合的、出于人民的真实需要的教育。而这种以社区为核心，基于人民需要的教育，首先应该体现在公共教育之中，进而扩展到社会生活的全部领域。

四、资本主义生态危机批判

欧美左翼学者始终坚持将对全球性生态危机的批判与资本主义的制度性病症联系在一起。21 世纪以来，随着全球环境、气候以及资源问题的日趋严重，欧美左翼学者对于造成生态问题的资本主义全球化的批判也进一步深入。《每月评论》杂志是这一批判的主要代表和主要阵地，他们主要是以生态学马克思主义为主要理论立场。

金融危机爆发后，“解增长经济学”[①] 日益流行，这一概念是由希格·拉图什（Serge Latouche）提出的。所谓“解增长”是这样一种理念，即自愿地缩

① Serge Latouche, “The Globe Downshifted,” *Le Monde Diplomatique* (English edition), January 13, 2006.

小经济的规模，减少 GDP。它的提出意味着，现代社会的经济增长偶像受到了严肃的挑战。“解增长经济学”在欧洲很是盛行，就这一话题召开了多次相关会议，在 2010 年还发表了相关宣言。“解增长经济学”涉及两个核心问题：在资本主义社会实现解增长是否可行？如果不可行的话，如何实现向新社会的转变？福斯特对此进行了评论，认为解增长不仅是不可行的，而且也是不可能的，这种运行模式是与资本主义制度的本质相背离的。正如拉图什所说：“与生态兼容的资本主义在理论上是可设想的，但实践上是不现实的。”[①]福斯特在《资本主义与解增长：一个不可能定理》中考察了资本主义与解增长之间的关系。面对资本主义生产对环境产生的难以逆转的负面影响，解增长概念得到了重视。福斯特认为，在罗马俱乐部提出“增长的极限”问题之后的 40 年间，现代资本主义社会的经济增长观再一次面临着强大的挑战，解增长理论正是这一挑战的代表。解增长概念迫使我们去面对的问题是：解增长在像资本主义社会这种或增长或者死亡的社会中是可行的吗？如果不可行，那么这对于向一种新社会的转向又有何帮助？据此，福斯特还评论了欧洲的解增长计划。在他看来，从生态斗争的角度而言，不能仅仅以抽象的解增长作为唯一的目标，而是必须以更为具体的反积累为目标，即抛弃那种适合于资本的无限积累的制度。在一个可持续的秩序中，富人应该学会依赖较少的商品而生活，以便降低人均环境的负担。与此同时，人类真正需求的满足和生态可持续性应该成为新社会秩序的必要原则。“如此设想的生态斗争不仅是解增长的，而且更具体地说是解积累的。”“在它的位置上，我们需要建立一个新的合作的革命的社会，一个奉献给人类需求和地球的社会。”[②]

---

① Serge Latouche, “The Globe Downshifted,” *Le Monde Diplomatique* (English edition), January 13, 2006.

② John Bellamy Foster, “Capitalism and Degrowth—An Impossibility Theorem,” *Monthly Review*, Vol.62, January 2011, pp.26-33.

除了对解增长的不可能性的阐述，福斯特在这一阶段还从马克思的“代谢断层”理论和危机论两个角度进一步探讨了生态危机与资本主义的联系。福斯特在题为《马克思与自然普遍代谢中的断层》[①]一文中指出，在过去的15年间，对于马克思的“代谢断层”理论的再次发现，给予了左翼强有力的依据，以对自然与当代资本主义社会的关系展开批判；是资本的积累机制导致了各式环境问题与生态危机，我们要发展一个更具有内在协调性的生态世界，与此同时，“代谢断层”论也要求超越自然科学与社会科学之间的分裂。福斯特强调，马克思的生态唯物主义对于在21世纪探讨生态危机和灾难具有重要意义。如果人们试图将人类从由资本主义的无情的创造性破坏活动所造成的生态灾难的边缘挽救回来的话，那么社会的革命性重建的潜在条件，其范围和愿望必须是普遍性的，必须包括全球和全人类。总而言之，人类与自然之间的代谢将始终是一个问题，它是一个关于人类生产的问题，也是一个关于人类自由的问题。而在《空前的危机》[②]中，福斯特指出，在我们这个时代，人类正面临着巨大的历史性挑战，不仅遭遇到自大萧条以来的最大规模的经济危机和第二次大萧条，而且被更大的整个星球所面临的灾难笼罩，这向我们提出了物种，也包括人类自身能否长期生存的严峻问题。对于近日世界而言，最为紧迫的就是建立起对于不断深化的资本主义经济僵局与日益加剧的生态威胁之间关联性的了解，后者正是资本主义发展的副产品。他提到他之所以使用“空前危机”一词，是因为今天经济矛盾与生态矛盾已经合流，社会的整个物质条件遭到了破坏，因而提出了如何向新的生产方式过渡的问题。这一空前的危机完全不同于资本主义历史上那些普通的发展危机。

---

① John Bellamy Foster, “Marx and the Rift in the Universal Metabolism of Nature,” *Monthly Review*, Vol. 65, December 2013, pp.1-19.

② John Bellamy Foster, “Epochal Crisis,” *Monthly Review*, Vol.65, October 2013, pp.1-12.

五、超越资本主义

资本主义世界当前的危机无疑是20世纪30年代大危机以来最严重的一次，由金融危机到经济危机乃至政治、社会危机的爆发以及现行应对政策的无效，打碎了人们对资本主义神话的信仰和迷信。哈维、布伦纳、库纳拉都认为，过去20多年资本主义中心地带没有经历过像样的一次危机，这并不意味着资本主义危机趋势已经消失，而是由于资本主义金融化延缓了危机到来的时间。但是，危机越是被推迟，矛盾积累就越多，最后，危机的破坏性也就越大。欧美左翼学者纷纷从经济、政治、社会、文化、生态等层面分析了资本主义危机并对之进行批判，但批判并不是目的，仅有批判的态度和理论并不能解决问题。批判之后如何看待这场危机的后果和出路成了一个重要任务。当然，目前欧美左翼学界对此存在着分歧，大部分左翼学者相信当前的资本主义危机标志着新自由主义全球化意识形态的破产，从而为反对资本主义的抵抗运动和政治革命提供了新的机会；但也有学者认为，这次危机与之前的危机一样，将会成为资本主义的新一轮发展的机遇。正如克莱茵（Naomi Klein）在她的“灾难资本主义”理论中指出的，资本主义的每一次发展总是依赖自然灾难、经济危机、战争等提供的机会。这次危机是否陷入同样的命运，正是一些左翼学者担心的。但不论持何种结果论的左翼学者，他们都积极探寻超越或替代资本主义的方案。他们设想的资本主义替代方案各有不同，但总体上还是回归左翼改良与革命的两大传统。只是以解决目前危机为基础的进步政策和社会民主主义的改良主义在资本主义危机阶段显得略为不合时宜。吸引学界眼球的还是一度冷寂下去的社会主义与共产主义又重回到知识场域的中心。

（一）社会主义的结构改革

结构改革的目标就是消除资本主义制度，从而根除资本主义的野蛮增长和危机。梅斯扎罗斯（István Mészáros）曾指出，所有失败的方案——自由主义和新自由主义、社会民主主义的渐进道路，甚至后来新自由主义化的社会民主主义，以及苏联、东欧通过取消资本而建立的社会主义制度，都是试图在现存社会代谢秩序的结构框架内实现他们的目标。在他看来，痛苦的历史经验告诉我们，我们的问题并不仅仅是“克服资本主义”，即使我们能够实现这个目标，但它必定是非常不稳定的，因为能够被抛弃的，也能够被恢复。所以，他提出需要激进的结构改革，具体内容就是把资本从社会再生产的代谢过程中清除。梅斯扎罗斯认为，资本本身就是一种无所不包的控制模式，意味着它要么控制所有一切，要么作为社会再生产的控制体系而从内部崩溃。因此，我们并不能控制这样的资本的某些方面，而让剩余的正常运行。所有试图永久地解决问题和控制资本不同功能的模式在过去都失败了。资本具有结构上的根深蒂固的不可控性，即在资本制度本身的结构架构内没有一种杠杆能带来永久的控制——资本必须完全被消除。但是，他并没有具体指出消除资本的方式。

如果说梅斯扎罗斯提出的消除资本的观点过于抽象，那么莱布维茨（Michael A. Lebowitz）教授提出的社会主义方案就比较具体。首先，他认为劳动产品不能被个人、群体和政府所垄断，其前提必须是生产资料的社会所有。具体来说，生产资料的社会所有是共同的社会生产指向所有人的自由发展，而非用来满足资本家、个人群体或政府官僚的私人目标的唯一保证。但是他又进一步强调，社会所有并不是国家所有。国家所有只能是工人的特殊群体攫取了国家所有的大部分好处。而社会所有意味着复杂的民主制，人们作为主体，既作为生产者又作为社会成员来决定社会劳动结果的运用。其次，工人组织的社会生产在生产者之间构建了新型的合作和团结关系。与资本主义生产形成鲜明对比的是，它让工人结束头手的分离。在莱布维茨看来，只要工人不能在工作场所通过知行合一而发展他们的能力，那么他们就仍是异化的和分裂的人，其享受在于拥有和消费东西。因此，工作场所的积极参与式民主是生产者全面发展的必要条件。最后，他认为，生产活动是建立在承认我们作为人类家庭成员的共同人性和需要之上的。如果生产仅仅为了私人利益，那么我们仍然是异化的、分裂的和软弱的。我们的目标是在承认差异的基础上构建与他人的团结。这一团结的概念意味着所有工人都有权描绘我们的社会生产力，其前提是我们承认工人有自身发展需要的重要性。

（二）共产主义的复兴

21 世纪初在关于资本主义替代方案的探索中，共产主义的复兴是欧美左翼学界中一个重要的现象，很多人都曾说，共产主义的幽灵在 21 世纪再一次游荡于世。共产主义的复兴是巴迪欧和齐泽克等人的核心主张，此思潮可以追溯到巴迪欧 2008 年出版的《萨科齐的意义》中明确提出“共产主义假设”概念，接着在 2009 年，巴迪欧、齐泽克、哈特等人在伦敦召开第一次“共产主义观念大会”，并出版文集《共产主义观念》（2010）。2011 年，他们又在纽约召开第二次会议，出版《共产主义观念（2）》（2013）。与此同时，很多其他左翼学者也对此展开讨论，并为超越资本主义提出自己的共产主义观念。他们从哲学视角、政治经济学以及现实方案等对共产主义进行论述和展望，都体现了共产主义复兴成了这一阶段的热门现象。下面就巴迪欧、哈特和奈格里关于共产主义的观点作一介绍。

巴迪欧主要是从超越的事件哲学出发，把共产主义观念理解为永恒的假设，在他看来，共产主义是如今新自由主义面临夭折后全球解放事业崭新的和内在的要求。他提出“共产主义是一个正确的假说”，离开这一假说，剩下的只有不平等。由科斯塔斯·杜兹纳（Costas Douzinas）和齐泽克等 15 位世界知名学者共同编著的文集《共产主义的观念》，收集了 2009 年伦敦共产主义大会的主要发言者论文。书中多位作者均认为共产主义是唯一值得真正哲学家追求的永恒的政治观念。那么究竟什么是“共产主义假设”呢？巴迪欧强调，这个假设不是一种纲领，而是康德式范导性观念。他把共产主义假设视作拥有久远历史的且纯粹的不包含其他内容的平等观念。在巴迪欧看来，共产主义假设的历史不是线性的，他非常独到地把共产主义假设的历史划分为两个“序列”，第一个序列的时间是从法国大革命至巴黎公社成立，第二序列是从俄国十月革命到中国“文革”结束。他认为，第一个序列主要是对共产主义假设的阐述和试验阶段，第二个序列则进入了在实践中实现共产主义假设的阶段。他指出我们现在所处境遇是类似于第一个间歇期的第二个间歇期。但这个间歇期是否快要结束，他无法断言。他确信，共产主义假设的第三个序列如果能开启，它将不同于第二序列。他认为，当共产主义假设的第三个序列开启时，它会保留有共产主义假设第一序列中的优势，即理论基础和试验经验，同时也包括第二序列中取得共产主义现实的胜利“向心性”。但是他也指出，共产主义假设的第三序列的开启也不再如第一序列、第二序列那样采用运动和政党的方式进行。第三序列将重塑政治运动和意识形态之间的关系。但目前所能作为的，仅仅是在意识形态内部“重新部署”共产主义假设，应该寻找到秩序之外的点以颠覆秩序。

哈特和奈格里则从马克思的政治经济学出发，把共产主义理解为全球化和非物质劳动的内在趋势。在《大同世界》一书中，他们想通过公体（Common）概念赋予共产主义观念以理论的支撑。一方面，公体命名地球及同它相连的一切资源：土地、森林、水、空气、矿石等；另一方面，公体也指人类劳动与创造性的结果，诸如观点、语言、情感等。公体具有开放性、兼容性与共享性，它直接对立于财产的封闭性、排他性与独享性。一旦公体被私有化或公有化，就会丧失其开放性、兼容性与共享性。公体同公有财产的差异在于，人们对公体的使用根本无须获得任何人或任何组织的同意，而对于公有财产的使用则要经过国家的批准，因为公有财产其实是由国家或政府掌控的。公体反对任何意义上的财产，与“财产”这个概念格格不人。但现在公体对于资本主义生产愈来愈重要，一是资本主义生产日益依赖于公体，这意味着非物质生产或生物政治生产已经是支配性生产原则；二是公体自治是共产主义本质，这意味着公体生产的自治性使资本日益成为局外人。在哈特和奈格里那里，非物质生产或生物政治生产实际上就是公体的生产，这种生产日益占支配地位意味着公体与财产之间的斗争日益尖锐，这对以私有财产为基础的资本主义来说是毁灭性的，而对以公体为基础的共产主义则是奠基性的。而公体生产的自治性使得哈特得出结论：虽然仍然存在资本对公体的剥削与控制，然而资本自身的发展也提供了从资本中解放出来的工具。今天比以前更易获得共产主义筹划的条件与武器，当下最要紧的问题是组织问题。

第三节　资本主义危机批判的激进性特征

欧美左翼学者的资本主义批判理论同资本主义的发展之间总体上呈现为此消彼长的趋势。虽然社会意识不是对社会存在的简单反映，社会存在却是决定了社会意识，欧美左翼学者的资本主义批判理论作为社会意识的一部分，必然受到资本主义世界的变化的影响。2008 年开始的金融危机至今尚未见底，整个危机不断蔓延且不断持续，看似逐步恢复，但又毫无复苏之迹象，资本主义世界处于危机阴影的笼罩之下。由此，欧美左翼学者开始越发活跃，对资本主义的批判呈现激进性特征，在他们看来，这个阶段可能是左翼大有所为的阶段，这场危机也是左翼的机会。危机与批判总是如影相随，马克思作为经典资本主义批判理论的创始人，再一次回到了西方大众的视野中，不论左翼还是右翼，都开始回到马克思那里去寻找分析危机的资源，右翼希望在马克思那里找到解决危机的良方，让资本主义继续得以死里逃生，而左翼回到马克思则希望揭示危机的性质和根源，从而在源头上切断资本主义危机，探寻人类解放的最后道路。因此，欧美左翼学者回到马克思，激活了其资本主义批判理论的激进性，他们铆足劲儿对危机的批判从经济寻因到综合诊断。而这一激进性又具体体现在他们批判的过程中所体现的各种话语的激进性变化，特别是与前一阶段的对比。但是值得我们注意的是，欧美左翼学者这一阶段对资本主义的激进性批判并不代表社会主义的胜利，恰恰相反，这种批判背后隐含着一层淡淡的失败。

一、回到马克思

每当资本主义遭遇危机，马克思都会重新回到人们的视野之中。此次危机也不例外，越来越多的思想家在面对和思考这场危机时试图“回到马克思”，从马克思的作品中寻找灵感和方法。过去数年来，马克思主义的很多概念和理论不再无人问津，特别是自 2008 年全球金融危机以来，马克思主义成为分析和认知资本主义的主流理论，共产主义的哲学、政治理论虽然还没到普遍繁荣的程度，但至少不再是受谴责和咒骂的对象。而在过去，很多左翼学者已经放弃马克思主义立场，有些即使仍然坚持马克思主义，也仅仅是将之作为批判理论的资源之一。而如今，在欧美左翼学者看来，马克思主义仍具有强大的生命力，仍是分析当代现实的重要工具。他们认为马克思主义与当代激进主义政治有着内在联系，仍然是批判资本主义的主要语言。正如意大利马克思主义学者马塞罗·穆斯托（Marcello Musto）在《重新发现马克思》中指出的，在世界上已经没有什么人能够如马克思那般以个人力量撼动一个世界。马克思对当代人来说有两方面的意义：作为资本主义生产方式的批判者，他比其他思想家更加关注资本主义在世界范围内的持续发展，并孜孜不倦地细致分析和研究。作为社会主义理想家，马克思拒绝将资本主义视为唯一合理的和永恒的世界秩序，而是明确提出另一种秩序的可能性。在马克思看来，社会主义意味着彻底改变生产关系，而不是仅对社会问题开出减轻症状的药方。这个时代如果没有马克思，我们将患上批判的失语症。[①] 因此，欧美左翼学者在对资本主义危机批判时也是在这两方面回到了马克思，激活了他们批判理论的激进性。首先是他们重视马克思的观点对于理解和批判当前危机的重要指导意义，然后是承认马克思提出的人类解放的主题从来没有失去它的效应，并根据当下的具体形势而对之进行补充、完善。

马克思关于资本主义生产方式的批判的复兴，在今天左翼学者这里主要是通过对此次资本主义世界经历的危机的分析而实现的。他们回到马克思，基于马克思主义这一批判资源实现了从经济领域寻找原因到综合诊断危机。对于这次发生在资本主义世界的危机，欧美左翼学者一开始将之仅仅看作由次贷危机引发的金融危机，把危机的责任归因于决策者的失误、华尔街金融大咖的贪婪以及金融体系的监管不力等。有些学者如上文提到的罗宾·布莱克本甚至认为依然可以保留这些金融系统，只需对其进行加强管理、控制。随着认识的深化，欧美左翼学者大多数认为金融危机、经济危机乃至延伸至社会、政治等方面的危机都是资本主义制度运行下的必然产物，目前这场危机的根源在于它是资本主义结构性危机。他们把批判的矛头指向了新自由主义和资本主义制度，对资本主义制度下的民主空心化、社会两极分化问题进行了激烈批判。因此，不论持实体经济危机论的福斯特、麦格道夫、布伦纳和哈曼等学者，还是持综合危机论的库纳拉、哈维等学者，他们都坚持马克思对资本主义生产方式的批判，从根源上寻找资本主义危机发生的原因。正如布伦纳所说："正如我所强调的，这是一场马克思式的危机，因为危机的根源在于利润率的长期下降并难以恢复，这是至今为止资本积累速度长期减缓

---

① 俞吾金主编:《国外马克思主义研究报告》，人民出版社 2010 年版，第 16 页。

的根本原因。”[①] 随着危机的进一步持续，越来越多的左翼学者主张不能把这次危机仅仅看作金融危机，而是涉及经济、政治、社会、文化和生态等多领域的综合性危机。由此，欧美左翼学者亦是从经济、政治、社会、文化和生态等多方面、多视角对此次危机进行了批判，涉及内容之广，态度之激进，只为清晰揭示资本主义危机带来的负面影响以及这种危机的不可避免性。

关于马克思提出的人类解放主题有效性，在这一阶段的资本主义批判中显得尤为重要。在由危机带来的恐慌面前，如齐泽克所言，人们一开始是否认的态度，到后面事实胜于雄辩，不得不承认危机的存在，却无能为力，由此对人类向何处去这一问题深感迷茫。欧美左翼学者毅然决然地抛弃了在 20 世纪 90 年代炙手可热的“第三条道路”方案，一头扎进马克思的关于人类解放这一问题的探寻，寻求真正超越资本主义的替代方案。沉寂已久的社会主义、共产主义再次进入人们的视野，甚至掀起新的一波“共产主义幽灵”的徘徊。一些欧美左翼学者提出了曾长期在资本主义世界中谈之色变的问题，即马克思所预测的用于取代资本主义的共产主义是依然成立的，共产主义不仅仅只是一个乌托邦。不论梅斯扎罗斯、莱布维茨的以社会主义为目标的结构改革，还是从哲学、政治经济学视角提出共产主义的巴迪欧、哈特和奈格里，他们都从资本主义的根基处提出了颠覆它的方案。也许他们的社会主义、共产主义与马克思的理想共产主义存在一定的差异甚至差距，但方向性是相似的，且所表明的激进态度也是一致的。当然，提出这样的超越资本主义的方案的不仅仅只有上文论述的几位左翼学者，还存在很多欧美左翼学者对人类未来的发展提出各自的替代方案，整体上呈现出这种较为激进的方向。特别是仅共产主义这一解放方向下则有五花八门的具体方案，有前文哲学视角的、政治经济学视角的，还有齐泽克的两者的综合论，当然还有

① ［美］布伦纳：《布伦纳认为生产能力过剩才是世界金融危机的根本原因》，蒋宏达、张露丹译，《国外理论动态》2009 年第 5 期。

如雅克·比岱基于现实提出的国家—世界的元结构理论。他们的这些探索归根结底都是对马克思提出的人类解放主题的有效性的认可，且在切实为这一解放作出自己的贡献，这才是真正的回到马克思，在为马克思未竟之事业而努力。

二、话语的激进性

在这一阶段，欧美左翼学者对资本主义批判理论的激进性特征除了体现在他们对危机的分析、批判以及探寻超越资本主义方案上回到了马克思，更为具体的体现是他们的资本主义批判理论中不断出现的极具激进性特征的批判话语。正如马克思、恩格斯在形成其科学的经典资本主义批判理论过程中也存在对不同批判话语的使用，从一开始的“市民社会”“异化劳动”，到最后使用了“生产方式”“剩余价值”“价值”等，这些话语的不同体现了马克思、恩格斯的资本主义批判理论逐步形成过程中的线索，也是其特定阶段下所呈现出的特点。话语具有比句子更有力的作用，它可以响亮、简洁、明了地表达一个时代的形势，也可以表明一种理论的特征。欧美左翼学者在这一阶段对资本主义危机批判的过程中总体上使用了与上一阶段相较而言具有较大差异的一些话语，比如结构性危机、新自由主义终结、阶级斗争、无产阶级、人民、社会主义、共产主义等，这些话语都呈现出一种激进的态度和特征。下面从欧美左翼学者对资本主义的诊断、关于阶级斗争以及超越资本主义三个方面所使用的话语进行一一阐述，揭示其所表现出的激进性特征。

首先，是欧美左翼学者对资本主义形势的论断。随着这场由美国次贷危机引发的危机的蔓延和持续，欧美左翼学者们总体上一致认为，这场危机是资本主义的结构性危机，新自由主义要走向终结。这种论断是从资本主义的根基上对其判了个“死刑”，即使不是资本主义的“死刑”，在保守点的左翼学者看来，这也是新自由主义的“死刑”，因为目前的危机表征着新自由主义走到了尽头，但会是什么样的主义来接替资本主义则是未知数。不过左翼学者们都较为乐观地断定，资本主义终究是要灭亡的，危机是它的前兆，也是它难以避免的，即便是资本的金融化一度延缓了危机的爆发，但带来的却是一场更大的危机，是积攒了更多矛盾的危机的爆发，最终形成资本主义的内爆。对资本主义作了这种必然走向灭亡，而且在目前危机的形势下再进一步加深这个方向的趋势的判断，同前一阶段的资本主义批判中对资本主义在全球化下呈现的新特征的描述中所体现出的认为资本主义依然具有强大生命力的观点有了天壤之别。当然，左翼学者不仅从危机发生的根源上论证这一论断，同时还从政治、文化、生态等不同领域论证资本主义的危机及其最终的趋势。在这一论证过程中，他们的话语依然延续了一种较为激进的倾向，如资本主义民主空心化、后民主化、新自由主义意识形态终结、代谢断层、生态的空前危机等，这些话语强有力地证明了欧美左翼学者对资本主义形势诊断的激进性和笃定性。

其次，是欧美左翼学者关于阶级斗争、阶级立场和反抗主体上话语的使用中体现的激进性特征。在这一阶段的资本主义批判中，欧美左翼学者重新对阶级斗争产生了兴趣，果敢地使用了“阶级”“无产阶级”“人民”等话语。这极大地区别于前一阶段中“跨国统治者”“诸众”“无分之分”等不具有阶级立场的话语。甚至在资本主义“全球化”快速前进的背景下，很多学者还大兴“中产阶级”论。由于资本主义的繁荣发展，工人阶级的生活条件得到改善、提升，很多人宣扬所谓的“我们都是中产阶级”，而且在 20 世纪 90 年代再大提无产阶级或无产阶级革命似乎显得有些不合时宜。而如今，由于资本主义世界处于危机中，而且在危机影响下，人民大众不仅深受危机影响，而且还要为恢复资产阶级的利润而买单，社会矛盾不断激化，阶级斗争成了不仅合时宜而且正当时。正如朗西埃所说，在马克思主义思想中，关于阶级斗争的思想依然是有效的。即使工业资本主义时代已经消失，发达资本主义国家出现非工业化，但这些工业并没有消失而是承包给了廉价劳动力的国家，因此资产阶级与无产阶级的斗争依然存在。而对于“无产阶级”这一话语的使用，可能不同的左翼学者在表述时有其各自不同的内涵，甚至也与马克思主义的无产阶级有所差异，但无一例外都体现出其批判的激进性。有些左翼学者甚至是在比马克思更为激进的方向上阐述了无产阶级，比如齐泽克就认为四种对抗性的要害在于无产阶级化，而共产主义则是克服无产阶级化的唯一方式。他不再是如马克思主义那样在政治经济学上界定无产阶级，特别基于生产资料的拥有与否，他倡导在哲学的存在层面上将无产阶级概念或无产阶级立场激进化。这种存在层面上的无产阶级比之传统的经济或政治层面上的无产阶级而言，更具普遍性：谁只要被剥夺了公体或实体，谁就属于无产阶级。齐泽克之所以要把马克思的无产阶级概念激进化，是为了能够把传统无产阶级无法包容的社会群体纳入其中。他这样做也是基于过去存在的社会历史原因，而其中主要的是马克思意义上的无产阶级在最后的社会主义运动中并没有做到期望中的那种革命性。这主要体现为两方面：一是自20世纪以来，在反对资本主义斗争中，无产阶级趋向于保守，有些甚至受到物质的诱惑走向贵族无产阶级，他们无法组织团结起来承担其社会主义运动的重任。二是恰恰是被马克思边缘化于无产阶级之外的群体，在后期的反抗资本主义运动中成为吸引眼球的群体。他们包括曾经所谓的流氓无产阶级者，如流浪汉、贫民窟居民，也包括一些被排挤的群体如同性恋者、女性主义者、环保主义者等，他们在新社会主义运动中发挥了重要的作用。也正因如此，齐泽克认为必须把他们也纳入无产阶级概念中，让他们成为新阶段的革命主体。他采用的策略就是将无产阶级这一概念进行激进化，实现从政治经济学层面转向哲学存在层面，让这个概念具有更强的包容性。但是由此也产生一个问题，即无产阶级概念的激进化后确实将很多边缘群体都纳入其中，但多则杂，它的内在统一的团结性就有可能丧失，没有了单一群体的优势。这一问题也在资本主义世界的各类社会反抗运动中得以体现。而巴迪欧、哈特、奈格里回到“人民”这一概念则弥补了多元化、分散化的缺点，在一定程度上也体现出其激进的一面。

最后，是欧美左翼学者关于超越资本主义方面的论述。在这一问题上最吸引人眼球的莫过于关于社会主义、共产主义的这一替代资本主义方案的论述，其激进程度已然吸引了一大波年轻人，同时也让右翼们深感不安。比如右翼学考兰开郡埃奇·希尔大学教授艾伦·约翰逊（Alan Johnson）在为《世界事务》杂志写的一篇关于“新共产主义”的文章中就将新共产主义直接界定为一种极左翼主义和法西斯主义，认为右翼应该关注它，因为它给处于危机中的资本主义带来了威胁，特别是对于一些欧洲青年有极坏的影响。同时他对此也显得很是无奈，但又觉得不能听之任之。他甚至将齐泽克、巴迪欧、朗西埃和伊格尔顿等左翼学者指骂为下贱的老左派，由此可见这些欧美左翼学者提出的“共产主义”的激进程度。当然，“社会主义”“共产主义”话语的激进性更多的是在于它们与“资本主义”的势不两立，它们是对资本主义的替代，是完全的颠覆替代，而不是继承或延续。欧美左翼学者不再迫于资本主义全球化的势力而屈服、妥协，选择在资本主义的框架内逐步改良实现更好的社会，或者畏畏缩缩般地提出所谓的“第三条道路”，不敢承认社会主义，而是直接、勇敢地亮出马克思在《共产党宣言》中所表态的新世界——共产主义。也许此共产主义并非马克思的共产主义，但正如霍布斯鲍姆所认为的，这种实现共产主义的转变肯定是包含了资本主义式的私人占有制的改变，取代它的是一种社会管理制，但这种管理制具体是何种形式并能多大程度上与传统马克思主义的共产主义相似，将取决于反抗资本主义的具体政治革命实践。毋庸置疑的一点是，欧美左翼学者提出社会主义、共产主义是激进的，是极具颠覆性的。

三、激进性背后的失败

在20世纪末期遭受重创之后，马克思主义正在新时代重获新生。这种世纪意识既表现出部分左翼思想家对马克思主义理论的忠诚，又包含着应对新时代新问题的理论焦虑。在21世纪错综复杂的政治格局中，左翼应当如何确立自己的立场？欧美左翼学者大多数选择了一种激进的立场，用激进的话语对资本主义危机进行了批判。特别是金融危机、新自由主义批判以及共产主义观念复兴，都从各个层面激活了左翼理论界的活跃度，也因为回到马克思分析资本主义危机，而在很大程度上改变了之前马克思的资本主义批判理论的沉寂或过时论等局面。同时，这种激进的资本主义批判理论也在一定程度上激起了左翼理论家对激进政治的要求，对世界社会主义运动起到了推动作用。但我们依然不能草率断定，欧美左翼学者的资本主义批判理论已经完全走出过去在政治上的失败，也不能得出世界社会主义运动迎来新生。因为，有时批判理论表现得激进，其实反映的是其背后无法言说的一种苍白无力或一种无奈之举，行动的软弱和前期的失败在此时无法彻底解决，只能通过激进表达意愿和理想。因此，在这一阶段欧美左翼学者对资本主义的激进性批判难掩其背后的两种失败：一是欧美左翼学者本身存在的一些问题，如提出的应对危机的政策的不现实性或修补性特征、作为学术明星的反效应及这一群体的分散性等；二是资本主义批判理论背后存在前期政治失败的阴影以及目前左翼政党的妥协性等问题。

欧美左翼学者的资本主义批判理论有他们极大的优势，即他们都是一群处于资本主义世界中甚至是资本主义世界的中心国家里的群体，他们对资本主义的发展、存在的问题有着切身的感受，是一种身临其境的体会。正如马克思、恩格斯正是到了英国之后，在切身感受了当时作为资本主义中心国家的工业后，才开始真正转向对政治经济学的研究，从而在生产方式中揭示资本主义剥削的真正秘密。如今欧美左翼学者也有着与此类似的优势，这让他们的视角更为独特且真实，但反过来，这又成了他们的劣势所在。因为目前虽然资本主义世界处于危机中，但在世界局势上，依然是“资强社弱”，欧美左翼学者长期生活于资本主义的生活方式下，较易受到蒙蔽，跳脱不出原有的立场思考问题，有种“只缘身在此山中”的困境感。首先，表现在关于危机的分析及应对政策的提出上。欧美左翼学者在这一阶段总体上对资本主义的批判态度是十分激进的，不过还是有很大部分人并没有坚定的无产阶级立场或者说没有彻底推翻资本主义的立场，他们充当着左翼群体中的资本主义制度的维护者。他们也批判和揭露资本主义存在的种种问题，但他们从未真正地将颠覆资本主义作为目标，他们提出问题并提供解决方案都是希望这种制度更加完善化。有时他们的批判也很激进，那恰是一种“恨铁不成钢”之抱怨。当然，也有部分左翼学者特别是马克思主义者不仅态度激进而且基本立场坚定，寄希望于寻求一条颠覆资本主义制度的道路，由此他们寻找各种实现社会主义、共产主义的方案。但他们的方案往往高悬空中，无法落实，如巴迪欧只能将共产主义假设立于内在的重建，即使雅克·比岱的关于国家—世界的元理论也离现实性有一定距离。由此，欧美左翼学者的这种激进性成了一种落空的激进。其次，一部分欧美左翼学者在近些年来成了学界的明星，受到了人们的追捧，其话语越是激进越是激起人们的关注。但是，由此产生了一种学术明星效应，这种效应是一种反效应，他们的批判理论不再是起到真正的批判作用，更多的是一种姿态，甚至有时成了资本主义意识形态的助推手，或者自身化身为资本主义的“商品”。因此，当他们成为理论或学术明星的时候，他们理论的破坏力恰恰是减弱到最小的时候，因为信息的“内爆”使他们的反抗姿态被体系吸收；他们那种理想化的“第三世界”作为“飞地”的做法恰恰如许多评论者指出的那样，是源自霸权中心的压抑性权力操作。目前较为突出的就是像齐泽克这类受到极大追捧的左翼学者，其他左翼学者对他也提出了一些质疑，如卡利尼克斯就齐泽克理论中的激进性表示了质疑。最后，欧美左翼学者虽然因其对资本主义的批判性而作为一个群体，但这个群体处于极大的分散性中，或者说是一种失序的状态。这种失序状态可能对于理论的发展并不会造成多大的影响，甚至可以因理论分歧而碰撞出火花。但是批判理论不同于一般的理论就在于它不是为理论而理论，最终目的是通过理论与实践结合达成人类解放的美好理想。而左翼群体的失序状态是在反对资本主义斗争中理论与实践结合的要害问题。如果希望资本主义批判理论不仅仅停留在理论层面，这个则是必须解决的问题，也是欧美左翼学者面临的最大挑战。关于这一问题，左翼学者们在对于“占领运动”的分析中已清醒认识到。因为在“占领运动”初始，很大一部分左翼学者对这一运动抱有极大期望，希望将这一新社会运动转变成社会主义运动，最终却是偃旗息鼓般地结束了。但这不是一两个左翼学者所能改变的，这是一个长期累积下的问题。因此，有些左翼学者在资本主义的反抗主体构建时就将之前具有解构性的主体悄悄地置换成了具有同一性的主体，如巴迪欧、哈特、奈格里的“无分之分”“诸众”到“人民”，其最大之目的就是为了团结。这也恰恰体现了左翼学者们在目前的激进批判下所体现的无奈与失败。

欧美左翼学者激进在资本主义批判理论下体现的失败，除了其自身存在的一些问题外，更多的是在现实中前期政治的失败的遗留以及当前左翼政党所具有的妥协性特征。首先，目前正在进行的批判理论的复兴并不意味着前期政治失败的结束。激进的左派显然仍然处于守势。政治失败与军事和体育失败的区别在于它们可能是无休止的。在武装冲突中，力量的平衡在某些时候转向有利于交战方之一和战斗停止；在体育运动中，失败的规模总是受到分配给比赛的时间耗尽的限制。相比之下，在政治领域，失败可以无限期地持续下去，这相当于说劳工运动的收益——民主和社会权利——是无限可破坏的。无论对批判性思维的复兴有什么看法，都不要忽视这个参数。危机时代下的资本主义批判理论在很大程度上仍然受制于它。其次，当前资本主义国家中左翼政党所具有的妥协性特征。随着资本主义危机的深化，一些中左翼政权对国际货币基金组织及世界银行的言听计从和对大财团的倾囊相助再次表明，在资本主义的剥削体系中是不可能彻底砸碎压迫性秩序的。在西班牙、英国等左翼当政的国家，标榜进步与责任的左翼政治家和政党试图通过对社会问题的关切来掩盖与自由派领导人的暧昧，但却造成了与右翼分子事实上的“殊途同归”。一切就如齐泽克在2012年的《梦之危年》中将2011年称为“危险的梦想的一年”，理由是激进解放政治已经开始在全球各地复苏。然而刚过一年，再回首却证明这场觉醒是如此脆弱和反复无常，以至于左翼将对其进行镇压的警察视为得以就坡下驴的救星和自我安慰的借口，以掩饰早已注定了的失败和毫无希望的窘境。

第四章

危机时代欧美左翼学者对资本主义逆全球化的批判

所谓“逆全球化”是指由于世界经济复苏乏力，全球贸易持续低迷的情况下，20 世纪 90 年代以来不少国家出现了以保护主义、孤立主义、民粹主义等为代表的与经济全球化潮流反向而行的思潮和行动。事实上，“逆全球化”并不是 2008 年以后才显露苗头并于近 4 年集中爆发的，而是始终伴随着全球化的进程，资本主义世界在每次经历危机之后，保守主义都由此盛行，使全球化发展遇挫，这也揭示出事物发展前进性与曲折性相统一的客观规律。只是 2016 年是不寻常的一年，是“黑天鹅”事件频发的一年，这些事件标志着逆全球化趋向的涌现。在这一年里，资本主义世界经历了难民潮移民危机、英国公投退欧、以唐纳德·特朗普为代表的极右翼势力获选，同时欧美各地还大兴民粹主义，因此有不少人悲观断言逆全球化时代到来了。不过，即使资本主义世界出现种种逆全球化现象，但这不等于全球化就结束了，而只能说是全球化遭遇了挫折，西方主导全球化时代可能再难以继续。立足当下，放眼世界，资本主义各国仍然没有走出 2008 年金融危机的阴霾，仍处于十字路口。各国陷入了要么继续坚持新自由主义，要么返回民族主义的纷争中。是更好地全球化，还是反全球化？不但资本主义的主流理论家，而且其批判者，也都摇摆不定。但大体上看，欧美左翼学者还是倾向于塑造一种更好的全球化版本。由此，他们对资本主义世界的逆全球化现象如移民危机、英国脱欧、极右翼势力崛起等保护主义、孤立主义、民粹主义展开了猛烈批判，并揭示这些逆全球化现象背后的原因和实质，从而揭露资本主义制度的矛盾，特别是当前新自由主义资本主义的矛盾所在。并且，他们就资本主义世界的未来走向作出了新自由主义、资本主义终结的判断。而在欧美左翼学者对资本主义逆全球化的批判和对其未来走向的判断上，又体现出其资本主义批判理论在这一阶段所具有的新的反思性特征。

第一节　资本主义世界逆全球化迹象

从历史的长远发展看，全球化发展是大趋势，逆全球迹象的出现只是全球化发展中的插曲，是全球化的一种特殊表现。一直以来，欧美资本主义国家都是积极倡导全球化的，但目前出现的逆全球化现象也主要是出现在这些资本主义国家，在一定时期内对整个世界及国际关系都产生了重要影响。因此，资本主义世界的逆全球化现象不得不引起我们的关注。加之世界范围内的民族主义、保护主义以及难民危机、多哈回合谈判失败，区域性自由贸易区的盛行都在不同程度上诠释了资本主义世界中逆全球化现象的涌现。全球财富分配不均、核设施泄露风险、难民危机、气候变化等传统与非传统威胁正逐步侵入社会，酿成社会危机，影响全球治理。而全球化逆转的重要原因，就是高收入国家经济疲弱、不平等加剧以及全球力量平衡发生重大转变。[①]具体表现在欧美保守主义、民粹主义的崛起，英国的脱欧，地区性局势动荡，等等。下面就经济领域中资本主义世界的“新平庸时代”和由此引发的民粹主义、保守主义、孤立主义等现象进行阐述，以示当前资本主义世界中的逆全球化现象。

一、经济的“新平庸时代”

国际货币基金组织 2016 年 4 月期的《世界经济展望》以“Too Slow for Too Long”（太慢太久）为标题，描述 2008 年经济危机之后全球经济所处的“新平庸时代”。所谓“新平庸时代”，主要表现为：危机后经济复苏并不稳定，资本主义各国经济增长并不均衡，全球范围内并无协调的宏观政策。2008—2009 年破坏世界资本主义经济的大衰退之后，投资和产出并没有以“正常”的方式复苏。也就是说，一个相对较高增长率的趋势被急剧下降所打断，然后恢复之前的迅速增长，但这一次在整体上比之前低得多，且呈现“平庸”的趋势。国际货币基金组织解释说，全球经济继续以远低于战后平均增长率的速度前进，几乎没有改善的迹象。该组织还认为，世界经济的“潜在产出”比之前增长得更慢。在发达国家，这种下降始于 21 世纪初，在新兴经济体国家，是在 2009 年之后。令人担忧的是，目前世界经济的特征是长期投资疲软、实际利率和名义利率偏低、信贷泡沫和无法管理的债务增加。至 2019 年，全球经济增长出现了 10 年前金融危机以来的最低速。根据最新公布的美国国内生产总值实际增长，2019 年第三季（6—9 月），美国经济实质增长（扣除物价通胀后），即年增长率为 2.1%，低于上一季的 2.3%。尽管这在历史上是温和的增长，但美国经济的表现比资本主义世界中任何其

① ［英］马丁·沃尔夫：《全球化大潮正在转向》，FT 中文网，2016 年 9 月 8 日。

他主要经济体都要好。加拿大每年仅增长 1.6%，日本每年仅增长 1.3%，欧元区每年仅增长 1.2%，英国每年仅增长 1%。巴西、南非、俄罗斯、墨西哥、土耳其和阿根廷等规模较大的“新兴经济体”正以每年不超过 1% 的速度增长，甚至陷入衰退。据估计，全球经济年增长率约为 2.5%，为 2009 年大衰退以来的最低水平。国际货币基金组织总裁克里斯蒂娜·拉加德（Christine Lagarde）形容全球当前的经济表现“还不够好”。根据最新的布鲁金斯学会—金融时报追踪指数，与在全球经济和每个国家内部的历史平均水平相比较，全球经济陷入“止步不前”的复苏危险，“老虎指数”的再次停滞显示了衡量实际活动、金融市场和投资者信心的指标较低。

而放缓的资本主义经济体很难通过出口从疲软的国内增长中解脱出来。相反，世界贸易正在收缩。根据欧洲中央银行世界贸易监测的数据，2019 年 9 月份，全球贸易较 2018 年同期下降 1.1%，这是自 2009 年金融危机以来连续第四次同比萎缩，也是贸易下滑时间最长的一次。近年来全球经济不景气，其中一个重要原因是受到全球贸易低迷的拖累。根据世界贸易组织的统计，全球贸易增速已连续 4 年低于 3%，这种状况，毫无疑问地严重拖累了全球经济增长。自从 20 世纪 70、80 年代石油危机以来，全球在贸易出口方面获得的经济增长率几乎持续高于全世界国内生产总值的增长率，这样的数据意味着全球经济在朝着全球化方向发展。因为 2008 年金融危机的影响，全球贸易出口呈下降趋势，但随着经济的恢复，贸易出口高于全球国内生产总值的数值再次回归。只是好景不长，2012 年起，两个数据就颠倒过来了，全世界的贸易出口陷入了低谷，特别是在 2015 年，这个降幅达到了 13.6% 的负增长，创下了这次危机以来的新低。这一系列数据说明了当前及未来一段时间全球经济的基本态势。经合组织得出了类似的结论，全球贸易停滞不前，几乎所有主要经济体的经济活动都受到拖累。政策的不确定性正在损害投资以及未来的就业和收入。增长更弱的风险仍然很高，包括贸易冲突升级、地缘政治紧张以及全球气候变化等。

目前全球经济衰退正伴随着制造业。大多数主要经济体的采购经理人指数（PMI）制造业活动指数都低于50，这是扩张或收缩的门槛。这些只是对企业经理进行的调查，询问他们的生产、销售、就业等情况。但采购经理人指数一直是衡量实际工业和制造业产出的相当准确的指标，相关数据都是后期才公布。2019年9月，欧元区制造业采购经理人指数降至2012年欧元债务危机以来的最低水平，以德国为首，其他国家紧随其后。马里奥·德拉吉（Mario Draghi）担任欧洲央行行长的成功也到此为止。在日本，其情况也与此相类似。日本央行（Bank of Japan）进行的一项关键调查显示，日本大型制造商的情况在第三季度跌至6年多来的最低水平。而日本的制造业采购经理人指数又回到了2016年小衰退时该行业上一次出现的收缩水平。马基特经济研究公司（Markit）指出，即使在美国，制造业衰退也已经到来，2019年的采购经理人指数略高于50，但低于2016年的水平。而到了9月份，美国ISM制造业的采购经理人指数跌至2009年大衰退以来的最低水平。当然，英国退欧前的制造业已经“陷入困境”，用鲍里斯·约翰逊的话来说，已经有几个月了。制造业衰退在一定程度上是资本主义经济体投资普遍放缓的结果，部分是由于世界上两个最大的制造业经济体——中国和美国之间日益激烈的贸易战的结果。贸易战其实只是全球制造业衰退的导火索。因为在贸易战爆发之前，全球贸易已经放缓，并已导致全球受损，例如阿根廷和土耳其。

那么，全球利润发生了什么变化呢？摩根大通的经济学家刚刚发表了对全球利润的全面分析。他们认为2019年第二季度的全球利润已经停滞。构成整个市场的10个行业都表现出利润增长急剧放缓，其中一半在过去一年中经历了利润（尤其是原材料和电信）的彻底收缩。即使是那些仍有利润增长的行业：零售、计算机、金融和公用事业，利润增长也在快速下降。全球企业利润的停滞仍然没有2016年的小衰退那么糟糕，当然，在大衰退或

2001—2002年的前一次衰退中也没有那么糟糕，但它正朝着这一方向发展。特别是，摩根大通指出，利润增长已降至零，因为利润率受到挤压。换句话说，劳动力成本（更多的工人和更高的工资）没有得到增值的补偿——剩余价值的比率正在下降——这是摩根大通估计的结果。和其他预测一样，经合组织的《经济展望》上公布的数据预测，2020年的经济增速将低于大多数大型经济体的增长速度——在某些情况下则要慢得多。更重要的是，加之最近在世界各地流行的新冠肺炎疫情，世界各大主流经济预测机构均认为，到2020年，全球经济增长率将接近1.0%，为2009年以来的最低水平。

二、保守主义、民粹主义、孤立主义兴起

从经验上看，在大规模的经济危机之后，保守主义、民粹主义、孤立主义会兴起。这一轮上述主义兴起的突出表现是欧美各国反难民和移民政策涌现、英国公投脱欧、欧洲各国出现的各式民族主义倾向、特朗普式的极右翼势力胜选、贸易保护主义兴起以及发达国家和发展中国家间跨境资本流动下降。自2008年国际金融危机以来，各资本主义大国的经济没有得到预期的复苏，反而陷入了长期萧条状态，加之为“拯救”因危机造成的利润损失让更多弱势群体为之买单，因此，资本主义社会的矛盾进一步深化，民众将自己所受的苦难归因于外来移民、新自由主义、全球化等，反抗运动也随之迭起。同时，资本主义各国中的极右翼势力利用民众的不满，并煽动这种不满而达到上台执政的目的，从而进一步将之转化为政治行为，使之成为国家、政府的行为。在这一依托下，资本主义世界多个国家实施了一系列逆全球化政策，在移民问题上不断隔离和搁置以排斥他们，各类民粹主义兴起，在经济上实行保护主义、孤立主义。因而，危机时代下，资本主义世界的保守主义、民粹主义、孤立主义四处兴起，且表现和性质均不大相同。

2016 年 6 月 23 日，英国投票决定退出欧盟。这是一个具有重大地缘政治意义的事件。它将对以美国为首的西方帝国主义列强管理全球资本主义的联盟关系产生瓦解效应。这对欧盟是一个非常严重的打击。欧盟领导人正试图对英国退欧的投票表现出勇敢的态度，但失去欧洲最大的金融、军事强国及欧盟第二大国家绝非玩笑。工党的胜利其实是一系列全民公投的延续，因为欧盟的倡议就曾多次被全民公投否决——希腊（2015 年）、爱尔兰（2001 年和 2008 年）、荷兰（2005 年）、法国（2005 年）、瑞典（2003 年）、丹麦（1992 年）。英国的公投震惊了全球市场，在此之前几周，美联储决定推迟通过加息“正常化”的美国经济计划，凸显了全球市场的脆弱性。《华盛顿邮报》2016 年 6 月 25 日提供了一份简明扼要的情况摘要：“英国退欧投票搅动了全球。”英国退欧一方面是国内的政治危机，另一方面是欧洲的难民危机。难民危机触发了发达国家的反移民倾向，他们将难民与伊斯兰教极端组织策动的恐怖主义联系在一起。而且欧盟在关于难民潮涌入这一问题上，仍持人口自由流动观点，认为人们不仅可以在欧盟国之间流动，也可以从外部流入欧盟内，由此引起了欧盟各国的激烈反对。不仅是西欧如此，中、东欧亦是如此。例如在匈牙利，警方用高压水枪截住一群疲惫的移民的画面，或者是来自一家电视频道的一名记者用高压水枪撞倒一名叙利亚男子的臭名昭著的视频。他们都是在政府策划的反移民运动的背景下出现的，其中一些最令人震惊的表现形式是广告牌，上面写着“如果你来匈牙利，不要抢走匈牙利人的工作”。还有一个关于移民和恐怖主义问题的全国协商会议，主题是：“我们在移民问题上听到了不同的观点。”有些人认为经济移民会危及匈牙利人的就业和生计。还有的认为非法跨越匈牙利边界的难民应在尽可能短的时间内返回自己的国家。

与此同时，由于全球金融危机和不懈的紧缩政策继续给普通民众带来损失，极右翼政党在欧洲选举中取得了突破。但不仅在欧洲，在全球范围内，极右翼运动正在发生：美国共和党和加拿大保守党的右翼民粹主义的强大力量；国家监督和对异议人士的不容忍的范围越来越广，有些人称之为“后民主”；人民党在印度的成功以及右翼军国主义重返东亚的政治舞台；宗教极端主义继续在中东几乎所有地区和非洲许多国家蔓延，埃及以新的军事独裁统治的形式对此作出了回应；不断增加的犹太复国主义者和以色列的宗教权利的力量。最为突出的是特朗普成功地赢得了世界上最强大国家的总统宝座，极右翼获得了比第二次世界大战以来任何时候都更大的政治合法性。在整个欧洲，极右翼势力正在前进，信心也在增强。在法国，国民阵线（National Front）候选人马琳·勒庞（Marine Le Pen）进入 2017 年法国总统竞选，这是该党历史上的第二次。她获得了 1060 万张选票，是她父亲 2002 年得票数的两倍。在奥地利，由前党卫军官员成立的自由党（Fp）已与中间偏右者结盟进入政府。在德国，6 年前才成立的德国另类选择党（Afd）已经转向右翼激进，它在 2017 年的联邦选举中排名第三。瑞典民主党曾被视为社会民主的堡垒，在 2018 年 9 月的大选中，将其连续第五次选举的得票率提高到 17.5%。在意大利，反移民法律已经成为该国联合政府的推动力。在匈牙利，维克托·奥尔班（Viktor Orbán）和他的联邦党（Fidesz Party）日益专制的政权通过犹太慈善家乔治·索罗斯（George Soros）的引诱，将反穆斯林种族主义与勉强隐藏的反犹太主义相结合。在英国，可以说是英国历史上最大的极右街头运动已经与英国国防联盟（Edl）前领导人汤米·罗宾逊（Tommy Robinson）团结在一起，一个激进的英国独立党（UKIP）将自己吹嘘为这些势力的自然政治家园。

这些极右翼势力的上台进一步增强了保护主义势力。事实上，自大衰退结束以来，全球化和“自由贸易”越来越多地让位于保护主义措施，就像 20 世纪 30 年代那样。欧美资本主义各国也纷纷实行贸易保护主义政策，特别是作为资本主义世界中较大的经济体国家，如美国、英国等就推行了多项相关政策。多边贸易体制正面临反全球化与新贸易保护主义危机，2016 年世界贸易组织贸易政策审议机构（TPRB）发布的一份报告显示，仅 2015—2016 年一年间，世界贸易组织成员国推出的贸易保护措施达到了 2011 年来最高纪录，而且月均数量也高达 22 项。特朗普当选美国总统一开始就抛出“废除美国贸易协定”“取消《跨太平洋伙伴关系协定》（TPP）”等保护主义言论，给世界经济运行带来巨大的不确定性。在此之后，特朗普以实际行动兑现了他的保护主义言论，进行了一系列“退群”行动，并发动了对中国及其欧洲盟友在内的一系列贸易战。特别是对中国进行的一场持久的贸易战，七国集团（G7）领导人在法国比亚里茨（Biarritz）会晤之际，中国宣布对美国 750 亿美元进口商品征收新一轮关税，这是对美国当初计划于 2019 年 12 月对中国商品征收新一轮关税的反击。美国总统特朗普愤怒地回应，并当即宣称，他将继续对中国商品实行关税政策，并对另外 3500 亿美元的进口产品征收更多关税。经过后期种种磋商，目前这场贸易战虽然已暂停，但保护主义势头依然在西方资本主义国家盛行。

第二节　资本主义逆全球化批判

左翼学者克里斯托弗·阿劳约（Christopher Duarte Araújo）认为，虽然现象学的马克思主义者用现象学对马克思主义进行了重新解读，但他们都忽略了马克思著作中的现象学维度。现象学不必嫁接到马克思的理论上，因为马克思的批判就是其理论来源之一。马克思主义形式上是现象学的，现象学在内容上则是马克思主义的。在《资本论》中，马克思把现象学的表象问题作为其政治经济学批判的核心。马克思的分析始于物在资本主义社会中呈现自身的方式，而后他系统性地揭示了这种疏离的外在表象背后的社会剥削关系。目前资本主义世界处于乱象丛生的境况之中，一系列逆全球化迹象频发，从这些表象出发对其进行分析批判，从而揭示出这种外在表象背后的实质原因也成了当前欧美左翼学者的重要任务。欧美左翼学者在 2016 年之后对于资本主义世界频发的一系列“黑天鹅”事件，如欧美的移民危机，特别是欧洲的难民潮、英国退欧、特朗普当选等进行了关注，并从不同视角对这些事件进行了分析批判，以探究这些事件背后的真相及资本主义未来发展的走向，为未来社会主义运动或未来人类的解放提供理论基础。

一、对欧美移民危机的分析批判

移民运动与全球化密切相关，自 15 世纪地理大发现以来，移民运动就成为 500 多年来资本主义世界经济的一个特征。移民是经济全球化盛行下的必然产物，但同时它也进一步推动和促进了经济全球化的发展。但是 2015 年的难民危机将移民问题推至了前台。移民、难民以及非法移民彼此之间既有区别又有联系和交叉，2015 年欧美的移民危机，特别是欧洲，来源主体是阿拉伯地区的难民和非法移民。由此，欧洲出现了严重的人道主义移民危机，并引发了欧洲以反欧盟、反移民为导向的民族主义和民粹主义政治运动。欧美左翼学者也关注了这一危机，深入分析了这场移民危机的根源，以及欧美国家令人不安的排外政策和反移民政治。他们从不同视角分析了移民危机产生的原因，有从新自由主义的根源入手，也有从新殖民关系入手，还有从环境生态危机视角切入。分析难民危机产生的原因之后，欧美左翼学者进一步就欧美各国针对难民所采取的种族主义措施进行了批判。

（一）对欧美移民危机产生原因的分析

欧美移民危机爆发的原因是多种的，表面看似“经济移民”，有时也是被迫的，他们可能来自在新自由主义和西方大国支持的政权的暴力下社会结构的瓦解，也可能是生态危机下的产物，因而他们也是政治性的。

首先，关于“经济移民”，欧美左翼学者主要是从新自由主义时代下资本主义为获取其经济盈余，扩大对劳动力的剥削角度分析的，这也是移民一开始产生的重要途径。担任国际移徙与发展网络主席的劳尔·德尔加多·怀斯（Raúl Delgado Wise）就指出，新自由主义资本主义核心的新帝国主义的主要引擎之一是廉价劳动力。而企业战略在政府政策的强化下，旨在以任何手段降低劳动力成本，从而使企业能够利用全球大量过剩的劳动力。在这一利益驱动下，新自由主义全球化的分工中，移民获得了新的角色。全球化不平等发展的机制产生了结构性条件，如失业和不平等，这使被剥夺和边缘化的人大规模移徙。劳尔·德尔加多·怀斯进一步总结了这些被迫移徙的移民的四个特点：第一，这些流动发生在国家和国际一级，主要是从贫穷的周边地区流向外围或核心经济体中较发达的地区；第二，它们主要影响到在原籍地被禁止满足基本物质和主观需要的弱势、贫穷和边缘化群体；第三，它们造成廉价和无组织劳动力的供应过剩，受到有意降低成本的雇主和公司的剥削；第四，它们助长了低技能工人和高技能工人直接和间接输出劳动力的机制。① 而J. 哈代（Jane Hardy）则回顾了19—20世纪的欧洲移民运动。从1870年到第一次世界大战前夕，总共有500万左右欧洲人迁徙到北美与南美洲等地，其中有大量贫穷与流离失所的小农。在第二次世界大战之后，移民潮发生逆向流动。欧洲发达资本主义国家经济重振需要大量劳动力，英国、法国和荷兰从它们曾经的殖民地地区招募了大量劳工，而其他国家则从紧邻欧洲的南部边缘地区，如土耳其和北非招募工人。截至1973年，移民劳动力占据法国和德国整个国家劳动力的10%。移民工人作为廉价劳动力，与当地工人之间的矛盾早已存在，并非最近才发生。因此，新自由主义资本主义的经济结构是目前移民危机产生的一个重要原因。

① Raúl Delgado Wise, “The Migration and Labor Question Today: Imperialism, Unequal Development, and Forced Migration,” *Monthly Review*, Vol.64, 2013.

其次，从新殖民关系以及由新自由主义体制下引发的生态危机视角分析当前移民危机产生的原因。英国左翼学者弗兰·塞蒂（Fran Cetti）认为目前抵达欧洲外部边界的人主要是新自由主义政策下的受害者。他们中大多数人，特别是来自北非的人，正在逃避30多年来新自由主义政策在他们国家造成的破坏。然而，这些政策不能与战争和冲突分开，在许多情况下，战争和冲突是造成当前很多人流离失所浪潮的最直接原因。弗兰·塞蒂还强调，冲突既能创造利润，也能创造难民，西方政府的秘密和公开干预加剧了这些冲突。最后他总结道，这些被迫进入地中海航线的少数人已经成为国际货币基金组织、世界银行和西方债权国的新自由主义政策的受害者，也是西方国家引发或助长的战争的受害者。甚至在他们成为欧洲边境管制政策的受害者之前，欧盟已将移民定为刑事犯罪，并使非正常移徙者受到无情的迫害，实际上是在惩罚资本犯下的全球罪行的受害者，并因此而取代了自己对流民和大规模流离失所的责任。[①]B. 马班察（Boniface Mabanza）也是从新殖民关系探讨难民的起因，他阐述了北方国家与非洲国家之间的新殖民关系，例如结构上的适应方案、经济伙伴关系协定等。他认为，真正“入侵”的并非那些涌入欧洲的难民，而是几个世纪以来的欧洲殖民者。当今非洲联盟虽然立场明确地反对这种殖民形式的剥削，但在金融和制度方面仅是微弱地表达了这种立场。随着更多国家如中国的参与，提供了更多合作的可能性，在一定程度上能够弱化剥削关系，但是目前尚未改变这种关系。也有不少学者从生态危机视角提出移民危机产生的原因，如巴黎政治学院及社会学研究中心教授布鲁诺·拉图尔（Bruno Latour）则详细地剖析了导致难民潮的气候问题。在他看来，气候的变化是他所提到的三个历史事件（英国脱欧、特朗普当选、气候变化大会）中最为重要的一个。

① Fran Cetti, “Fortress Europe: The war against migrants,” *International Socialism,* Vol.148, 2015.

他要求人们从广义上去理解“气候问题”，认为这意味着人与土地之间长久以来基本稳定的关系出现了新的变化。而气候问题的形成又是那些手握巨大权力的精英所造成的并且还一再否定气候变化，只为谋求自身更多的利益。不同的欧美左翼学者从经济、战争、气候三个不同的视角分析了欧美当前移民危机产生的原因，但他们都将之归结为一个共同的根源：资本主义全球化。

（二）对由难民潮引发的民族主义、种族主义的批判

面对数量众多的移民、难民的涌入，被涌入国普遍采取了排外政策和反移民政治，由此形成民族主义、种族主义倾向。欧美左翼学者就这一民族主义、种族主义倾向及政策形成和发展进行了分析批判。他们普遍认为这主要有两大方面的因素：一方面是民众对于恐怖主义的过度恐慌，另一方面是官方中的政治人物对这一恐慌的利用以达成其政治目标。由此，民族主义、种族主义倾向从民众中上升为国家政策。许多欧美左翼学者均对欧美各国的反移民政策的残忍性进行了揭露，不论边境军事化的增强、残酷的拘留及虐待，还是特朗普的通过分离父母与儿童执行的零容忍政策。而弗兰·塞蒂从四个层次系统性地批判了欧美国家由移民危机而产生的民族主义、种族主义。第一，揭示了欧美国家反移民政策的新自由主义性质。在他看来，欧盟的边境管理政策已成为一项技术复杂的先发制人措施方案。这些措施包括一系列监视行动、“回击”移徙者（主要是地中海边境组织）、将防止强迫移徙的工作外包给邻国和“过境和原籍国”，以及强行驱逐许多设法到达欧洲边界的人，或将其关押在拘留中心。而这些措施意味着它们求助于利润丰厚的安全监视部门的私人承包商和跨国公司，国防工业、私营安保公司和欧洲官员之间的互利关系迅速发展，将欧盟经常发生的暴力行为私有化，并赋予企业集团巨额利润。这也应和了欧盟作为精英治理体系，制定政策以适应这类跨国公司的需要及其财政利益。第二，形成与反移民政策相联系的意识形态

攻势，将种族主义合法化。弗兰·塞蒂指出，首先，欧美各国都将“非法”这一标签贴在大多数移民身上，它们将移民法和刑法联系在一起，并将移民指向了恐怖袭击事件。其次，它们将由于致力于新自由主义议程而紧缩、削减公民利益所导致的无法向其提供社会保护和经济安全保障这一问题转嫁于移民这一“替罪羊”身上。第三，无情的“非法”言论，再加上无情的排斥和控制制度，促成了民粹主义种族主义政党（如英国独立党）和新纳粹组织（如希腊的“金色黎明”和匈牙利的乔比克）的崛起。在他看来，这一事态发展揭示了欧盟移民控制政策的内部矛盾之一：其成员国领导人已使极右翼的种族主义反移民政治合法化，这些方式可能会破坏整个欧洲项目，因为这些极端民族主义运动是非常反欧的。尽管如此，所谓的反对“非法移民”的“斗争”仍有增无减，因为欧盟借用了极右派的语言和象征意义，将自己定义为一个排斥群体。第四，这种民族主义、种族主义倾向及政策将进一步加剧欧盟的解体，为欧盟一体化制造极大的障碍。目前欧盟对外边境实施的控制以及它们所造成的仇外心理和种族主义，已成为泛欧政治项目的核心工具，当前看似有利可图，可这也正体现了新自由主义资本主义的固有矛盾。最后，弗兰·塞蒂强调在欧美国家，反对种族主义和法西斯主义的群众运动日益增多，与整个欧洲大陆反对紧缩的斗争密切相关，这些运动使关于边界性质和工人阶级团结现实的基本论点保持活跃，有助于破坏边界制度的理论基础和言论。

中东欧左翼学者则由于他们自身的历史遭遇：在经历了苏联模式社会主义的背景下，他们曾渴望与西欧融合，渴望同样作为欧洲人的权利，他们在移民危机背景下更为关注公民权。因此，种族主义对普遍公民权的损害成了他们批判的独特视角。保加利亚学者伊万·克拉斯特夫（Ivan Krastev）引用匈牙利哲学家、前异见者嘎什帕·米克罗什·托马什（Gáspár Miklós Tamás）在10年前提出的观点，即欧盟所根植的理念——启蒙需要普遍的公民权，并指出普遍的公民权需要以下二者中的一个：要么穷且功能失调的国家必须变成值得成为公民的地方，要么欧洲将国界向所有人开放。在伊万·克拉斯特夫看来，如今，世界上有许多失败的国家，没有人想成为它们的公民。所以欧洲内的真正争论不是欧盟是否应该使国界更难进入——显然应该加强国界；问题是当我们使国界更难进入时，我们是否应该感觉道德上正确，并且我们应该如何最好地帮助世界上那些最容易受到伤害的人。他说，全球化使世界变成一个村庄，但是这个村庄生活在全球比较的独裁之下。人们不再和邻居比较生活，而是和地球上最富足的居民比较。[①] 伊万·克拉斯特夫认为，这个由全球化比较独裁统治的紧密相连的世界里，移民成为一种新的革命，这不是由意识形态家描绘的图景所驱动的，而是由谷歌地图所驱动的。这种新的革命不需要意识形态、政治运动或政治领导。对越来越多的移民而言，变化的理念意味着改变自己所生活的国家，而不是改变自己所生活下的政府。然而，移民革命激起了欧洲的反革命。欧洲焦虑这些移民会损害欧洲的福利模式和传统文化，担心他们会毁灭欧洲的自由主义社会。害怕恐怖主义、日益上升的犯罪以及对不熟悉之物的普遍焦虑构成了欧洲道德恐慌的核心。中东欧几乎一致地对移民充满敌意。现在，德国人也不再对敞开国门政策抱幻想了，许多中欧人庆贺西欧的这种变化，认为这是东欧不讲情面的现实主义对西欧伪善的道德主义的胜利。伊万·克拉斯特夫总结道，东欧与西欧对移民问题的趋同态度并不能弥补二者之间的隔阂，彼此的偏见不是减少而是扩大了。因此，难民危机所产生的问题并不是团结的缺乏，而是以民族、种族和宗教为幌子的团结损伤了我们作为人的义务，也是对普遍公民权的伤害。

---

① Ivan Krastev, “Utopian dreams beyond the border,” *Eurozine*, June 24, 2016.

二、对英国脱欧的思考批判

欧洲在这几年得到了各界较大的关注，不仅仅由于上述移民危机，移民问题迟迟未果，欧盟成员间存在重大分歧。英国脱欧进一步使欧洲推进一体化步履维艰，距离英国在 2016 年 6 月 23 日投票退出欧盟已经三年多了，直到 2019 年 10 月 17 日，欧盟才与英国政府就英国脱欧达成协议。英国脱欧并不是单一的事件，而是一个过程，英国在脱欧这一问题上持续了两年多，即使最终达成了英国脱欧协议，但欧美左翼学者对于英国脱欧的思考并没有停止。就英国脱欧的背后原因及其未来发展，欧美左翼学者展开了深入的思考。

（一）英国脱欧背后的危机

从一开始英国有关于脱欧的声音到后来的公投，再到中间对英国脱欧的前景以及能否达成协议脱欧或是硬脱欧的预测，到最后达成脱欧协议后英国未来的发展的思考过程中，都贯穿着对于英国脱欧背后原因的思考。欧美左翼学者从一开始就思考了英国提出脱欧的种种原因及背后潜在的危机，并分析这些问题和危机在脱欧后是否能够得到有效的解决。欧美左翼学者们普遍认为，英国脱欧主要是由其内在的新自由主义危机所决定的，加之国内的政党制度的转变及其危机所推动，最后形成了一场更为复杂的状况，而且这一脱欧乱局还同欧洲或欧盟的危机紧密相连。英国著名马克思主义学者亚历克斯·卡利尼科斯对这一问题进行了极为详尽的分析，下面就以他的分析作一介绍，从而探究英国脱欧背后的原因和危机。

亚历克斯·卡利尼科斯认为，英国资本主义的困境不太可能从根本上改变欧盟内外的状况：财政部和英国央行（Bank of England）预测，与留在欧盟相比，任何形式的英国退欧都会使英国的经济状况恶化，但这些预测只能与它们的模型所依据的假设相符，而事实往往证明这些假设是不够的。英国脱欧的前景只是凸显了撒切尔、梅杰和布莱尔领导下英国资本主义重建的局限性，但如果留欧者在2016年6月23日获胜，这些限制仍将存在。[①]在他看来，英国选择脱欧从根源上是新自由主义资本主义受到金融危机的冲击，整个资本主义制度的危机被充分暴露。主流政党在危机中没有提出有力的解决方案，左翼在这一危机中也未能有所作为，从而给极右翼提供了政治真空，是他们鼓动了这场脱欧。虽然亚历克斯·卡利尼科斯也赞成脱欧，但他并不认为脱欧背后的原因是无关紧要的，他觉得必须从根本原因上把握脱欧才能从根源上解决脱欧之后面临的问题。他从帝国主义内部冲突、英国的宪政危机以及选举的碎片化三个方面对这一问题进行了详尽的分析。首先是帝国主义内部的冲突。在亚历克斯·卡利尼科斯看来，在英国退欧问题上，英国与大陆列强之间帝国主义内部冲突的层面非常明显。帝国权力必须面对通常高度顽固的现实，而不是它自己制造的现实。正如居伊·伏思达（Guy Verhofstadt）在欧洲议会上说："欧洲议会永远不会接受英国可以拥有自由贸易的所有优势，而不符合我们的生态、健康和社会标准。我们绝不会接受'北海之新加坡'。"[②]即使英国退欧，但仍改变不了它是一个主要资本主义国家的地位，约翰逊拒绝了特里萨·梅（Theresa May）与欧盟保持一致地退出协议，这进一步加剧了欧盟与英国、美国之间的紧张矛盾。其次是宪政危机，英国退欧僵局现在已经引发了一场全面的宪政危机。在一定程度上，脱离欧盟的过程本身就引发了重大的宪法问题，例如2016年吉娜·米勒（Gina Miller）就特雷莎·梅政府公布的由政府主导"脱欧"谈判程序提出法律诉讼，最终最高法院裁定，政府需要议会批准才能触发《里斯本条约》第50条，但是这一胜利也无法阻止政府启动英国脱欧的进程。但亚历克斯·卡利尼科斯

① Alex Callinicos, "Brexit Blues," *International Socialism,* Vol.161, 2018.

② Tony Barber, "EU Foresees a US-UK Axis after Brexit," *Financial Times*, September 19, 2019.

认为更根本的是这场危机源于三种政治现实：欧盟（EU）采取的强硬谈判立场，保守党在2017年大选中失去议会多数席位，以及少数族裔（硬脱欧者和强硬派）在“撤军协议”中试图在5月份之前阻止那种妥协解决方案的权力。由此造成的瘫痪——下议院连续5个月遭遇失败——代表着现代英国政治体系的进一步和迅速崩溃，在这种体制下，资本可以依靠在下议院拥有多数席位的政党控制的强有力的行政机构。最后是选举的碎片化，旷日持久的脱欧僵局使选民四分五裂。无论如何，人们的想法是，英国退欧危机使选民对英国和欧盟的态度两极分化。根据这一分析，在全民投票时，对大多数人来说，选择离开还是留任是次要问题，正在成为政治身份的基础。这一观点得到了约翰·柯蒂斯（John Curtice）领导的研究的支持。该研究发现，“选民更有可能宣布退欧身份，而不是说他们拥有政党身份”，这种身份认同让他们更有可能投票，并强烈影响他们对脱欧斗争所引发的各种问题的态度。[①]

（二）对英国脱欧后的思考

欧美左翼学者普遍同意，社会主义者应该对欧盟采取批评的态度，对经济和货币联盟（EMU）更是如此。但他们也分别提出了几个问题：一个具有变革性社会主义计划的左翼政府是否应该选择退出这些跨国庞然大物？假设退出对欧洲货币联盟成员国来说是一个有利的选择，那么对于那些仅仅是欧盟成员国的国家来说也是如此吗？如果各国退出欧盟，国家的关切和目标会主导社会主义国际主义吗？如果退出的一个关键目标是重新获得国家和人民主权，这是否等同于移民管制，从而在实践中否定工人阶级国际主义和加强种族三义？对于处于退出欧盟控制之下的英国来说，这些都是迫在眉睫的问题，欧美左翼学者就这些问题展开了进一步的思考。

① ［英］约翰：《英国退欧的情感遗产：英国如何成为一个“留守者”和“离乡背井者”的国家》，2018年。https://whatukthinks.org/eu/wp-content/uploads/2018/10/WUKT-EU-Briefing-Paper-15-Oct-18-Emotional-legacy-paper-final.pdf.

伦敦大学东方与非洲研究学院经济学教授科斯塔斯·拉帕维茨在他的新作《反对欧盟左翼案》中对于英格兰和威尔士的大部分社会民主左派走向了留在欧盟并改革欧盟的立场持批判态度。他认为这些左派对欧盟的性质的困惑是巨大的，而且将退欧看作一项右翼计划。在他看来，认识到英国退欧的痛苦对欧洲左派来说是非常重要的。离开与留下并改革的两难处境在许多国家普遍存在，同时形成了其他主要问题，包括移民、紧缩和不平等。英国退欧对欧洲左翼联盟提出了自2015年激进左翼联盟垮台以来最重要的政治挑战。科斯塔斯·拉帕维茨对英国脱欧持赞成态度，他坚信英国应该与欧盟决裂，而且提出与欧盟决裂后的英国有可能走向社会主义。他首先大篇幅分析了欧盟的性质，认为欧盟是一个新自由主义性质的帝国。欧盟仍然是一个以条约为基础的主权国家联盟，同时也拥有自己的跨国机构。没有主权国家构成的欧盟是不可想象的。第一，成员国将表面上严酷的经济和社会决定转移到了欧盟的跨国机构上，从而为每个成员国的统治集团赢得了重要的国内政治优势。第二，欧盟在成员国之间存在等级关系，但这些关系通过正式使用团结和伙伴关系语言的跨国机构而转移。接着他进一步从欧盟的单一市场和单一货币两个角度进行了分析。一方面，单一市场为欧盟的商业和其他交易提供了监管框架，其基础是四项自由，即货币、货物、服务和人员（劳动力）跨越国内边界的自由。这些自由也在《罗马条约》中被假定，但《马斯特里赫特条约》重申了这些自由是个人权利，从而将其转化为固有的有利于新自由主义的法律原则，并决定了欧盟主要机构的性质。这四种自由是深刻矛盾的，是对实际自由的制约。这一点在劳工迁徙自由方面是显而易见的，这是一项与真正的国际主义无关的个人权利。另一方面，单一货币是单一市场的重要补充。新自由主义渗透到支持欧元的欧洲货币联盟机构——欧洲央行、欧洲集团、欧洲稳定机制等。欧洲经济货币联盟对主权的影响是深远的，简单地考虑其两大支柱，即财政纪律和中央银行，就可以看出这一点。

它已经成为一支帝国力量，干预中东地区、对抗俄罗斯，并为跨越其南部边界的难民和移民建立中心——实际上是集中营。对欧盟日益增长的地缘政治要求，很可能导致未来几年的政治紧张局势进一步加剧。全球帝国的角色需要军事力量，而欧盟则意味着法国和英国。如果英国退欧成为现实，德国增加军事支出的压力将加大，德国也将不得不更加公开地维护自己的主导地位。在科斯塔斯·拉帕维茨看来，2016年公投后，工党的合理行动将是将英国退欧作为一个决定性的机会，为工人和穷人的利益改变英国经济。退欧可能会为国有化、公共银行业、变革性产业政策、收入和财富再分配以及取消紧缩政策打开大门，所有这些都是从根本上重组英国经济的必要条件。根据选民在全民投票中表达的要求，退欧还将提供机会恢复民主和重新加强人民主权。民主和人民主权将为反映劳工利益的国家移徙政策提供依据，充分保护移民的权利，并为工人的流动确定相互商定的条件。这些激进主义的政策不可能在欧盟单一市场内实现。最后，他重申要实现彻底的社会主义改造，英国必须考虑与欧盟决裂。在追求激进道路的过程中，社会主义政府将面临其国内统治集团的无穷敌意，该集团试图与单一市场保持尽可能密切的联系，并依赖欧盟法律和机构提供的权力。与欧盟决裂将立即引发民主问题，但也会引发人民主权问题，这是民主不可或缺的组成部分。

尼尔·戴维森（Neil Davidson）也就英国脱欧这一问题的思考对科斯塔斯·拉帕维茨的《反对欧盟左翼案》作了点评，并提出了自己的不同观点。他首先分析了左翼人士通常对欧盟采取四种态度，并指出这四种态度很少存在于绝对纯粹的形式中，而且不可避免地会有一些重叠。第一种是英国留欧投票的核心，它认为欧盟是一个基本有益的组织（“尽管它不是完美的”），它的存在主要是为了防止欧洲的战争，保护环境，确保工人的权利，对抗美国的影响，促进自由流动，以及抵抗极右翼民粹主义者。第二种态度比较狭隘，几乎完全集中在民粹主义极右分子的崛起上。从这个角度来看，英国退欧纯粹是一项以种族主义为前提的右翼计划，应该仅仅基于这些理由加以反对——欧盟的实际性质几乎与此无关。第三种态度也是迄今为止被广泛接受的态度，较之前两种态度更具现实性。首先这一态度基于欧盟具有维持新自由主义秩序这一功能的视角出发，也承认这一联盟体制内民主的“赤字”。这一态度的批评焦点并不是欧盟本身，而是针对经济、货币联盟，认为这一联盟的建立在国际主义项目中属于灾难性的决定。虽然，左翼对经济、货币联盟的批判激进程度不一，但都倾向于留在欧盟，退出或者解散欧洲货币联盟。第四种也是最不常见的态度，在许多方面与第三种重叠，特别是在经济和货币联盟方面。然而，它对左翼改革的可能性要悲观得多。因此，拥护者认为，激进的政府必须准备离开欧洲货币联盟，甚至是欧盟本身，以此作为建立新联盟的前奏，其基础是开始向社会主义过渡的一种激进的民主选择。科斯塔斯·拉帕维茨则倾向于持第四种态度，尼尔·戴维森怀疑他的观点涉及有意识地陷入左翼民族主义立场，或者更糟的是，一个国家的社会主义版本。他指出，虽然拉帕维茨在他的结束语中非常清楚地指出：“退出欧盟不一定是民族主义的一步，相反，它可能预示着一种激进的国际主义的出现，它将利用国内力量，拒绝欧盟功能失调和霸权主义结构。”[①] 但是，通过将移民管制（“结束自由流动”）作为恢复主权的一部分，它实际上承认了移民是问题所在的右翼观点的一部分，从而使其合法化。杰里米·科尔宾（Jeremy Corbyn）领导的工党在英国做了这件事，这是一个灾难性的错误，因为除了任何道德考虑之外，右翼在这一问题上总是能够超过左翼。最后，他提出的批评是科斯塔斯·拉帕维茨关于对民族国家本身的期望。在他看来，不论英国脱欧与否，与欧盟决裂与否，只要它没改变其本身所具有的新自由主义资本主义性质，它都无法摆脱资本主义对它的束缚。他引用了马克思主

① Costas Lapavitsas, *The Left Case Against the EU*, Cambridge: Polity, 2019, pp.121-122.

义关于资本主义国家的经典论点是，无论任何一个政府有多激进，资本主义国家被用来破坏资本主义生产方式本身的程度是有非常明确的限度的。寻求脱离欧盟，实施左翼社会民主改革，更不用说开始向社会主义过渡，几乎马上就会发现自己被国家机器所阻挠——这也是为什么只要资产阶级国家的主权不受阻碍，国家主权在很大程度上是幻想的另一个原因。在任何情况下，在单一状态下都无法成功地尝试与资本断绝关系，甚至无法连续地尝试几次中断。

三、对极右翼势力兴起的分析批判

大西洋两岸的政治版图越来越以右翼势力的崛起为标志。在欧洲，有西班牙的“声音”（Vox）和希腊的“金色黎明”（Golden Dawn），德国的“另类选择”（Alternative），法国的“国民联盟”（National Rally），芬兰的“芬兰人”（Finns），意大利的“联盟”（League），爱沙尼亚的“保守人民党”（Conservative People's Party），还有更多的，从北部的“瑞典民主党人”（Sweden Democrats）到塞浦路斯的“全国人民阵线”（National Popular Front）。大多数欧洲经济体，从大的到小的，从强的到弱的，都见证着右翼势力在选举中的前进步伐。在大西洋的对岸，右翼势力和趋势在主流政治、新的传播体、诉诸暴力的团体中都有所抬头。有关右翼武装组织的报道也时常出现在美国主流媒体上。站在今天的角度来看，资本主义世界里“特朗普们”的当选马上会使我们反复地记起曾经的两则预言性的忠告：拉尔夫·达伦多夫（Ralf G. Dahrendorf）曾说，21 世纪有可能变成“威权主义的世纪”。[①] 还有就是理查德·罗蒂（Richard Rorty）的著作《筑就我们的国家》，在这本书中，他

① Ralf Dahrendorf, “Anmerkungen zur Globalisierung,” in *Perspektiven der Weltgesellschaft*, Frankfurt am Main: Suhrkamp, 1998, pp.41-54.

将全球化的后果（以及“文化左派”的角色）问题化了，并列举了一系列可能出现的倒退——“粗俗煽动者”上台，社会和经济不平等的增长，一个“奥威尔式的世界”降临，被依赖者的反抗，“施虐狂”的回忆，对于妇女和社会少数群体的憎恨和歧视性话语。[①] 欧美左翼学者就目前兴起的极右翼势力的性质及其兴起的社会经济、政治根源及阶级基础进行了分析批判。

（一）极右翼势力的性质判断

对于目前兴起的极右翼势力或极右翼政党，欧美左翼学者对其性质进行了判断、争论。有些左翼学者认为这些极右翼势力具有法西斯主义性质，但他们一致认可，目前的这种法西斯主义与古典的法西斯主义是不同的。因此，他们以“后法西斯主义”“新法西斯主义”“21 世纪法西斯主义”来命名这些极右翼势力。当然也有一些左翼学者对此观点是不认同的，他们认为目前的极右翼势力跟法西斯主义还是存在区别的，如果错误地将其判断为法西斯主义，会对左翼未来政策、策略制定产生极大的伤害。下面就马克·L. 托马斯（Mark L. Thomas）和梅根·特鲁德尔（Megan Trudell）两位学者所代表的上述观点进行阐述。

马克·L. 托马斯认为，不论在欧洲国家还是美国崛起的极右翼势力均具有法西斯主义性质，特别是欧洲的极右翼势力，他也更为详尽地分析了欧洲地区的极右翼势力。他将这些极右翼势力称为“21 世纪法西斯主义”。在马克·L. 托马斯看来，要确定法西斯主义与今天的极右翼势力是否有关系，必须以其最发达的“古典”形式来确定这种战争期间法西斯主义的性质，并审查它在当前时期生存的连续性和不连续性的因素。因此，他回顾了之前的法西斯主义的性质、特征及运作方式，并根据帕克斯顿关于法西斯主义的五个阶段论，得出目前的极右翼具有法西斯主义性质的结论。根据帕克斯顿的说

---

① ［美］理查德·罗蒂：《筑就我们的国家：20 世纪美国左派思想》，黄宗英译，生活·读书·新知三联书店 2014 年版，第 55—79 页。

法，法西斯主义没有固定的、静态的本质，而是随着发展的变化而变化。在他看来，法西斯主义有五个阶段：（1）法西斯运动的创立；（2）法西斯运动在政治制度中的成功扎根；（3）权力的夺取；（4）权力的行使；（5）作为保守—威权政权的“正常化”或进一步的激进化的长期命运。[①]马克·L. 托马斯认为，目前的极右翼势力正处于法西斯主义的第二阶段，他们现在正赢得选票，进入议会，进入并影响全国政治辩论，同时寻求塑造更大、更自信的法西斯队伍。他进一步分析了目前大环境下为法西斯主义的前进所提供的在政治制度中成功扎根的有利条件。首先，就是众所周知的新自由主义的金融危机的冲击和不断加剧的不平等的影响以及由此造成的压力，再加上紧缩政策，使人们认为新自由主义促进市场和商业利益能够为广大人民带来好处的说法空洞化。其次，这反过来又变成了政治制度的危机，这些政党大多被认为是新自由主义、保守和社会民主的政党，它们的社会根源和选举影响都在消退。这为左翼的“局外人”创造了空间，但也为极右翼创造了成长的空间。再次，就是伊斯兰恐惧症的加剧，以及欧洲对移民的战争，均加剧了种族主义。这就使得极右翼提供的独裁解决方案合法化。最后，就是唐纳德·特朗普的助推，特朗普入主白宫支持极右翼言论和强硬的经济民族主义计划，极大地推动了欧洲极右翼和法西斯主义者。在马克·L. 托马斯看来，目前这种法西斯主义在欧洲各国的发展各具其特点，但总体呈现为发展趋势。虽然与“古典法西斯主义”相比具有其弱点，即组织上的相对脆弱性，但是作为左翼得进一步警惕其发展，以避免其发展到第三阶段甚至第五阶段。

梅根·特鲁德尔则并不认同将目前的极右翼势力看成法西斯主义。他在《唐纳德·特朗普：资产负债表》[②]一文中，对以特朗普为代表的极右翼势力

① Robert O. Paxton, *The Anatomy of Fascism*, London: Verso, 2005.

② Megan Trudell, "Donald Trump: A balance sheet," *International Socialism*, Vol.154, 2017.

的崛起作了分析，指出其不具有法西斯主义特点，认为将特朗普看作法西斯主义是有害的。梅根·特鲁德尔认为，可以将特朗普看作反动的煽动者，但他不是法西斯主义者，这一点很重要，尤其是因为在他们寻求未来几年恢复原状时，这将是民主党叙述的一部分。在他看来，从里根政府到布什政府再到特朗普政府，都有一条相对完整的路线。过去的共和党政府与他们迎合的“叛乱分子”共和党边缘群体一样，也是特朗普现象的重要组成部分；特朗普政府没有（或尚未）显著脱离美国历史上的保守议程。此外，特朗普还在奥巴马的遗产的某些方面有所建树。这些遗产包括：主持战争、限制移民、警察种族主义和谋杀达到创纪录水平、国家军事化和监禁加剧、对中国征收关税，以及继续破坏就业和福利，而代价是拯救华尔街。虽然梅根·特鲁德尔否认特朗普的法西斯主义性质，但这不代表其否认特朗普背后或周围发生的事情不会有潜在的危险。他强调的是性质定义的重要性，认为如果像诺姆·乔姆斯基（Noam Chomsky）所说的那样，茶党是“初见端倪的法西斯主义者”，而特朗普是法西斯主义者，那么茶党就成了右翼和种族主义威权主义的一大门类，一旦出现这种情况，就有可能使我们看不到真正的东西，并提前剔除那些在没有更进步的吸引力的情况下被右翼所吸引的工人和中产阶级阶层。梅根·特鲁德尔得出结论，这最终容易形成一种死胡同战略，不仅不会破坏民主党的新自由主义方针，重建工人组织或不平等问题得不到解决，而且还将进一步远离，而不是更接近真正替代美国资本主义蹂躏的选择。

（二）极右翼势力兴起的原因

关于极右翼势力崛起是否是法西斯主义再次抬头在欧美左翼学者中引发了争论，但不论欧美左翼学者们对极右翼势力的性质持何种观点，他们都普遍认为目前极右翼势力的崛起是极危险的，这是对资本主义危机的反应，也是资本主义危机的症状。欧美左翼学者们也积极探究极右翼势力兴起的原因，希望从查找原因入手，从而防止今天的极右翼势力发展成为彻底的法西斯主义。而关于极右翼势力兴起的原因的分析，在由法鲁克·乔杜里（Farooque Chowdhury）为加尔各答著名的社会主义杂志《前沿周刊》（*Frontier Weekly*）主持的对约翰·贝拉米·福斯特的采访中，福斯特作了极为详尽的阐述。他从社会经济、政治根源以及阶级基础三个角度对极右翼势力兴起的原因进行了分析。福斯特也倾向于将目前的极右翼势力称为新法西斯主义，认为这是最为恰当的称呼。他认为法西斯主义的兴起虽然代表着一种戏剧性的变化，但它发生在资本主义内部，是其整体逻辑的一部分。因此，应该从资本主义内部的要素对其兴起的原因进行分析。显然，21世纪的情况大不相同。但是，福斯特认为资本主义制度所固有的经济和政治危机以及资产阶级的反应，可以看作资本主义的延续和变化的反映。首先，今天又一次出现了资本结构危机，最明显的是2008年的金融危机，但事实上，这场危机的深度和广度已达到20世纪70年代危机的程度，这标志着发达资本主义经济体开始长期减速。其次，新自由主义试图使国家服从市场，同时也利用国家机器来执行市场关系，它正在有系统地解散所有共同体关系的基础，把它们变成纯粹的商品关系。这促使资本主义国家失去合法性，其意外效果是鼓励发展激进的右翼或新法西斯运动，反对自由主义或新自由主义的政治精英和劳动穷人。仇外种族主义正针对来自全球南方的移民人口。与此同时，持久的战争和帝国主义的政变已经造成数百万难民。福斯特从总体上将我们这个时代的条件概括为：具有划时代意义的经济、社会和生态危机，并伴随着帝国主义和战争的加剧。最后，是关于目前极右翼势力的阶级基础问题。福斯特认为，目前大部分混乱情形是由于未能对这些变化情形作一种阶级分析。在他看来，从阶级的角度看，很明显，我们看到的是法西斯流派中各种运动的发展（无论前法西斯主义、典型法西斯主义、古典法西斯主义、后法西斯主义、新法西斯主义、新自由主义法西斯主义、乌尔法西斯主义、边缘法西斯主义、白人至上主义，还是民族民粹主义），法西斯式运动具有一定的阶级性特征或倾向。他分析了历史上马克思主义理论家，如季米特洛夫（George Dimitrov）、托洛茨基（Leon Trotsky）等关于法西斯主义的阶级术语中的定义，发现这些运动是他们在动荡的下层中产阶级或小资产阶级的动员中有其群众基础的运动。由此，福斯特认为，今日新法西斯主义的兴起基础也正是这些所谓的“中产阶级”，他们可以被看作扩大的工人阶级的一部分，拥有相对较少的生产资料，但又极度害怕落入最底层。在对极右翼势力的兴起原因作了分析之后，福斯特强调，我们必须认识到，在资本主义结构性危机和自由民主国家危机的时代，右翼和社会主义左翼所面临的立场绝不是对称的。对于资产阶级和政治右翼来说，维护当前的秩序是一个直截了当的问题，包括在“让美国再次伟大”的外衣下，推进一个已经失去一切合法性的紧缩的新自由主义政治。对左翼来说，挑战要复杂得多。它面临着一种选择，一方面是旨在使资本主义更好地运行的社会民主政策，然而，这在今天意味着对新自由主义的致命妥协；另一方面是一场真正的社会主义运动，其目的是对资本主义或帝国主义进行长期的革命。最后，福斯特总结道，经事实证明，在经济停滞和结构调整的时代，社会民主作为一种战略越来越不起作用，并一次又一次地向新自由主义国家投降。而任何真正的社会主义挑战制度的企图，从根本上都面临着资本主义制度的完全反对。

四、对资本主义未来走向的预测

安东尼奥·葛兰西（Antonio Gramsci）在1930年的一篇文章中写道：“危机恰恰在于旧的秩序正在死亡，而新的秩序不可能诞生；在这段时间里，出现了各种各样的病态症状。”[①] 他写的是一个经济萧条、法西斯主义抬头和世

① Antonio Gramsci, *Selections from the Prison Notebooks*, London: Lawrence & Wishart, 1971, p.276.

界大战逼近的时代。对许多人来说，当代世界正重新走上这一步。当今资本主义世界乱象频发，欧美左翼学者们看到了不仅是由于金融危机导致的全球经济“长萧条”，而这一经济危机及其后果现已演变为新自由主义资本主义的政治合法性危机，资本主义世界中的“特朗普们”则是这场合法性危机的化身。[①] 在上文中左翼学者们对资本主义世界的逆全球化现象，即资本主义世界合法性危机进行了批判，但批判永远不是只为批判而存在。因此欧美左翼学者们在批判的基础上，对资本主义未来的发展作了自己的预测。他们大多数都认为，资本主义最终将走向终结，但是对于目前出现的这种逆全球化乱象将预示着资本主义是继续进行一次“灾难性”的蜕化还是走向终结，他们有不同的理解，但总体持走向终结这一态度。依激进程度看，有些左翼学者认为，目前的资本主义乱象只预示着新自由主义的终结，而不一定是资本主义的终结，而有些学者则直指目前资本主义已经在走向终结了。

（一）新自由主义走向终结

多数欧美左翼学者对于资本主义未来走向的预测均是新自由主义走向终结，但最终产生的是下一个资本主义模式还是社会主义模式，则不得而知。他们从经济、政治、社会等方面的分析得出这一结论。就经济方面的分析，欧美左翼学者们主要是基于资本主义周期理论进行的，从而得出新自由主义终结的结论。美国著名左翼学者威廉·I. 罗宾逊（William I. Robinson）依据周期理论，认为资本主义结构性危机的周期为 40—50 年。他列举了 19 世纪 80 年代、20 世纪 30 年代和 70 年代三次资本主义结构性危机，每次危机的解决都是通过改变资本主义的结构即模式。在威廉·I. 罗宾逊看来，2008 年发生的资本主义结构性危机也不例外，目前虽然资本主义世界采用了债务、紧缩、金融投机、科技投资等方式延缓了危机，但是最终要解决

① 甘海霞：《外国学者眼中的美国贸易战——“让美国再次伟大”还是深陷危机？》，《世界社会主义研究》2019 年第 4 期。

这一危机，资本主义世界必然得结束目前的新自由主义模式，重新采用新的资本主义模式。而大卫·科茨的分析主要是基于资本主义的积累机制，他概述了从二战后“受管制资本主义”积累机制由于危机过渡到“新自由主义资本主义”积累机制，这一更迭伴随的是经济政策和意识形态的改变。他将 1948 年至今这个时间段分为四个阶段：1948—1973 年是战后政权有效运作时期，1973—1979 年是战后政权的结构性危机，1979—2007 年是新自由主义政权有效运作时期，2007 年以后为新自由主义资本主义的结构性危机，并指出每个周期都以商业周期峰值年份开始和结束（除了最后一个周期，这段时期不可避免地在 2017 年结束）。[①] 他提醒我们，即使像美国这样的大资本主义经济体，目前虽然维持着税后高利润率但却存在着资本积累率的长期低迷，资本未能强劲提高劳动生产率，而且在金融危机后泡沫的破裂让马克思所说的“需求问题”更加难以解决，这一切都显示着新自由主义的终结。[②]

威廉·I. 罗宾逊和大卫·科茨主要是从经济方面讨论得出新自由主义即将终结，其他欧美左翼学者则侧重从政治、社会等方面分析目前这一状况并作出预测。在南希·弗雷泽看来，特朗普的当选只是一系列戏剧性的政治变动之一，包括英国脱欧公投、意大利拒绝伦齐改革、伯尼·桑德斯（Bernie Sanders）竞选美国民主党提名以及法国国民阵线的支持率上升等这些变动共同预示着新自由主义霸权的崩溃。她认为虽然他们的意识形态和目标不同，但这些选举病变有一个共同的目标：所有这些都是对公司全球化、新自由主义和推动它们的政治体制的拒绝，特别是对“进步的新自由主义”的反抗。[③]

① David Kotz, “End of the Neoliberal Era?” *New Left Review*, Vol.113(5), 2018, pp.27-49.

② 甘海霞：《外国学者眼中的美国贸易战——“让美国再次伟大”还是深陷危机？》，《世界社会主义研究》2019 年第 4 期。

③ 甘海霞：《外国学者眼中的美国贸易战——“让美国再次伟大”还是深陷危机？》，《世界社会主义研究》2019 年第 4 期。

同时她强调进步的新自由主义的盛行是由于左派的逐步衰落，如今人们对这一状态的不满以混乱的形式表达出来——他们将日益恶化的状况归咎于政治正确性、有色人种、移民和穆斯林等，这时需要一个真正的左派利用人们反对目前秩序的庞大和日益增长的社会厌恶来重新建立一个新的解放和反对金融化的社会保护联盟。[①]亚历克斯·卡利尼科斯也认同目前西方资本主义的困境代表了葛兰西所谓的“霸权危机”，在这场危机中，统治阶级失去了相当一部分人口的同意。在他看来，这给了种族主义、民粹主义一个真空时期，他们也正在抓住这一时期。亚历克斯·卡利尼科斯指出，当前极右翼是政治上的混合体，这一主流趋势不论政治上还是经济政策上，都与新自由主义推动的全球化存在极大的差异，而且为真正的法西斯主义势力的崛起提供了真正有利的环境。因此，新自由主义资本主义必然走向终结。

（二）资本主义走向终结

对于资本主义未来走向作出走向终结的判断的人，在欧美左翼学者中还是属于少数，毕竟目前的情况属于还未明朗的状态。不过也正是如此，对资本主义未来走向的预测及未来社会的构想则成为学界、左翼政党讨论的热点话题之一。而在这一判断中，德国的 W. 施特雷克 2016 年出版的论文集《资本主义将如何终结》在学术界和公众中产生了广泛影响。为此，北威州罗萨卢森堡基金会、社会科学高效社团、莱茵地区社会主义论坛邀请 W. 施特雷克与 S. 瓦根克内希特（Sahra Wagenknecht）二人，于 2016 年 1 月 27 日在科隆大学围绕“资本主义走向终结了吗？”展开学术对话。下面就 W. 施特雷克对资本主义走向终结的预测进行介绍。

W. 施特雷克主要从四个方面论证目前的资本主义正在走向终结。第一，资本主义危机的三大特征。资本主义如今处于关键情形之下，连续性的严重

---

① Nancy Fraser, “The End of Progressive Neoliberalism,” *Dissent,* Spring 2017.

危机前所未有，通过全球经济的相互联系，它传播得更加广泛和迅速。危机的特征突出呈现在三个方面：经济增长率持续下降、主要资本主义国家总体债务不断上升及经济不平等。在 W. 施特雷克看来，这三个趋势有可能增强，目前的危机不再是如历史学家所说的那样是必要的，在这之后资本主义经济可以迈向一个新的均衡。W. 施特雷克认为，如今的状况是一个逐渐衰落的持续进程，当今前所未有的低增长、高度不平等和日益上升的债务不一定是可持续的，综合起来会诱发体系层面的危机。第二，资本主义与民主渐行渐远。资本主义和民主长期被视作敌对的，只有在冷战时期，资本主义和民主似乎是相互联系的。W. 施特雷克指出，目前这种不兼容性再次回归，在政治上，普遍的感觉是政治并不能在生活中产生作用，政治被视为陷入僵局、无能和腐败，一群自我封闭和服务自我的政治阶层统一宣称对他们和他们的政策没有替代方案的存在。第三，资本主义成为自身的敌人。为了确定资本主义是否仍能存活，W. 施特雷克将其界定为现代社会，该社会再生产的获得仅仅是个体为了追求资本和利润最大化的非预期的副效应，是通过劳动进程将私有的资本和商品化的劳动力结合来完成曼德费尔原则，即将个人的恶转变为公共的收益。而且，资本主义虽然挫败了反对派，但事实上是惨胜，因为反对力量虽然有时造成不便，但事实上却支撑了资本主义。[①] 正是在此意义上，他认为当代资本主义不能被继续维持。第四，资本主义五大系统性失序。资本主义由于摧毁了自身反对派而正在走向终结。为了解释该过程，W. 施特雷克指出了当今先进资本主义的五大系统性失序，它们都源于资本主义传统制度和政治限制以各种各样的方式被削弱。它们分别是：停滞、寡头性再分配、掠夺公共领域、腐败和全球无政府状态。最后，W. 施特雷克指出，不论目前的危机特征还是民主渐行渐远、资本主义由

① Wolfgang Streeck, *How Will Capitalism End? Essays on a Failing System*, London and New York: Routledge, 2016, p.60.

于无反对派而成为自身敌人以及五大系统性失序，都论证了资本主义正在走向终结，多极世界秩序正在形成。

第三节　资本主义逆全球化批判的反思性特征

乌尔里希·贝克（Ulrich Beck）曾说过：当一个世界秩序瓦解时，对它的反思便开始了。[①]欧美左翼学者上一次在世界秩序转变时的反思是在东欧剧变、苏联解体之后，他们主要反思了资本主义为何可以在20世纪70、80年代的危机之后死里逃生，而且获得了新的发展，并且对于资本主义全球化展开了全面的批判。但是在这一批判过程中，欧美左翼学者的反思呈现出一种保守、退却的特征，在批判精神上有所钝化、理性深度丧失以及无产阶级立场的弱化。在21世纪的资本主义世界里，资本主义经历了金融危机、欧债危机等，目前还深陷全球经济的长期萧条之中，危机从经济领域进一步延伸至政治领域，演变为政治合法性危机，各种逆全球化乱象频发。欧美左翼学者对这些现象进行了深度分析和批判，在整个批判过程中依然呈现一种反思性特征。但这次的"反思性特征"跟在东欧剧变、苏联解体之后则并不是完全一样的，而是一种否定之否定后的反思，看似比前一阶段对资本主义危机的批判中呈现的激进特征有所退却，但却不完全是退却，而是一种审慎态度，批判精神也并没有弱化，而是在维持坚定的批判立场的基础上，进一步走进现实，思考当前左翼面对的困境，预测资本主义未来的真正走向，并探索未来发展的替代方案。欧美左翼学者资本主义逆全球化批判的反思性特征具体体现为：坚定批判立场但更为审慎；走向现实思考左翼困境；对极左右翼民粹主义的抵抗。

---

① Ulrich Beck, "Kooperieren oder scheitern. Die Existenzkrise der Europäischen Union," *Blätter für deutsche und internationale Politik* 2, Berlin, 2011, pp.41-53.

一、坚定批判立场但更为审慎

将欧美左翼学者对资本主义逆全球化现象批判的特征总结为具有反思性，其原因就在于这一阶段的批判与东欧剧变、苏联解体后呈现的批判特征在表面上看具有很多相似性，但在相似性背后呈现的是更多的不一样。同是面对世界秩序的大变革，左翼学者对之都进行了反思，但在东欧剧变、苏联解体之后的反思更多的是一种弱者或者所谓“失败者”的反思，而在危机时代左翼学者的反思是经历了资本主义批判的“冬月”之后在资本主义金融危机中有所复兴，但未来走向却依然不明朗的背景下形成的。他们反思金融危机之后资本主义为何不仅没有持续复苏，而且陷入了更加混乱的合法性危机中，而左翼又为何未能在资本主义危机时刻抓住机会实现逆转。面对危机时代经济的低迷、政治的混乱，预期的左翼乘势而起未能实现，却给极右翼的崛起制造了极大的空间，欧美左翼学者在对资本主义批判时呈现出看似保守、退却的特征，不再如在金融危机出现时那般激进，但这时的保守、退却其实体现的是批判立场的更加坚定，批判时思考得更为审慎。它是一种否定之否定的蜕化，正如结果之后的种子跟一开始的种子，拥有相似的模样，但却具有不一样的内容。

欧美左翼学者对资本主义的批判立场更为坚定了。在资本主义全球化发展繁荣阶段，有些左翼学者甚至相信技术的力量，认为未来的人类解放道路并不在于一定要推翻资本主义制度，而是可以在资本主义全球化的基础上实现从统治向治理的转变。这其实蕴含着对资本主义批判的不坚定性，他们看到了全球化的优势，但将资本主义全球化等同于全球化。而在金融危机爆发之后，左翼学者们都清醒地认识到了这场危机的严重性，意识到这一危机并不仅仅是暂时的危机，更多的是资本主义的结构性危机，是资本主义制度导致的，是上一次危机的延后及扩大化。经过对金融危机批判的过程，马克思主义在欧美地区得到复兴，欧美左翼学者们重拾了马克思主义的批判武器，使得对资本主义的批判精神更加尖锐，因此，在危机时代下对资本主义危机批判中，他们的批判呈现出激进性特征。这种激进性虽有其缺点，正如上文所分析的是一种政治上不能有所作为的无奈，也是前期政治失败的延续，但也正是这种激进性，让欧美左翼学者们更加坚定对资本主义的批判必须持续下去，而且需要毫不留情。因为金融危机的爆发再一次证明了马克思主义是正确的，资本主义不仅不能恒久地存在下去，而且资本主义的“终结”可能就在不远处。但这一结果的推进，需要左翼学者们在坚定批判立场的基础上，进一步仔细审视资本主义目前的状况并分析出现这一景象的背后深层原因，左翼力量又该如何就此创造条件，进一步推进资本主义灭亡的进程。值得注意的是，欧美左翼学者对资本主义批判的立场的坚定性，在这一阶段更多的不是一种激情，而是一种较为理性的坚定。他们在前期的批判中，即使分歧较多且辩论激烈，但为他们这阶段的批判奠定了基础，对资本主义有了更为深刻的认识。他们意识到，要改变目前这种极为不公的世界、社会，必须推翻资本主义制度，必须改变全球化，但仍清醒地认识到我们要改变的是资本主义占主导的全球化，全球化依然是未来发展的趋势，只是不再是以资本主义国家为主导的全球化，由此才能创造一个更为美好的未来。

欧美左翼学者对资本主义的批判更为审慎。这种审慎其实也是一种更为理性的表现，是基于详尽地分析批判并且时刻关注着资本主义世界的动态，同时借助于马克思主义的批判武器，由此显示出来。第一，左翼学者对资本主义世界的各种逆全球化现象展开了详细的分析。面对资本主义世界的乱象丛生，欧美左翼学者经历了上阶段的激进性批判，但距金融危机爆发已过去了十几年，左翼依然未取得预期的成果。此时左翼学者并没有就此丧失对资本主义进一步分析关注的斗志。他们依然坚信对于未来发展的推动必须基于目前现状的分析，正如马克思就是从资本主义最为常见的商品出发，对资本主义进行了持续的批判。只有从现象出发，仔细分析它们的来龙去脉、前因后果，才能从中探知事物的本质规律。因此，左翼学者始终密切关注资本主义世界的动态，不论欧洲的移民危机，还是英国脱欧的进程、世界各地的反抗运动，欧美左翼学者都对之进行了分析探讨，并且将它们联系在一起进行分析。因为在同一时期发生了类似的事件，虽然表现形式不一，但内在的深层次原因是一致的，那就是欧美左翼学者们探究到的，目前这一切逆全球化现象是资本主义国家无力掌控目前的局势所反映出来的病症，这也是新自由主义的失败，归根结底则是资本主义制度的根本矛盾。从现象到本质的层层递进地分析表现了左翼学者们在对资本主义批判过程中更为审慎的态度。第二，延续对新自由主义的批判但更关注对资本主义本身的批判。对新自由主义和帝国主义，是欧美左翼学者自东欧剧变、苏联解体以来一直的主要批判对象，在对资本主义逆全球化批判过程中，他们依然延续了这一批判。欧美左翼学者们普遍认为目前的危机，不论经济上的低迷还是政治上的合法性问题，都是新自由主义资本主义的危机，是新自由主义走向破产的一种表现。当然，也有学者持不同意见，认为目前新自由主义虽然处于危机中，极右翼势力、民粹主义、种族主义等看似对其进行反抗，但到国家层面，特别是别有用心的政治家那里，这些都是他们力图恢复新自由主义生命力的工具。不论对新自由主义的批判取何种视角，这已是欧美左翼学者们对资本主义批判中长期存在的分歧问题，但在这阶段，他们有个共识，即认同对新自由主义批判固然重要，更为关键的是对资本主义本身的批判。对资本主义本身的批判才是整个资本主义批判理论的初衷，其他批判只是为了更好地服务于这个初衷，做到更为真实、有力地批判资本主义制度，从而科学地论证资本主义最终必然灭亡的规律。第三，对资本主义未来走向的审慎预测。欧美左翼学者在对资本主义世界中存在的种种逆全球化迹象进行分析批判之后，对资本主义未来走向进行了预测。在这一阶段的预测中，他们则呈现出了更为审慎的态度，不再如之前金融危机爆发后持两种极端态度，要么认为资本主义可以一如之前那般经历危机而重生，要么就预测这场危机不同于以往，会令资本主义走向终结。经过近 10 年时间的验证，资本主义没有复苏，而是持续疲软，但也没有走向终结，只是危机更加蔓延，乱象更多。因此，左翼学者基于目前的分析批判，得出资本主义最终必然走向终结，但这个日期却是不定的。这其实也是对马克思的预测的重申，也是马克思经典资本主义批判的结论。但欧美左翼学者中大多数认为，目前的局势不一定会导致整个资本主义的结束，但新自由主义的模式一定会终结，后面会有新的模式对之进行替代，但这一模式的性质是资本主义性质还是社会主义性质甚至别的什么形式，他们持不确定的态度。

二、走向现实思考左翼困境

在金融危机爆发后，欧美左翼学者对于左翼力量的期待是很高的，认为资本主义世界的危机就是社会主义运动（或按他们的说法是创造另一个世界）的转机。在这关键时期，左翼应该有所作为。但在此之后，情况并没有按他们期望的进行，甚至进入一个让大家都觉得甚是混乱的状况。人们现在可能会疑问："左翼还需要做什么？"欧美左翼学者们在对资本主义批判过程中也一直试图努力回答这个问题，期望在资本主义危机时刻寻得左翼的潜力，并替左翼政党设想和制定替代资本主义制度的理想方案。他们还积极思考探索了过往共产主义运动中所能获得的理论力量和经验教训，期待开启共产主义新的序列。考虑到这些问题和期望，欧美左翼学者在批判中进一步走向现实，抛却了在哲学领域中的"诸众""无分之分""事件""人民"等解放主体，思考左翼面临的无数挑战和当前的紧迫任务。

第一，反思自身的资本主义批判理论与左翼政党的政治实践中存在断裂性。欧美左翼学者资本主义批判理论在金融危机后迎来其高潮阶段，批判呈现出激进性特征，但是即便如此，它们依然对现实的左翼政党的政治实践没有起到实质性的指导作用。资本主义世界中左翼政党也没能抓住机会实现上台执政的逆袭，即便有些左翼政党执政了，但它们的领导纲领也是偏向右翼方案，或是与中右翼联合执政，有些甚至在这个阶段走向了极左翼倾向。欧美左翼学者意识到前期对于资本主义批判过于激进且不够现实，因此这阶段期望通过审慎的批判方式接近左翼政党的现实状况，从而弥合理论与政治现实间的裂缝。但是这是个具有深刻历史原因的问题，其实它出现于西方马克思主义的批判转向开始，因为左翼力量与工人阶级组织的脱离，让批判走向书斋。直到东欧剧变、苏联解体之后，世界社会主义走向低潮，资本主义批判也一度陷入低潮，批判虽然指向全球资本主义现实但依然停留于理论。但对当时的左翼学者而言，这并不是最大的问题，因为当时也无条件让他们有所作为。直到金融危机爆发后，他们欢欣鼓舞，认为实现世界逆转的时机到来了，但遗憾的是，这些努力并没有为左翼政治道路创造新的可能性。而造成资本主义批判理论与政治实践断裂的另一个关键在于真正具有革命性的反抗主体的消失。一方面，欧美左翼学者自东欧剧变、苏联解体以来在对资本主义批判上就已经逐渐丧失了无产阶级立场，即使提及“无产阶级”概念但其内容已经发生了变化；另一方面，在现实中，无产阶级确实发生了改变，他们在反抗资本主义的斗争中不再如马克思所在时代处于优先地位。这是历史的困境，欧美左翼学者在对资本主义的批判过程中也在持续不断地探索各种解放力量，也提出了无数的解放群体，但在现实中，他们所构想的这些反抗主体不仅多元、零碎且无组织力，对资本主义起到的打击力较为微弱，甚至还在不断为资本主义危机买单。这就决定了欧美左翼学者走向社会主义的努力最终演化为一种苍白无力的理论尝试，他们的理论没有化作实践，也无法带领、组织革命主体对资本主义制度进行反抗。艾伦·伍德也曾指出，左翼学者将斗争策略转向多元化之后，社会中也确实出现了各式“新社会主义运动”，但由于丧失了阶级政治，以至于并没有为左翼政治带来一个真正的新阶段。

第二，反思民粹主义势力崛起压制了左翼力量的发展。欧美左翼学者在前一阶段充分地批判了资本主义危机，揭露了在危机中暴露的资本主义制度所固有的矛盾，预测危机将在客观条件上为左翼力量及社会主义运动发展创造有利条件。但在危机时代后期，资本主义虽然依然没有逃离危机的阴影，但是左翼学者们也清醒地看到，左翼力量并没有获得期许中的逆势发展，反而是一大批民粹主义势力在政治真空期得到发展。民粹主义利用资本主义世界乱象丛生之际，利用民众的不满，打着反精英、反建制的旗号，在多国获得胜选。他们的崛起在很大程度上争夺了之前的左翼支持者，并挤压了左翼势力的生存和发展空间。欧美左翼学者在对资本主义逆全球化迹象批判中，着重分析了这些现象背后体现的资本主义国家的政治危机，特别是政党力量的变化，从中就民粹主义、民族主义等也作了详细分析。他们意识到左翼力量在现阶段的处境较之之前更为艰难，处于传统右翼政党和民粹主义势力的双面夹击。加之长期存在的革命主体在身份认同上的碎片化，在各式民粹主义、种族主义等势力诱惑下摇摆不定，走向不同阵营。资本主义国家的左翼政党长期存在的问题一一被暴露：没有固有的社会基础、去意识形态化、组织混乱、行动力弱等。欧美左翼学者在资本主义批判中就此种种现实状况陷入了沉思。

三、理性反抗极右翼、极左翼

欧美左翼学者在对资本主义逆全球化批判中，对于极右翼势力的批判也是极为深刻并深入的。他们立场鲜明地反对极右翼势力，并深入分析其兴起的原因，从直接原因到深层原因即资本主义内在矛盾作了一一分析。但在批判中，欧美左翼学者也着力思考当前左翼的处境及其发展的困境，他们采取了理性的态度，不仅仅是反抗极右翼民粹主义，而且提醒当前左翼力量应该也要抵抗民粹主义诱惑。这种提醒不仅是对左翼政党，同时也是对左翼学者中的一些思想而提出。特别是一些具有极强的马克思主义立场的马克主义学者清醒地看到，从目前存在的主要左翼思潮看，它们缺少统一的思想前提和价值引领，从而导致对于资本主义的批判是不彻底的，甚至沦为为其做“嫁衣”作用，更不用说在现实中从根本上解决资本主义问题。因此，在现实中遇到挫折、困境，并受到民粹主义的诱惑，极有可能以左翼之名行民粹主义之实。在现实政治中，左翼力量对极右翼民粹主义会出现两种极端的态度。一种是占主流的左翼自由派只会抱怨民众的狂怒如何被“特朗普们”所利用，只会抱怨欧洲反移民的民粹主义者的行为必然导致“政治文化的衰退”——甚至在几年前，富于煽动性的粗俗行为在公共场合还不会被允许，现在却成了家常便饭。另一种是面对民粹主义狂暴的兴起，有些左翼提出如果不能击败他们，那就加入他们。从希腊到法国，在残存的“激进左翼”中正出现一股新的潮流：重新发现民族主义。欧美左翼学者们清醒地认识到，左翼力量若要成功实现创造另一个世界的目的，则必须避免这两种极端态度。

第一，欧美左翼学者理性看待极右翼势力。他们在面对欧美国家长期难入政治主流的极右翼政党群体性崛起，从体制外闯入体制内时，并非将批判矛盾停留于抱怨或道德高位上谴责这些极右翼势力对狂怒的民意的滥用。欧美左翼学者首先清醒地认识到，这些右翼民粹主义潮流是有其背后的引领势力，即非主流的自由主义右翼。正如上文南希·弗雷泽分析的，这些极端民粹主义虽有左右名称区分，但共同反抗的是所谓“进步的新自由主义”，而极右翼民粹主义背后依然是自由主义，只是另类的非主流的自由主义。同时，他们也深入探讨事物本质，分析了为何以“特朗普们”为代表的非主流自由主义右翼能够领航右翼民粹主义，将这一原因与资本主义危机分析紧密结合。在欧美左翼学者看来，不论难民、移民危机还是英国脱欧及极右翼势力的崛起，都是资本主义危机的症状体现，而非原因。他们分析了欧美国家难民、移民危机背后的新自由主义资本主义危机，分析了英国脱欧背后传统主流政党力量下行、资本主义民主困境，分析了极右翼势力的性质。这都是欧美左翼学者对极右翼势力及其引领的口号、政策、纲领性质的理性认识。它们虽然以极端的形式出现，但它们依然是右翼势力主导，且有其存在的深刻原因。其次，欧美左翼学者还警醒地认识到，极右翼势力虽仍是右翼性质，但不能将之与传统右翼政党一概而论，也是因此，他们就极右翼势力的法西斯主义性质展开了争辩。实际上，是更为明确地指出，极右翼势力不仅对欧美国家的秩序造成了冲击，而且有可能产生如当年法西斯主义一样的坏影响。这也是欧美左翼学者不断提醒，谨防极右翼势力走向法西斯主义的下一阶段，做到防微杜渐。

第二，欧美左翼学者指出民粹主义的悖论性。在他们看来，那些将左翼任务定位为从右翼民粹主义手中接过这种狂怒的左翼，其性质跟极右翼民粹主义并没有什么本质的区别。即使他们在努力克服自由派的恐惧并担负起这种民粹主义的狂怒，这重新导向直接的社会—经济斗争：敌人不是外国人，而是统治阶级，是金融寡头统治等。从这一立场来看，他们只是名字的不同，是民粹主义的两种形式，或是“特朗普”或是“桑德斯”，都是回归对政治的对抗性的反建制激情的两种形式而已。欧美左翼学者清醒地指出，新兴民粹主义的自由派批评家没有看到，民众的狂怒并不是普通人的原始主义的信号，而是霸权式的自由派意识形态自身虚弱的信号，这种意识形态已不再能“制造同意”，因而诉求于某种更具“原始主义”功能的意识形态就成为必需。左翼阵营中提倡民粹主义的人并没有意识到“民粹主义”自身所具有的意识形态性质，而将之视为无立场的工具。实际上，民粹主义本身就是资本主义社会中的一种意识形态，它通过将矛盾外移，归因于移民、女性主义者等，从而达到掩盖资本主义社会内部真正存在的阶级矛盾的目的。因此，即使是极左翼民粹主义以满足人民需求为号召，以尊重平民意愿为旗帜，以煽动和动员大众为途径，反对精英政治，倡导大众民主为口号，抢占道德高地和话语权，吸引了选民，但是他们并不认同共产主义、社会主义价值观，迟早会脱离左翼阵营，追随民粹政党而去。欧美左翼学者大多数认可，极左翼政党在本质上并不革命，它们的上台不能代表左翼势力的胜利，其改革政策最终也只会陷入资本主义的改良主义。但大多数人对这一类型政党的发展性质及前景都不确定，认为它可以抵制极右翼势力，并具有强大的发展空间，甚至可能为未来社会主义运动创造有利条件。而欧美左翼学者则是清醒地指出极右翼势力的性质及其进一步发展的危害，但也坚信因为历史上法西斯主义的教训，极右翼势力并不大可能如传统法西斯主义般疯狂发展。但他们还是警告道：极右翼势力是具有危害性的，而且是新式的法西斯主义，与此同时他们也辩证地看出，资本主义社会存在的越发复杂、激烈的矛盾，这也是传统左翼势力发展的机会。因此，左翼势力要避免陷入极左翼旋涡，避免沉浸于后现代主义革命的迷梦，而是要基于资本主义现实，抵制两种极端势力，构建切实有效之替代方案。

第五章

欧美左翼学者资本主义批判理论的评价及其启示

国外左翼研究的范围较为广泛，并具有跨学科特征。欧美左翼学者的资本主义批判理论研究作为国外左翼研究的重要组成部分，是对马克思、恩格斯的经典资本主义批判理论的沿袭、传承，他们的研究范围和视角随着资本主义的变化也更为广泛且多样。但是基于欧美左翼学者中涉及众多学术流派以及不同阶级立场，他们在对资本主义批判过程中提出了许多新概念、新理论，作为马克思主义者的我们应始终坚持以马克思主义的基本立场、观点辩证地看待它们。虽然将欧美左翼学者的资本主义批判理论作为研究对象限制了地域，但他们的研究范围依然比较广泛，涉及人物众多，在书中也不可能一一涉及，只是有重点地进行论述。总而言之，在对欧美左翼学者的资本主义批判理论的具体评价中，应该遵循如下标准：这一理论是否有利于在新的现实情况下进一步坚持和发展马克思主义，是否有利于加强和深化对资本主义的认识，是否有利于进一步探索资本主义替代物——共产主义的发展。在此标准之下，我尝试对欧美左翼学者的资本主义批判理论作一总体性评价，剖析他们的资本主义批判所具有的理论价值、理论局限及带来的启示意义。

第一节　资本主义批判理论的评价

“左翼”一直是个涵盖范围极广的概念，它可以是左翼学者、左翼政党、左翼政治家等。即使单就左翼学者，也包含了各式各样的具有偏左的立场的学者，他可以是马克思主义者，可以是中左派，也可以是极左派，甚至还可以是自由主义左派，而且还是个动态的概念，这些左翼学者随着外面世界的变化或是自身理论的变化，可能随时会转变其理论立场，从而加入或淡出“左翼学者”这个范围。因此，左翼学者的资本主义批判理论也是纷繁复杂的，从前文的长篇大论中即可见一斑，却远不止于此，他们仅仅是基于一个“左”概念而统称在一起，因此，他们的资本主义批判理论有各自存在的理论价值和局限性。但既然将这些欧美左翼学者的批判理论作为一个整体的研究对象，我们就难以就单个左翼学者的批判理论作一一探讨，而只能是从整体上观察他们这一整体在总体上所存在理论价值和局限性，下面仅努力尝试从这两大方面对欧美左翼学者的资本主义批判理论作一总体评价。

一、理论价值

东欧剧变、苏联解体以来，欧美左翼学者的资本主义批判理论承袭了前期的批判理论的传统，呈现为内容的多样性、领域的全面性，对资本主义的批判涵盖了经济、政治、文化、日常生活、生态等方方面面。他们对资本主义的批判较为深刻，且具有较强的针对性，在资本主义批判理论中占有重要地位，取得了重要的理论成就，主要表现在以下几个方面：

（一）对发展马克思主义具有借鉴价值

马克思、恩格斯的经典资本主义批判理论是建立在马克思对唯物史观和剩余价值两大发现的基础上的，马克思分析了资本的本质及其运行规律，揭示了资本逻辑与资本主义的关系，并且从资本主义制度及其生产方式上对资本主义进行了深刻的批判。马克思正是从政治经济学批判的视角科学地揭示了资本主义的历史进步性和剥削性，认为资本主义的社会化大生产促进了生产力的发展，推动了科技的发展，为人类的自由解放奠定了坚实的物质基础，但是由于资本主义私有制的存在，其内在的基本矛盾并没有消除，反而越来越严重，最终导致资本主义走向灭亡。随着资本主义的不断发展，资本主义世界发生了巨大的改变，对马克思主义理论来说，与时俱进的理论创新才是维持马克思主义理论生命力的根本。特别是东欧剧变、苏联解体以来，资本主义世界经历了资本主义全球化的大发展、2008 年的金融危机以及逆全球化现象频发等重大变化。在此期间，欧美左翼学者对资本主义世界的全球化、危机、逆全球化迹象进行了多视角且深入的剖析研究和批判。他们的资本主义批判理论中的新材料、新视角以及经验教训，对于发展马克思主义具有借鉴价值。

第一，欧美左翼学者虽然并不完全是马克思主义学者，但他们的资本主义批判理论在很大程度上与马克思主义的经典资本主义批判理论有一定的相关性，特别是在 2008 年金融危机爆发后。首先，欧美左翼学者坚持了马克思主义的资本主义批判精神。不论仅从资本主义全球化单方面进行批判的数字资本主义、技术资本主义、赌场资本主义，还是深入资本主义全球化本质的新帝国主义批判，都是对马克思主义批判精神的继承和坚持。欧美左翼学者不惧社会主义、共产主义运动处于低潮，始终对资本主义持批判精神。其次，欧美左翼学者继承了马克思主义的批判方法。很大一部分的欧美左翼学者还是坚持从资本主义生产力或经济这一视角出发对资本主义进行分析批判，比如大卫·哈维和埃伦·伍德都是从资本主义的经济去分析批判新帝国主义。特别是金融危机之后，马克思主义的政治经济学批判得到重视和彰显，这都说明了左翼学者坚持了马克思主义历史唯物主义。同时，他们也灵活运用了马克思主义的唯物辩证法，运用矛盾分析法、联系的观点分析批判资本主义全球化、资本主义危机等。第二，欧美左翼学者的资本主义批判理论从批判领域、批判方法、阶级学说上都为马克思主义发展提供了一定借鉴意义。首先，在批判领域上，欧美左翼学者将批判领域进一步扩充，覆盖了资本主义的经济、政治、文化、社会、生态、种族、女权甚至是日常生活。其次，在批判方法上，欧美左翼学者的资本主义批判实现了跨学科批判，他们将马克思主义与地理、生态、西方政治哲学等学科相结合，从而丰富了资本主义批判方法。最后，欧美左翼学者对马克思主义的阶级学说和革命学说进行了变革。他们从资本主义世界变化出发，分析了革命主体的变化，探寻了各式新的革命主体，如跨国无产阶级、新无产阶级、无分之分、人民等。因此，不管从欧美左翼学者具体的理论观点，还是从整体庞杂的资本主义批判理论看，都对马克思主义的发展有一定的借鉴意义。

（二）深化了对资本主义的认识

2017 年 9 月 29 日，习近平总书记在中央政治局第四十三次集体学习时指出，未来回答因世界格局加快演变所产生的大量深刻复杂的现实问题和理论课题，需要我们加强对当代资本主义的研究，分析把握其出现的各种变化及其本质，深化对资本主义和国际政治经济关系深刻复杂变化的规律性认识。

作为对当代资本主义社会进行批判并对全球政治经济格局有着重要影响的政治文化理论，欧美左翼学者的资本主义批判理论大多是在发达资本主义的背景下应运而生的，并通过对资本主义的分析、诊断、反思和批判，试图探索资本主义体系的替代方案，从理论和实践两个方面对现实给出即时的回应。毋庸置疑，欧美左翼学者们对资本主义现实的分析批判为我们加强资本主义研究、把握其变化及本质提供了充足的材料和论据，对于深化资本主义和国际政治经济关系深刻复杂变化的规律性认识有着不可低估的价值和意义。自东欧剧变、苏联解体，即使当时革命运动处于低潮、挫败阶段，欧美左翼学者依然不放弃对资本主义世界的变化进行持续的追踪，并反思资本主义全球化给资本主义带来了何种变化，是否是本质上的改变，探究其背后的资本逻辑。当金融危机爆发，他们及时分析了资本主义危机发生的原因、表现及后果，并探索超越资本主义的方案。在危机爆发后近 10 年时间，资本主义世界并未如预期般复苏，这时左翼学者们抓住了资本主义世界中的逆全球化异象，详细分析并探究欧洲移民危机、英国脱欧、欧美各国极右翼势力崛起等现象背后的原因。这一切都体现了马克思主义基本理论中以发展的眼光看待世界。要想获得对资本主义和国际政治经济关系深刻复杂变化的规律性认识，必须以发展的眼光观察资本主义世界，而欧美左翼学者作为资本主义世界的一员，他们作为有别于右翼观察资本主义世界的另一只眼睛，为此提供了独特的视角，也是对资本主义世界近距离的观察。

（三）对资本主义“替代物”分析探索的启示

马克思主义高度重视人的主体性和创造性，关注个体的解放、阶级的解放和人类的解放。马克思对资本主义的观察和研究最终是为了实现他所说的“每个人的自由发展是一切人自由发展的条件”的共产主义社会。虽然马克思并没有具体描述共产主义社会的管理模式及运行方式，但是共产主义这一理想是基于对资本主义生产方式内在矛盾和危机的分析，从而作出的科学预测。马克思、恩格斯经典资本主义批判理论的重要意义之一也在于此，批判理论不是为了批判而批判，批判理论应是有所展望的，是有目标方向的，而这一目标的确定又是基于对现实的科学分析与批判。欧美左翼学者的资本主义批判理论亦不例外。虽然并不是所有欧美左翼学者都赞同马克思所说的共产主义理想社会，加之共产主义理想的实现也并非一步到位，因此，欧美左翼学者在对资本主义的批判过程中，也对替代资本主义的诸多方案做了有益的探索。他们设想的资本主义替代方案各有不同，从民主社会主义、市场社会主义、生态社会主义到绿色共产主义、网络共产主义等各式共产主义，总体上可以归结为左翼改良与革命的两大传统。不论改良的还是革命的方案，都是欧美左翼学者根据各自的资本主义批判的理论基础和逻辑而提出的改变世界的方案，也都体现了他们对未来人类社会及人类命运的关怀。在欧美社会主义运动低潮期，左翼学者的资本主义“替代物”的分析和探索通过理论对马克思主义者及左翼势力给予心理支撑。由此，也是在这一低潮期，欧美左翼学者的资本主义批判理论中出现了一股“乌托邦”热潮。而在资本主义世界遭遇危机之时，欧美左翼学者的资本主义替代方案则进一步推动了以发达资本主义国家为主导的旧的世界经济政治秩序的松动，为新的世界秩序写下了脚注。不论偏向社会主义革命的还是偏向放弃暴力走依靠选举改良政策的欧美左翼学者，他们的替代方案都具有一定的现实性和合理性，虽然在资本主义现状体系下难以实现，但均是对未来美好社会的良好愿望，并具有一定的前瞻性。

二、理论局限

自东欧剧变、苏联解体以来，欧美左翼学者的资本主义批判理论沿袭了前期资本主义批判理论的优势，对资本主义的批判深入各个方面、领域，而且也尝试从不同视角作进一步的挖掘。由于本书的篇幅和能力所限，对欧美左翼学者的资本主义批判理论的梳理仅仅围绕全球资本主义、资本主义金融危机、资本主义逆全球化三个划时代的事件为主线展开。在对这些重大事件及其影响下的资本主义世界的批判中，欧美左翼学者的资本主义批判理论展示了一定的理论价值。但由于他们所处的时代背景、社会地位、自身理论基础及目的等原因，他们的资本主义批判又具有一些理论局限，这些理论局限主要包括以下几个方面：

（一）难以触及资本主义本质及深层矛盾

自东欧剧变、苏联解体以来，资本主义世界发生了翻天覆地的变化，新技术不断涌现，高度金融化，经济形式非物质化等，甚至有时让资本看起来在占有上社会化、让国家职能公共化，但这些并没有改变资本主义的本质。资本主义社会依然是一个以私有制为基础的社会；资本主义国家的职能是维护少数大资本家的利益，并对外不断实现扩张。因此，马克思关于资本主义基本矛盾的判断，即社会化生产与生产资料的资本主义私人占有之间的矛盾仍然有效。欧美左翼学者自东欧剧变、苏联解体以来，均对资本主义世界的新现象、新事物、新特征发起了批判，并形成了数字资本主义、赌场资本主义、新帝国主义等批判理论。同时，他们也对资本主义存在的各种负面现象及矛盾进行了尖锐批判，批判了金融危机、民主危机、文化危机，指出了人类与自然的矛盾问题。但是欧美左翼学者的资本主义批判往往难以触及资本主义本质及其深层矛盾，他们的批判涉及范围之广、批判的矛盾之多，经常是基于新出现的现象及其所体现的表层矛盾，而非深入资本主义最本质的问题及由此产生的深层基本矛盾。这种理论上的局限性，很大程度上取决于欧美左翼学者自身的阶级立场、受制于资本主义新现象新变化及资本主义制度总体上的强势地位等方面原因。

第一，欧美左翼学者由于存在阶级立场问题及批判方法问题，无法看到资本主义的本质。要想获得对资本主义本质的认识和批判，必须站在无产阶级的立场去观察看待这个社会，才能看到资本主义资本家私人占有这一资本主义本质性问题。有一部分欧美左翼学者批判资本主义，对资本主义存在的弊端进行了深刻分析，但由于其立场依然是资产阶级的立场，只希望在这一制度内对之进行系统的改革，让这一制度更完善。当然，有很大部分欧美左翼学者是从资本主义社会中存在的中下阶层的立场出发，但由于这些学者长期与社会主义实践运动及组织是分裂的状态，他们并不能深入社会中下层被边缘化、被排挤的群体生活中，他们往往是生活于高校系统或杂志社中，从而他们的资本主义批判成为束之高阁的不痛不痒的批判，无法深入资本主义本质。加之这些欧美左翼学者即使有些是马克思主义学者，但他们对资本主义的分析批判并没有完全采纳马克思的阶级分析法，在资本主义新现象新状况的掩护下，对马克思的阶级分析法进行了“改革”，从而丧失了最本质的批判力量。

第二，正是由于欧美左翼学者积极追踪资本主义动态，并对之出现的新现象新影响进行了详细、深刻的剖析，为我们认识资本主义提供了新材料。但是这也产生了它的反面，过于专注于这些新出现的事物、现象以及产生的种种矛盾，反而忘记了或者错过了对最本质的问题的挖掘与批判。资本主义发展日新月异，其弊端与矛盾存在于社会的每个角落，这是欧美左翼学者难以一一企及的，对于这些现象的剖析是为了最终寻得最深的矛盾，从而从源头解决症状。欧美左翼学者的资本主义批判存在的一个问题就是疲于症状的分析批判，即使批判得再动情，却难以伤及资本主义本质。

第三，由于欧美左翼学者长期生活于发达资本主义国家中，深受“资强社弱”力量态势的影响，他们容易对资本主义产生错误的判断。他们很多人都经历了资本主义世界多次从危机中逃脱，甚至迎来新生、繁荣，所以他们中的一些人对资本主义的生命力产生了幻觉，比如保守主义式地看好资本主义。即使目前资本主义遇到了极大的危机，但资本主义长期形成的社会心理和政治霸权对之也产生了很大影响。另一个极端则是，有些激进左翼学者因危机的出现片面强调马克思的“两个必然”，而忽略了“两个决不会”。无论哪种倾向，都是对资本主义本质及矛盾的不正确认识。

（二）基本价值和理论前提上的共识缺乏

目前欧美左翼学者的资本主义批判理论内容丰富多样，对资本主义的批判领域从经济、政治、文化、日常生活、生态等，涵盖了资本主义的方方面面，呈现出“百花齐放，百家争鸣”趋势。但也正是如此，其内部分歧诸多，在基本价值和理论前提上缺乏基本的共识。对于学术而言，可能这是一种积极的好现象，但作为批判理论，其需要互相争论，但更多的是作为最终指导社会实践的理论，它不是束之高阁的学问。从一开始，资本主义批判就不是从理论中来，而是就资本主义的发展变化而来的，最终也不是为了研究资本主义而研究资本主义，而是为了实现人类的最终解放。这种共识的缺乏在当今左翼学者的批判理论中非常明显，这也决定了他们理论批判力度的强弱与否。他们往往各说各话，不能给予资本主义强有力的一击，而是一盘散沙式的攻击。但这个共识缺乏并不是今日才有的，有深刻的历史原因，也有目前的原因，只是目前这种共识缺乏可能具有了新的表现形式。

第一，欧美左翼学者资本主义批判理论缺乏基本价值上的共识。马克思主义之所以能对资本主义进行尖锐、彻底的批判，就在于它具有统一的基本价值导向、坚定的政治立场。马克思主义始终坚持以实现全人类的最终解放为价值导向，坚定无产阶级利益的政治立场，从而对资本主义展开科学分析与尖锐批判。而欧美左翼学者的资本主义批判理论放弃了传统马克思主义的这一统一价值、立场，主张多元价值。由此，多元化成为当今欧美左翼学者的资本主义批判理论的凸显现象。当然，这一多元化现象并非最近才开始，而是由于历史的因素，特别是由西方马克思主义理论在 1968 年“五月风暴”失败之后开启了多样化探索，而东欧剧变、苏联解体之后加剧了这一理论状况。欧美左翼学者在基本价值上持多元价值，有的虽然对资本主义持批判态度，但其意识形态还未完全脱离资本主义，对资本主义制度还是抱有希望，更多的是从改善和维护资本主义制度这一价值导向出发；有的则初衷是为实现更好的社会，但并无明确的所谓的左派纲领，最终使得其资本主义批判理论在客观上沦为为资本主义服务的理论；还有的在价值立场上偏向社会主义或共产主义，但在本质上却是差异极大的价值取向。因此，由于基本价值共识的缺乏，欧美左翼学者失去了统一批判的力度与强度，他们仅仅维持了“左”的虚名。在这种状况下，左与右的区分、进步与保守的区分、激进与反动的区分则成为无意义，与在政治上主张“第三条道路”并无逻辑差异。

第二，欧美左翼学者资本主义批判理论，在理论前提上缺乏共识。马克思、恩格斯的经典资本主义批判理论的理论前提主要是辩证唯物史观和剩余价值规律。正是基于这两大理论前提，马克思主义从历史发展中观察分析资本主义，剖析其生产方式的本质及内在矛盾，揭露出资本家剥削劳动大众的秘密，并科学预测了资本主义最终必然灭亡的命运。而欧美左翼学者大多数放弃了马克思主义的唯物史观及剩余价值规律，即使有些左翼学者依然坚持但却不是一如马克思般的彻底坚定。有的欧美左翼学者如哈贝马斯等在社会主义运动低潮时，宣告马克思主义已“过时”，放弃了宏大历史叙事，从而开启了“后马克思主义”或进入了“后现代历史”。由此形成的资本主义批判理论则是多元化、碎片化的，他们批判的领域、内容更多了，但是常常以偏概全，如以资本主义的某一特征概括其本质，以资本主义的某一危机取代经济危机，等等。而对于剩余价值规律的放弃，欧美左翼学者的资本主义批判理论无法做到打蛇打七寸，不能快、准、精地指出资产阶级特别是发达资本主义国家是如何在核心领域进行剥削的，他们往往是忙于批判资本主义在流通领域、生态、文化、教育、医疗、监管等方面给人民大众带来的痛苦、困扰。这也意味着，欧美左翼学者的资本主义批判理论将成为无止境的批判，而无更多精力用于建设。

（三）批判理论与政治实践的脱节

第一，目前欧美左翼学者的资本主义批判仍处于理论研究状态。欧美左翼学者的资本主义批判理论的这一现状主要是源于在西方马克思主义时期知识分子与工人阶级组织的断裂，从而使这些知识分子对资本主义的批判走向抽象化。到了东欧剧变、苏联解体之后，左翼学者与无产阶级组织的分裂则更为明显，这些左翼学者不再像马克思、恩格斯那样既是思想家又是无产阶级组织的领导者，他们更多的是脱离各种左翼政党组织进入大学系统。加之，在发达资本主义国家，左翼政党基本上无缘成为执政党，因此左翼学者的理论也仅能停留于研究、演讲和思索中。即使这些左翼政党有幸执政，左翼政治家也不会采纳左翼学者关于资本主义的批判理论，因为他们必须得依靠偏右的思想、政策才能获得选票而上台。法国共产党曾多次在选举中获胜，但最终还是因右翼势力的多番阻挠和排挤，无法成为执政党。在现实中，即使具有共产主义性质的左翼政党上台，即便它们也有自己独立的左翼性质的纲领，但它们依然无法改变资本主义国家的性质而使之成为一个社会主义国家。因此，从客观条件上，欧美左翼学者的资本主义批判理论难以在政治实践中发挥其指导作用，理论则与实践相脱节。当然，这一脱节除了客观上左翼学者与左翼政党组织的分裂以及左翼政党的困境之外，其中也包括欧美左翼学者自身对资本主义现实批判的不彻底性，他们无法真正击中资本主义的弊端，并从中提出现实可行并具有建设性的方案。同时，资本主义批判理论与政治现实的脱节更重要的是，可以将理论化作实践的反抗主体即无产阶级在资本主义现阶段并未实现普遍性的“联合”，他们已经丧失了自由资本主义阶段的革命斗志，他们已经被新的生活方式所分裂。

第二，欧美左翼学者以其批判理论的激进性掩盖上述理论在政治实践中的脱节。在总体上，当代欧美左翼学者几乎将资本主义的所有方面都批判了一遍，从资本主义全球化下的跨国生产、数字化、技术到帝国霸权，从金融危机、政治危机、文化危机到生态危机，再从种族主义、民粹主义到极右翼，等等。他们甚至预测新自由主义、资本主义即将走向终结，并提出社会主义结构改革，倡导复兴“共产主义”观念。这一切都使得欧美左翼学者的资本主义批判理论显得十分激进，也让人们看到资本主义世界的可造性以及另一个世界的可期性。欧美左翼学者的批判主题如生态、性别、少数群体等成为主流论题，一些激进左翼学者的激进话语也获得了极大的关注，如齐泽克、巴迪欧、朗西埃等。但值得注意的是，这些批判主题及话语既然已成为主流，即已获得认同，成为所谓的“政治正确”的论题与话语，这意味着这些话语与政治实践的无涉。欧美左翼学者批判了这些主题但却无力主导它们的发展，也无法使之在现实政治中发挥作用。最终这些批判主题和激进话语只能沦为学术领域的探究，虽然激进但充斥着的却是私人的苦恼和焦虑，它们无法成为公共话题和公共实践。正是因为如此，欧美左翼学者的资本主义批判理论一度显得极为激进，以此博得眼球和掩盖他们在政治实践上的无力，但激进过后，发现一切都是苍白的说辞，在危机来临时，他们无法把握改变资本主义社会的机会，而是将有利条件让与极右翼势力。这也正是目前欧美左翼学者的资本主义批判面临的最重要难题。

（四）未来解放的乌托邦性质

批判理论与其他社会科学不一样的地方就在于它具有更强的价值立场，批判的过程中涉及科学的分析，但科学分析的目的在于最终提出理想的解决方案。欧美左翼学者的资本主义批判也的确关注社会现实，对资本主义的全球化、技术、经济、政治、文化、生态等都做了非常深入的分析，提出了一系列试图消除资本主义矛盾并实现个体和人类解放的理论、方案，但由于理论诉求和社会现实之间难以逾越的鸿沟，使他们关于未来解放的方案具有乌托邦色彩，在现实中也无法产生与之相关的政治实践。而这种无法在现实中实现的解放议程和构想，很大原因在于世界格局依然处于“资强社弱”的状态，而且欧美左翼学者均生活于其中，较难不受制于现实形势的影响。仅仅从其自身理论中存在的乌托邦色彩分析，有以下两个主要方面的原因：

第一，对资本主义生产方式进行批判这一视角的丢失或弱化。不论欧美左翼学考们批判的技术资本主义、数字资本主义，还是全球资本主义，其实都离不开对资本主义生产方式的分析。他们虽然在批判过程均有涉及，但并不是像马克思那样将生产方式的分析作为核心。马克思也正是在这个基础上提出了对资本主义的尖锐批判，从而得出资本主义必然灭亡、共产主义必然胜利的结论。虽然马克思对共产主义的具体实现没有具体描绘，但这一未来方向的发展却是一种科学的预判，而不是如空想社会主义那般只是一种乌托邦。当然，在社会科学中应用科学方法和作出未来预测显然要比自然科学领域中困难得多，因为研究的对象是人。加之科学方法也充满了陷阱：人为错误、数据不足、不切实际的假设、结论的不一致。在社会科学领域，这些陷阱可能会更大，因为这些数据较少，政治和意识形态压力也更大。马克思正是凭借对资本主义生产方式这一相对稳定的参数对资本主义进行分析批判，从而得出未来解放的科学方案。如果回避资本主义生产方式这个批判核心，由此得出的解放方案将难以立足，它没有一个如自然科学般可依据的推测基础。这样的批判理论及其提出的解放议程则仅成为某种意义上的学术满足，批判的立场也成为无关紧要的姿态罢了。这也提出了一个引人深思的问题，对于资本主义替代物的思考应该回到马克思主义这一基本的理论中。

第二，对革命主体的探寻出现偏差。对资本主义的批判仅仅是一种理论，理论的批判代替不了物质的行动，而行动关键在于革命主体的主客观条件。欧美左翼学者在对资本主义批判过程中也深刻意识到革命主体对于未来解放的重要性，因此，他们也积极探索在新的历史条件下革命主体的存在和实现。欧美左翼学者中很多其实在他们的资本主义批判中丧失了马克思的阶级分析方法，即使有些坚持阶级分析方法的学者，他们也不再认同现在的革命主体还是马克思当年所说的无产阶级。他们普遍认为，要实现对资本主义的超越，重建先进的社会或新的世界，就必须探寻新的革命主体。在东欧剧变、苏联解体以后，大多数欧美左翼学者对革命主体的构想都转向多元化、偶然性，特别是当代影响较大的激进左翼学者如巴迪欧、朗西埃等。这种多元化的革命主体在理论上看似有很强大的力量，涵盖范围极广，但在现实中是很难实现的，而且他们并没有共同的阶级立场，更不用说在实现变革中需要强大的阶级意识以支撑其行动，最终只能沦为一盘散沙。其实在整个新社会运动中也呈现了这种缺点：力量的涣散，目标的涣散。即使一些左翼学者依然采用“无产阶级”这一词作为革命主体，但都在前面增加了“跨国”“新”“后工业”等，将一些新的群体纳入无产阶级的概念中。这样看似的确是在资本主义条件变化下，这些人成为新的革命主体，但其实他们也存在上述所言的多元化主体的缺陷，他们中的有些人已经在很大程度上被整合进资本主义的生产体系和统治体系中，他们虽有反抗情绪，但这仅限于其利益受损之时，因此他们无法真正成为革命主体。

第二节　资本主义批判理论的启示意义

在上文中我们简要地对欧美左翼学者的资本主义批判理论作了总体评价，指出其具有的理论价值及理论局限。但评价并不是一个理论存在的最终目的，理论最终要落实于实践。而在落实到实践之前，更多的是深思我们从这一理论中得到何种启示，它对我们未来的社会实践起到何种指引作用。欧美左翼学者的资本主义批判虽然有理论局限性，但其对资本主义的批判也启发我们进行很多思考，具有启示意义，下面就从这一理论所揭示的马克思主义的当代适用性、资本主义的历史命运及人类的未来解放三个视角谈一谈它的启示意义。

一、马克思主义在当代仍然适用

东欧剧变、苏联解体后，不仅“历史终结论”甚嚣尘上，关于马克思主义失败论也纷纷兴起，右翼学者高呼资本主义胜利，自由主义胜利，社会主义失败了，马克思主义失败了。针对这些学者及主流媒体对马克思主义的否定和攻击，很多欧美左翼学者的确从多视角去阐述马克思主义理论的正确性及意义，甚至一些之前不是马克思主义的学者也纷纷转身支持马克思主义，如德里达、吉登斯等。但当时的资本主义满血复活，社会主义运动处于低潮，欧美左翼学者对资本主义的批判呈现出反思性、退却性，也从侧面反映了对马克思主义适用性的茫然。但还是有一大批欧美左翼学者，他们始终坚持马克思主义立场，特别是左翼学者中的马克思主义学者，比如在当代有重大影响的马克思主义学者弗雷德里克·詹姆逊，他在1989年之后指出：“将庆祝马克思主义的覆灭与迎接资本主义的最终胜利相提并论，似乎是自相矛盾的。因为马克思主义恰恰是关于资本主义的科学，其认识论的使命在于，以无与伦比的能力来描述资本主义的历史独创性，以政治的和预见性的禀赋来揭示资本主义的根本结构性矛盾。”[①] 因此，马克思主义对于资本主义的批判始终是与资本主义相伴随的，只要资本主义制度没有灭亡，马克思主义就不会失败；只要资本主义的基本矛盾没有改变，马克思的批判就依然有效。近些年，欧美左翼学者对于资本主义的批判中心转移到资本主义世界中心的英国和美国，也正是这种表现。同时这也在欧美左翼学者的资本主义批判理论中得到验证，他们的批判理论说明了马克思主义在当代仍然适用，依然是资本主义批判的重要工具。这种适用性具体体现为如下三个方面：

---

① F. Jameson, *Valences of the Dialectic*, London: Verso, 2009, p.551.

（一）马克思主义仍是解读时代问题的科学理论

马克思主义作为科学的理论体系，并不因东欧剧变、苏联解体而丧失科学性。2008 年金融危机爆发后马克思主义在西方国家复兴，再次证明了马克思主义的正确性和有效性。它对资本主义的内在矛盾和资本主义周期性危机的科学分析，依然适用于解释分析当前的资本主义危机。每当资本主义陷入危机或需要对其进行反思时，不论左翼还是右翼，他们都会回到马克思主义理论，从中寻找认识和改造资本主义的智慧。实际上，马克思在资本主义发展初期就对资本主义社会性质有了准确的认识和判断。他在《共产党宣言》中将资本界定为非个人力量而是一种社会力量，并科学预测了资本主义的未来走向，其描述的全球化的资本主义正是目前所处的环境。当然，马克思主义的发展经历一波三折，资本主义世界也发生了极大改变，马克思主义还能适用于当代并不是由于马克思的所有话语都是未过时的，而在于其对立面——资本主义在根本性质上未发生改变，它的基本矛盾也没有改变，因此马克思主义对资本主义总体上的认识与批判并未过时。在现实中，当今世界依然需要马克思主义作为前进的路标，因为马克思主义的意义不仅在于其对资本主义的透彻分析与批判，而且在于它的理论旨趣在当今世界仍代表了人类的最高境界，即实现全人类的解放。

（二）坚持和发展马克思主义

欧美左翼学者的资本主义批判理论虽然对于马克思主义发展具有借鉴意义，但它在理论上又存在基本价值和理论提前共识的缺乏，从而无法对资本主义实现透彻的批判。这就要求我们对马克思主义既要发展也要坚持，坚持的同时再发展，并且对于哪些是基本观点、基本立场、基本原理等需长期坚持和严格遵守的，哪些是依据实际情况的发展变化而不断与时俱进的部分有清晰的界定和判断。坚持马克思主义的基本观点、基本立场和基本原理可以解决欧美左翼学者资本主义批判理论缺乏基本价值和理论前提共识的问题。

首先，是要坚持科学社会主义的两大理论基石：唯物史观和剩余价值学说。唯物史观是马克思的“第一个伟大发现”，是马克思主义者分析和考察资本主义、社会主义和共产主义的科学世界观、方法论。《资本论》就是以唯物史观为指导分析资本主义社会的范例。剩余价值学说是马克思经济理论的基石，它包含的许多思想观点是我们认识资本主义社会本质和当今资本主义世界发展变化的锐利思想武器。其次，坚持“两个必然”和“两个决不会”思想，这是马克思考察人类社会发展的一般规律和资本主义社会发展的特殊规律得出的基本结论。最后，坚持资本主义社会基本矛盾理论，资本主义生产方式中生产力与生产关系之间的基本矛盾支配着资本主义社会产生、发展直到灭亡的整个过程。而除了上述基本理论外，要正确坚持马克思主义就必须在实践过程中不断地结合新的经验丰富和发展马克思主义。欧美左翼学者在理论方向、研究方式、阐释路径上为马克思主义的丰富发展给出了极大的启示作用。首先，关注资本主义世界不断发展的新动态，以马克思主义作为理论工具，对资本主义社会的阶级关系、国家职能、基本矛盾新的表现形式等理论作出丰富和发展。其次，在研究方式上，实现跨学科融合，不断吸取其他学科的优秀成果，增强资本主义批判的力度。最后，在阐释路径上，尽可能地实现阐释路径的多元化，而在多元包容中实现马克思主义的整体构建。

（三）实现理论与实践的统一

欧美左翼学者的资本主义批判理论与政治实践的脱节，使这一理论的威信大打折扣，在现实中无用武之地。这就警示我们，要实现理论的真正价值，必须将理论与实践相统一。而实现理论与实践的统一也是马克思主义理论的基本要求，而非仅仅做一个学院派。马克思本人对于仅仅停留于理论层面的所谓“唯物主义”也是持批判态度的，他在《关于费尔巴哈的提纲》中就提出了警示，不是如哲学家们做得那样仅仅用不同的方式解释世界，而是在于改造世界。正确的理论只能源于实践并立足于实践，而理论要发挥作用，就必须应用于实践，成为实践的一部分，并在实践中经受检验。资本主义批判理论在理论层面上，已经突破了理论的反映品格，成为批判品格，而只有与实践相结合才能实现其改造品格。而且就历史的总体发展过程，它是一个不断实践的过程，由无数实践构成一部历史，在这一历史中，理论与实践又是相互交织的。理论总是在实践活动中对实践起着指导作用，而不是外在于实践的。对于资本主义批判理论而言，它反映的不仅仅是资本主义世界的现状，而是要实现对这种不良现状的变革。为了实现这种变革，资本主义批判理论的批判家首先应该与国际、国内的左翼政党、左翼组织，特别是共产主义性质政党、组织再次产生联系，而非彻底的分裂。因为目前左翼政党及相关组织是在资本主义国家中进行社会主义革命或运动的较好中介，也是能够将左翼力量凝聚起来的有效组织。同时需要对欧美左翼学者的资本主义批判理论在人民群众中的影响力作出客观、冷静的分析，倡导其从象牙塔重新走进民间。重新树立资本主义批判理论在群众中的威信，允许群众自己思考。只有如此，理论的武器才能真正被人民群众所掌握，从而转化为物质的武器。

二、资本主义的历史命运没有改变

欧美左翼学者作为资本主义世界中的另一种声音，对于我们认识资本主义提供了独特的视角，让我们可以更身临其境地倾听生活在资本主义制度下与右翼相对的另一种对资本主义认识的声音。自东欧剧变、苏联解体以来，欧美左翼学者对资本主义的批判也经历了一个从反思到激进再到反思的过程，但在整个过程中，不论态度是否处于相对保守、退却还是激进或是最后的更为审慎，他们始终坚持对资本主义的批判态度、立场。即使在 20 世纪 80、90 年代之交，世界社会主义出现了前所未有的严重曲折，即社会主义从一国实现到多国发展并且一路蓬勃发展，经历东欧剧变、苏联解体受到了极大的削弱陷入了低谷。而在20世纪矛盾重重不断变迁的资本主义世界却由于新自由主义模式的采用获得了生机，不论西方政要还是右翼思想，都一改往日的悲观，高调宣扬“历史的终结”。在这种情况下，欧美左翼学者们依然坚持对资本主义持续不断地批判。在他们的批判中，我们可以得出一个深刻的启示就是：资本主义不论处于顺境还是处于逆境，它的历史命运都没有改变——马克思、恩格斯所揭示的资本主义必然灭亡、共产主义必然胜利的历史趋势没有改变。

（一）资本主义并不是永恒的制度

西方右翼学者出于意识形态功能，在东欧剧变、苏联解体后高调宣扬“历史终结论”，其理论基础在于将资本主义定位为永恒的制度，认为资本主义是自然规律的体现，今后的发展都是资本主义的进一步普遍化和完善化。但这一言论和理论基础均未能经受住时间的考验，2008年的金融危机给予其重大一击，证明了资本主义并不是最好的制度，它也并不会永恒存在。虽然目前资本主义发展的未来走向并不是很明朗确定，但是其发展趋势是不断走向衰落，无法走出危机的魔咒。资本主义在现阶段与马克思所处时代的资本主义的确发生了翻天覆地的改变，出现了数字资本主义、全球资本主义、资本主义逆全球化等新事物、新现象。但是通过欧美左翼学者的资本主义批判，我们认识到，尽管资本主义在发展模式、剥削形式、资本扩张等方面都发生了变化，但是其资本主义本质并未发生改变。即使资本主义宣扬科技可以解决一切，借助科技革命及进一步对外扩张等方式都只是资本主义的自我调节，只是对资本主义重重矛盾的修补。修补或许可以延长其存在的寿命，但抛弃这种破败不堪的制度则是早晚之事。从大的发展方向判断，我们依然处在马克思所指明的历史时代，资本主义的基本矛盾并没有改变，人类历史演进的趋势也不会发生变化。因此，马克思、恩格斯关于资本主义必然灭亡、共产主义必然胜利的判断依然有效。而且生产的社会化与生产资料的私人占有之间的矛盾并不会随着资本主义的发展得到解决，而是在不断扩大，并且最终将突破资本主义制度的外壳，让资本主义这一阻碍生产力发展的生产关系为适应其发展的生产关系所替代。欧美左翼学者对于资本主义制度的永恒性也均持批判态度，并建立在充分说理的基础上。如英国著名国际政治经济学家苏珊·斯特兰奇提出："美国世纪将会悲哀、痛苦地结束。"①《帝国》一书的作者哈特和奈格里要人们牢记："我们不能把帝国的败落视为偶然，而应视其为必然。"②

（二）经济全球化将是对资本主义的否定和扬弃

经济全球化从其性质看具有双重属性：一方面它是生产力发展的必然结果，这体现了其自然属性；另一方面它从一开始是由资本主义开启并主导的，这体现了其社会属性。因此，经济全球化的发展过程是客观上发展规律的体现，也是资本主义主观推进的结果。它为资本主义的进一步发展和扩张提供了空间，消除了障碍，特别是东欧剧变、苏联解体后，更进一步达到资本主义全球化的发展顶峰。因此，经济全球化在资本主义生产方式范围内，促进了资本主义的发展，为其增加了发展空间，并缓和了国家内部矛盾，延长了整个资本主义制度的寿命。但同时，这一发展过程也是资本主义固有矛盾的进一步激化和扩展，为以后资本主义内在矛盾的爆发埋下了更大的定时炸弹。随着经济全球化的发展，资本主义基本矛盾从发达资本主义国家扩展到发展中国家，小到工厂的组织性生产与社会生产的无政府状态间的矛盾，大到跨国集团的有序生产与世界市场的无序发展之间的矛盾。资本主义世界的金融危机由一国到多国，全球经济处于紧密相连的状态，特别是作为资本

① ［英］苏珊·斯特兰奇：《赌场资本主义》，李红梅译，社会科学文献出版社 2000 年版，第 222 页。

② ［美］迈克尔·哈特、［意］安东尼奥·奈格里：《帝国》，杨建国、范一亭译，江苏人民出版社 2003 年版，第 202 页。

主义世界最大经济体美国的一个喷嚏可能导致其他国家的重感冒。与此同时，发展的不平衡和两极分化更为明显，从国内到国际，发达资本主义国家为了攫取更大的利益，甚至进一步制造这种落差和分化。这些国家不惜采取经济以及各种超经济手段如单边主义、新干涉主义等实现其目的，从而导致全球性问题日趋严重。资本主义主导下的全球化是有利于少数群体的，大多数人都在为少数群体的利益做牺牲，它的发展从人道主义而言是不合理的，这是基于目前全球化的资本主义性质而言的。但是我们还应该看到，经济全球化的发展趋势将是对资本主义的否定和扬弃，这是基于全球化发展的自然属性而言的。首先，基于马克思、恩格斯对全球化发展的历史趋势的科学预测，全球化一开始是由资本主义和资产阶级占主导，但最终将由共产主义所替代。因为资本的全球化改变了过去生产资料和人口分散的状态，可以让资本集中于少数人手中，这为政治的全球化奠定了基础，也是为共产主义的实现创造了有利条件。同时，资本主义全球化创造了生产力的快速发展，也为共产主义的实现提供了物质基础。其次，资本主义经济全球化发展过程中也在不断孕育出社会主义因素。共产主义或社会主义最终替代资本主义并不是瞬间的，而是一个过程，社会主义因素是在资本主义社会中不断孕育和积累起来的。资本主义在推进全球化过程中，不断呈现出管理的社会化、资本占有形式的一些社会化、国家职能社会化、社会生活福利化等具有社会主义萌芽的因素。这些新变化也是资本主义为了进一步获取利益及应对其危机与问题所采用的手段，意味着全球化正在否定资本主义，创造着扬弃资本主义生产方式的新的经济因素。目前资本主义世界出现了各种逆全球化迹象也正是这一反映，西方学界对资本主义主导的全球化均产生了质疑，纷纷倾向于这样的观点：全球化依然是发展的方向，但不再是资本主义所主导的全球化。

（三）资本主义种种弊端根源于资本主义制度本身

资本主义在发展过程中存在种种弊端，欧美左翼学者对这些弊端也进行了详细的分析批判，不论由资本发展导致的两极分化、贫富差距还是由资本主义剥削形成的劳动异化以及生态问题，都是有目共睹的。他们中的一些人并不否认资本主义社会中存在的种种弊端，但他们却否认这种弊端是由资本主义制度所造成。他们会基于目前发展中的社会主义国家指出其也存在贫富分化问题、生态问题等，而为资本主义的“不完美”辩护，并不从根源上思索这种“不完美”是否是资本主义制度下的必然性。社会主义国家目前发展的确还不够完善，但很多问题在未来制度不断完善的过程中将逐一得到解决。资本主义社会中存在的种种弊端其根源在于资本主义制度本身，因此它的这些弊端都是在其制度范围内无法解决的痼疾，要想解决这些问题，必须彻底抛弃这一制度。比如资本主义无法解决物质不断丰裕与人们的普遍贫困的矛盾，资本的相互竞争扩大了物质的生产，同时也扩大了工人的失业率，特别是科学技术的使用更加剧了这一发展趋势。资本主义也无法从根源上解决南北差距、生态危机、恐怖主义等问题，这些都是由于资本的贪婪而不断制造出来的，失去了这些差异、生产成本的环境外化与空间转移以及对第三世界国家的超经济干涉，资本主义将失去其继续生存、发展的土壤。因此，资本主义社会中的弊端与资本主义制度的存在是果与因的关系，若想在这范围内解决这些矛盾则是一种悖论。欧美左翼学者的一些批判虽然没能彻底地触及资本主义的本质和根本矛盾，但是他们的批判也给予我们深刻的启发。他们不论对资本主义的经济危机、政治危机、社会危机、生态危机、文化危机进行批判，还是对逆全球化现象进行批判，始终都将这些问题的分析批判与资本主义制度联系在一起。比如对于经济危机性质的判断，随着危机的不断发展，欧美左翼学者普遍认为，这是一场资本主义结构性危机，而不仅仅是一场金融危机或实体经济危机。福斯特对于生态问题的批判给人以深刻的印象，其批判的深刻性也正是在于他立足于马克思主义的基本观点，将生态问题与资本主义制度的批判紧密联系在一起，认为只要资本主义制度不推翻，也就无法解决生态矛盾。正是欧美左翼学者不仅仅揭示资本主义社会的各种弊端，而且将之与资本主义制度联系在一起分析批判，从而展示出其批判理论的一定的深刻性。与此同时，也让更多人深思：仅仅批判资本主义社会中存在的零散的、局部的现象是无法真正做到认识资本主义本质的，这种批判也是无力的，甚至可能误导人们认为资本主义的矛盾只是特定阶段的偶然现象。因此，我们不仅要追踪认识资本主义新出现的问题和一些新改变，而且不能离开资本主义的本质来看待资本主义的新改变。

三、社会主义、共产主义是另一种选择

随着 2008 年金融危机的爆发及持续，资本主义世界乱象丛生，虽然已经很少再看到有人公开宣扬“历史终结论”或“别无选择”论，但在心底仍赞同这一说法的则大有人在。因为他们往往将资本主义发生的弊端、矛盾看作偶然的，认为只是统治者的一些失误，只要在制度范围内稍加调整即可。但欧美左翼学者对资本主义的批判破除了这一观点，他们始终将资本主义弊端批判与资本主义制度相联系。同时他们还尽可能地驳斥“别无选择”论，论证“另一种选择”的可能性，并指出“另一种选择”也是必要的。他们的资本主义批判理论在不同程度上展望了“另一种选择”的可期性，希望人们可以真正逃离资本主义的剥削与控制，从而进入另一个世界。欧美左翼学者中的大多数明确地把这“另一种选择”理解成了社会主义、共产主义。即使他们的社会主义、共产主义概念与马克思、恩格斯提出的社会主义、共产主义存在一定差异，但是都指明一个方向和思路，即社会主义、共产主义是替代资本主义的另一种选择。

（一）“另一种选择”的可能性

对于论证“另一种选择”是可能的，欧美左翼学者首先驳斥了资本主义

的“历史终结论”。这一论断在东欧剧变、苏联解体时压垮了一些左翼势力和社会主义运动的浪潮。欧美左翼学者还是一如既往地对资本主义持批判态度，深入资本主义的变化反思这场剧变的内在原因。他们始终坚信，苏联的失败不代表社会主义的失败，即使有些左翼学者发生了阵营转变，但大多数人还是相信苏联不等于马克思主义，这次的挫折也只是马克思主义的危机。欧美左翼学者更多的是寻找新的方法、路径去研究分析资本主义，从而探究未来的可能。而随着历史的发展，“历史终结论”已经不攻自破了，特别是 2008 年金融危机之后，证明了资本主义制度并不是最完美的制度，它的危机会周期性爆发，这根源于它制度本身的基本矛盾，这是其制度本身无法根本克服的，每次对危机的拯救都只能起延缓作用。其次，驳斥了资本主义的“别无选择”论。“别无选择”是由撒切尔夫人公开提出的，认为即使资本主义制度不是最美好的，但目前并没有更好的选择可以像资本主义这样推动人类社会发展。正是在这一论断的鼓励下，她与西方的其他政要一起，在把东方的一大批社会主义国家“和平演变”为资本主义社会的基础上，又借助资本主义的全球化，企图把西方的资本主义制度推及整个世界。欧美左翼学者则认为寻找另一个世界是可能的，因为资本主义社会声称能满足公正、效率、民主等要求，而当今资本主义社会在这条路上越走越远。因此，“另一种选择”之所以可能，就在于它能满足这些要求。最后，欧美左翼学者认为资本主义的发展一方面为“另一种选择”积累了物质条件，另一方面它加剧了人类的不平等，这也为它的灭亡打造了抵抗力量。物质加人力，“另一种选择”则不仅是可能的，也是可行的。

（二）“另一种选择”的必要性

“另一种选择”的可能性是有需要且有条件的，而必要性则是不得不。欧美左翼学者主要从三个方面指出“另一种选择”的必要性。首先，资本主义重重危机与矛盾并不是因为一些政策的失策或领导人的失误所导致，正如欧美左翼学者在上文所分析的，其根源在于资本主义制度。因此，如若要从根上彻底解决资本主义危机，就必须放弃资本主义制度，而非仅仅对之进行修修补补的行为，如调整利率、扩充债务、扩大虚拟经济等。只有选择另一种与资本主义制度截然不同的制度才能摆脱资本主义的危机与困境，社会主义、共产主义则成为必要选择。其次，资本主义打着“普适性”的外衣行帝国主义之实。欧美左翼学者对新帝国主义批判，揭露了发达资本主义国家使用维护“普遍利益”旗帜为自己谋求特殊利益的真相。正如埃伦·伍德指出的，帝国主义者之所以实施全球化，其根本目的在于确立自己的全球化优势，并不是为了所谓的“帮助”发展中国家发展经济变得强大。他们的最终目的是要使得这些国家在面对资本主义法则时弱不禁风，使其永远处于资本主义主导的国际秩序的底部。目前资本主义世界频发的逆全球化现象也给一直推行全球化的资本主义狠狠打了一巴掌。而要改变目前的不平等秩序，必须进行另一种选择，实行新的公正的国际政治经济秩序。最后，资本主义制度贪婪的本性打破了人类生存的底线，生态危机的持续让人类无法再继续生存下去。生态环境问题已经不再是单个地区或国家的问题，已经发展为全球共同面临的问题。欧美左翼学者都深刻认识到生态问题与资本主义制度的根本联系，在资本主义盈利降低的情况下，资本家一定会从自然界中降低成本，只要资本主义依然存在，其营利性本质就不会改变，环境问题也不会彻底得到解决。因此，所谓的“绿色资本主义”“生态资本主义”等都是一场悖论。在生态灾难面前，人类面临的生死存亡，只有社会主义的可持续发展、生态友好、人与自然和谐相处的特征才能解救目前不断恶化的生态危机。因此，不论从资本主义危机的根源还是资本主义的普世价值的欺骗性和全球生态危机，都显示着“另一种选择”的必要性和必然性。

（三）社会主义、共产主义的可期性

早期社会主义作为一种批判、否定资本主义的“空想”思潮而发轫，体

现了早期无产阶级对改变现状的呼吁和构建美好新生活的理想，成为早期无产阶级意识和利益的先声。马克思和恩格斯在新的历史条件下，以唯物史观和剩余价值学说为基础，揭示了人类历史发展的规律和资本主义剥削的秘密，实现了从空想社会主义到科学社会主义的超越。欧美左翼学者面对资本主义新的变化与条件，也纷纷提出了各自的资本主义替代方案，其中就有很多以社会主义命名的，如早期西方马克思主义学者柯尔施的实践社会主义、马尔库塞的自由的社本主义、现代英国马克思主义学者卡利尼克斯的社会主义民主社会等。这些都表明了，欧美左翼学者在面对资本主义的危机、困境及带给人类的痛苦时，对各式社会主义作为“另一种选择”的美好希望与向往。他们坚信社会主义、共产主义是可期待的，也是有其现实意义的。激进左翼学者在资本主义批判理论中以复兴共产主义观念为逻辑起点，在理论上对共产主义进行了操练。他们基于资本主义现状，探讨共产主义的理念、潜在可能、激进政策等。可以说，复兴“共产主义”观念已经成为激进左翼学者的鲜明旗帜，从立场上表明了他们的政治态度，也从心理上巩固和强化了左翼们对社会主义、共产主义的信念。值得关注的一个方面是，欧美左翼学者在2008年金融危机之后更多地认可了马克思主义的科学社会主义，但由于他们前期对于资本主义替代方案中具有乌托邦性质，他们中出现了将科学社会主义与乌托邦相结合的倾向。之所以出现这种倾向，很大程度上是由于欧美左翼学者的资本主义批判理论中的多元化特征，他们既认同“乌托邦社会主义”在资本主义批判中的作为希望寄托的意义，同时也理性考虑到马克思主义基于资本主义生产方式预判的科学社会主义的现实意义。他们将二者相关联，从而产生了二者的融合，形成了具体的、现实的乌托邦。只要资本主义一直存在，其自身所固有的矛盾就无法解决，那么处于资本主义对立面的社会主义、共产主义就具有可期性，是人们所期待实现的“另一种选择”。

上面我们从三个大的方面概括了欧美左翼学者对当今资本主义的批判给

予我们的启示。当然还可以继续列举下去，但主要是这三大方向。我们深信，只要认真研究这些左翼学者对当今资本主义的批判的具体论述，就一定会为其坚韧不拔的批判立场，为其审视资本主义的洞察秋毫的目光，为他们对资本主义鞭辟入里的分析所震撼和感动。这里必须指出的一点是：这些欧美左翼学者的资本主义批判理论自身存在着很大的片面性，但他们对资本主义的分析批判也可以纠正我们对资本主义认识上的一些片面性。因此，我们应始终站在马克思主义立场上，辩证看待欧美左翼学者的资本主义批判理论，对这些理论，既要学习也要批判。

参考文献

中文文献：

中文著作：

《马克思恩格斯文集》第1—10卷，人民出版社2009年版。

《马克思恩格斯选集》第1—4卷，人民出版社2012年版。

曹泳鑫编：《马克思主义研究报告（2014—2015）》，人民出版社2015年版。

曹泳鑫编：《马克思主义研究报告（2016—2017）》，人民出版社2017年版。

陈学明、俞可平等：《用另一只眼睛观察资本主义》，重庆出版社2009年版。

陈学明：《驶向冰山的泰坦尼克号——西方左翼思想家眼中的当代资本主义》，人民出版社2008年版。

陈学明:《走近马克思——苏东剧变后西方四大思想家的思想轨迹》，东方出版社 2006 年版。

胡大平:《后革命氛围与全球资本主义》，南京大学出版社 2003 年版。

黄楠森、庄福龄、林利:《马克思主义哲学史》第 8 卷，北京出版社 1990 年版。

李惠斌、叶汝贤编:《当代西方资本主义研究》，社会科学文献出版社 2006 年版。

李惪斌、叶汝贤编:《马克思主义研究的前沿问题》，社会科学文献出版社 2006 年版。

李慎明编:《世界社会主义跟踪研究报告》，社会科学文献出版社 2006 年版。

鲁克俭:《国外马克思学研究的热点问题》，中央编译出版社 2006 年版。

孙伯鍨、侯惠勤:《马克思主义哲学的历史和现状》上、下卷，南京大学出版社 2004 年版。

王辉耀、苗绿编:《全球化 VS 逆全球化》，东方出版社 2017 年版。

吴晓明编:《国外马克思主义研究报告（2014）》，人民出版社 2015 年版。

吴晓明编:《国外马克思主义研究报告（2015—2016）》，人民出版社 2017 年版。

吴晓明编:《国外马克思主义研究报告（2017）》，人民出版社 2018 年版。

吴晓明编:《国外马克思主义研究报告（2018）》，人民出版社 2019 年版。

徐崇温:《当代资本主义新变化》，重庆出版社 2004 年版。

徐崇温:《西方马克思主义论丛》，重庆出版社 1989 年版。

于海青:《资本主义向何处去?》，中国社会科学出版社 2017 年版。

俞可平编:《马克思主义研究论丛》第 2、3、4 辑，中央编译出版社 2006 年版。

俞可平编:《全球与全球化问题》,中央编译出版社 2006 年版。

俞吾金编:《国外马克思主义研究报告(2007)》,人民出版社 2007 年版。

俞吾金编:《国外马克思主义研究报告(2008)》,人民出版社 2008 年版。

俞吾金编:《国外马克思主义研究报告(2009)》,人民出版社 2009 年版。

俞吾金编:《国外马克思主义研究报告(2010)》,人民出版社 2010 年版。

俞吾金编:《国外马克思主义研究报告(2011)》,人民出版社 2011 年版。

俞吾金编:《国外马克思主义研究报告(2012)》,人民出版社 2012 年版。

俞吾金编:《国外马克思主义研究报告(2013)》,人民出版社 2013 年版。

张一兵:《文本的深度耕犁》第 3 卷,中国人民大学出版社 2019 年版。

张一兵编:《当代国外马克思主义哲学思潮》上、中、下卷,江苏人民出版社 2012 年版。

张一兵编:《资本主义理解史》(6 卷本),江苏人民出版社 2009 年版。

庄福龄等:《马克思主义史》第 1 卷,人民出版社 1996 年版。

[德]爱德华·伯恩施坦:《社会民主党内的修正主义》,史集译,生活·读书·新知三联书店 1963 年版。

[德]海因里希·盖瑟尔伯格编:《我们时代的精神状况》,孙柏等译,上海人民出版社 2018 年版。

[德]卡尔·考茨基:《民族国家、帝国主义国家和国家联盟》,何疆、王禺译,生活·读书·新知三联书店 1963 年版。

[德]卡尔·考茨基:《唯物主义历史观》第 1、2、4、5 分册,上海人民出版社 1964 年版。

[德]卢森堡:《资本积累论》,彭尘舜等译,生活·读书·新知三联书店 1959 年版。

[德]鲁道夫·希法亭:《金融资本》,福民等译,商务印书馆 1994 年版。

[法]居伊·德波:《景观社会》,王昭风译,南京大学出版社 2006 年版。

［法］米歇尔·博德:《资本主义史》，吴艾美等译，东方出版社 1986 年版。

［法］让·波德里亚：《消费社会》，刘成富、全志钢译，南京大学出版社 2006 年版。

［美］艾伦·伍德：《资本的帝国》，王恒杰、宋兴无译，上海译文出版社 2006 年版。

［美］伯特尔·奥尔曼：《辩证法的舞蹈》，段忠桥主编，高等教育出版社 2006 年版。

［美］大卫·哈维:《希望的空间》，胡大平译，南京大学出版社 2006 年版。

［美］戴维·施韦尔特：《反对资本主义》，李智、陈志刚等译，中国人民大学出版社 2008 年版。

［美］约翰·贝拉米·福斯特：《马克思的生态学》，段忠桥译，高等教育出版社 2006 年版。

［美］约翰·贝拉米·福斯特：《生态危机与资本主义》，耿建新译，上海译文出版社 2006 年版。

［美］约瑟夫·E. 斯蒂格利茨：《全球化逆潮》，李杨等译，机械工业出版社 2019 年版。

［斯洛文尼亚］斯拉沃热·齐泽克：《暴力：六个侧面的反思》，唐健等译，中国法制出版社 2012 年版。

［意］杰奥瓦尼·阿瑞基：《漫长的 20 世纪》，姚乃强等译，江苏人民出版社 2001 年版。

［英］安东尼·吉登斯：《第三条道路》，郑戈译，北京大学出版社 2000 年版。

［英］安东尼·吉登斯：《资本主义与现代社会理论——对马克思、涂尔干和韦伯著作的分析》，郭忠华、潘华凌译，上海译文出版社 2007 年版。

［英］戴维·麦克莱伦：《马克思以后的马克思主义》，余其诠等译，中国

社会科学出版社 1986 年版。

［英］梅格纳德·德赛：《马克思的复仇》，汪澄清译，中国人民大学出版社 2016 年版。

［英］佩里·安德森：《思想的谱系：西方思潮左与右》，袁银传等译，社会科学文献出版社 2010 年版。

［英］佩里·安德森：《西方马克思主义探讨》，魏章玲等译，人民出版社 1981 年版。

［英］唐纳德·萨松：《欧洲社会主义百年史：二十世纪的西欧左翼》，姜辉等译，科学社会出版社 2008 年版。

中文论文：

陈学明：《批判与超越——“西马”学者及西方左翼思想家关于当代资本主义研究的启示》，《上海大学学报（社会科学版）》2008 年第 3 期。

蓝江：《论巴迪欧对阿尔都塞的社会变革理论的批判性继承》，《社会科学辑刊》2010 年第 11 期。

刘怀玉、陈培永：《自治主义马克思主义大众政治主体的构建》，《马克思主义与现实》2009 年第 4 期。

吕清平、蔡大平：《西方学界关于巴迪欧思想研究综述》，《国外理论动态》2010 年第 6 期。

倪端华：《霍克海默技术批判理论探析》，《国外社会科学》2008 年第 1 期。

汪行福：《伦敦“共产主义观念”大会的透视与反思》，《中国社会科学报》2010 年第 3 期。

王才勇：《承认还是再分配？——从霍耐特到弗雷泽》，《马克思主义与现实》2009 年第 8 期。

王才勇：《从哈贝马斯到霍耐特——批判理论的现代转型》，《毛泽东邓小平理论研究》2009年第5期。

杨生平：《佩里·安德森〈现代性的起源〉析》，《马克思主义研究》2009年第9期。

仰海峰：《鲍德里亚的"诱惑"概念》，《哲学动态》2008年第1期。

［爱尔兰］M. 库克：《意识形态批判的合理性：对拉克劳意识形态的反思》，程晓萱译，《世界哲学》2009年第1期。

［美］杰瑞·哈瑞斯：《跨国资本：左翼的新挑战》，刘静译，《当代世界与社会主义》2014年第3期。

［美］查理德·沃尔夫：《意识形态国家机器、消费主义和美国资本主义：左派的教训》，吴昕炜译，《学术研究》2008年第6期。

［美］南希·弗雷泽：《女性主义、资本主义和历史的狡计》，周穗明译，《世界哲学》2009年第3期。

［美］瓦迪·哈拉比：《世界金融危机是资本主义的"生产过剩危机"》，周岳峰译，《马克思主义研究》2009年第6期。

［英］亚历克斯·科林尼克斯：《激进左翼往何处去？》，张寒译，《当代世界与社会主义》2009年第6期。

［英］亚历克斯·科林尼克斯：《马克思主义对当代资本主义的批判》，臧峰宇译，《马克思主义与现实》2011年第5期。

［英］亚历克斯·科林尼克斯：《评齐泽克的激进左翼政治理论》，曾志浩译，《现代哲学》2008年第3期。

外文文献：

外文著作：

Alain Badiou, *Metapolitics*, trans. Jason Baker, London and New York:

Verso, 2005.

Alex Callinicos, *Deciphering Capital*, London: Book-marks, 2014.

Antonio Negri and Raf Valvola Scelsi, *Goodbye Mr. Socialism*, New York: Seven Press, 2008.

Bidet Jacques, *Critical Companion to Contemporary Marxism*, Leiden: Brill, 2007.

Bidet Jacques, *Exploring Marx's Capital*, Leiden: Brill, 2007.

Bronner Stephen Eric, *Critical Theory: A Very Short Introduction*, New York: Oxford University Press, 2011.

David Harvey, *Space of Hope*, Edinburgh: Edinburgh University Press, 2000.

David Harvey, *The Limit to Capital*, Chicago: the University of Chicgo, 1982.

Douglas Kellner, *Critical Theory*, Cambridge and Baltimore: Polity Press and Johns Hopkins University Press, 1989.

Fredric Jameson, *Valences of the Dialectic*, London: Verso, 2009.

Gerard Delanty, *The Cosmopolitan Imagination: The Renewal of Critical Social Theory*, New York: Cambridge University Press, 2009.

Giovanni Arrighi, *Adam Smith in Beijing: Lineages of the Twenty-First Century*, London and New York: Verso, 2007.

Helmut Willke and Gerhard Willke, *Political Governance of Capitalism: A Reassessment Beyond the Global Crisis*, London: Edward Elgar, 2012.

Istvan Meszaros, *The Structural Crisis of Capital*, New York: Monthly Review Press, 2010.

John Bellamy Foster and Fred Magdoff, *The Great Financial Crisis: Causes and Consequences*, New York: Monthly Review Press, 2009.

Leo Panitch, Greg Albo and Vivek Chibber, *The Crisis and the Left: Socialist*

Register 2012, London: Merlin Press, 2011.

Lois Tyson, *Critical Theory Today: A User-Fridendly Guide*, London: Verso, 2006.

Luciano Vasapollo, *Crisis of Capitalism*, Leiden: Brill Academic Publisher, 2012.

Michael A. Lebowitz, *Following Marx: Method, Critique and Crisis*, Leiden: Brill Academic Publisher, 2009.

Nick Hewlett, Badiou and Balibar, *Rancière: Re-thinking Emancipation*, London and New York: Continuum, 2007.

Perry Anderson, *Passages from Antiquity to Feudalism*, London: New Left Books, 1974.

Perry Anderson, *The New-Old World*, London: Verso, 2011.

Roy Bhaskar, *The Possibility of Naturalism: A Philosophical Critique of the Contemporary Human Sciences*, London and New York: Routledge, 1998.

Slavoj Zizek, *First as Tragedy, The as Farce*, London and New York: Verso, 2009.

Slavoj Zizek, *Less Than Nothing: Hegel and the Shadow of Dialectical Materialism*, London and New York: Verso, 2012.

Slavoj Zizek, *Living in the End Times*, London: Verso, 2010.

Stephen Ross and Fredric Jameson, *Modernism and Theory: A Critical Debate*, New York: Routledge, 2009.

Wolfgang Streeck, *How Will Capitalism End? Essays on a Failing System*, London and New York: Verso, 2016.

外文论文：

Alex Callinicos and Chris Nineham, "At Impass? Anti-capitalism and the Social Forums Today, " *International Socialism*, Vol.115, 2007.

Alex Callinicos, "The Return of the Arab Revolution," *International Socialism*, Vol.130, 2011.

Carlo Vercellone, "From Formal Subsumption to General Intellect: Elements for a Marxist Reading of the Thesis of Cognitive Capitalism," *Historical Materialism*, Vol.15, 2007.

Chris Harman, "Theorising neoliberalism," *International Socialism*, Vol.117, 2007.

Christian Fuchs, "A Contribution to the Critique of the Political Economy of Transnational Informational Capitalism," *Rethinking Marxism*, Vol.21, 2009.

David Havey, "The Right of City," *New Left Review*, Vol.53, 2008.

Eric Hobsbawm, "Socialism has failed. Now Capitalism is Bankrupt. So What Comes next?" *Guardian*, Vol.10, 2009.

Fredric Jameson, "Persistencies of Dialectics: Three Sites," in *Dialectics: The New Frontier, Science & Society*, Vol.62, No.3, Fall 1998.

Inger L.Stole and Hannah Holleman, "The Sales Effort and Monology Capital," *Monthly Review*, Vol.60, 2009.

John Bellamy Foster and Brett Clark, "The Paradox of Wealth: Capitalism and Ecological Destruction," *Monthly Review*, Vol.61, 2009.

John Bellamy Foster and Fred Magdoff, "Why Every Environmentalist Needs to Know about Capitalism," *Monthly Review*, Vol.62, 2010.

John Kraniauskas, "Future Present," *Radical Philosophy*, Vol.150, 2008.

John Roberts, "The 'Returns to Religion': Messianism, Christiality and

Revolutionary Tradition," *Historical Materialism*, Vol.16, 2008.

Joseph Choonara, "Marxist Accounts of the Current Crisis," *International Socialist*, Vol.123, 2009.

Michael A. Lebowitz, "Change the System, Not Its Barriers," *Socialism and Democracy*, Vol.24, 2010.

Michael A. Lebowitz, "The Path to Human Development: Capitalism or Socialism?" *Monthly Review*, Vol.60, 2009.

Michael Hardt, "The Violence of Capital," *New Left Review*, Vol.48, 2007.

Nancy Fraser, "Contradictions of Capital and Care," *New Left Review*, Vol.100, 2016.

Nicolas Crafts, "Profits of Doom?" *New Left Review*, Vol.54, 2008.

Perry Anderson, "Jottings on the Conjunture," *New Left Review*, Vol.48, 2007.

Rama Vasedevan, "The Credit Crisis," *Monthly Review*, Vol.60, 2009.

Robin Blackburn, "The Subprime Crisis," *New Left Review*, Vol.50, 2008.

Samir Amin, "Contemporary Imperialism," *Monthly Review*, Vol.7, 2015.

Slavoj Zizek, "Nature and its Discontents," *SubStance*, Vol.37, 2008.

W. I. Robinson, "The Pitfalls of Realist Analysis of Global Capitalism: A Critique of Ellen Meiksins Wood's Empire of Capital," *Historical Materialism*, Vol.15, 2007.

后 记

本书写至此处，其内容也到尾声。但我自己清醒地认识到，这一切才刚刚开始，这是我人生中第一次写作篇幅如此大的书，这可能也将奠定我未来的科学研究方向。从选题到定题再到写作直到最后完成，我历时两年多时间，但这是远远不够的，始终觉得自己看得还不够多，研究得也不够深，毕竟对于左翼的研究是如此的庞杂。虽然自己将题目限定为东欧剧变、苏联解体以来欧美左翼学者的资本主义批判理论研究，但这依然是一个较为庞大的题目。我试图打破早期很多学者对左翼按分门别类的流派、人头方式进行研究，尝试以问题为导向去串联在不同时期阶段左翼学者对同一事件、问题的不同视角和对资本主义批判的不同方式。但遗憾的是，我的研究内容无法涉及所有左翼学者，即使是所有欧美左翼学者也是无法做到的，特别是容易忽视了一些影响较为小众却对资本主义研究颇有见地的左翼学者。同时由于篇幅和能力所限，只将左翼学者的批判理论作为研究对象，而左翼其实是一个庞杂的群体，既有左翼政党又有左翼政治家，还有就是左翼学者及普通的具有左派立场的人士。这些左翼势力虽然在左派立场之下成为一个群体，但对于资本主义的看法、认识却有极大的差异，而产生这种差异背后的原因又是值得我们关注的。因为左翼的资本主义批判理论最终是要落到实处的，而不是为了理论而理论，所以必须关注其他左翼势力，这也是我在文章最后指出的欧美左翼学者资本主义批判理论的一个局限性。还有一个遗憾之处就是，近年来拉美左翼其实是非常重要的，他们的崛起吸引了无数眼球。我对拉美地域的未涉及，让整个研究显得不够完整。在未来的学术生涯中，有机会还是得继续加深对这一方面的研究。切不可因为自己研究对象的限制而不顾其他地域、其他时段，搞学术研究应当融会贯通，厚积而薄发，这也是我未来努力的方向。

虽然此书存在不足，但终归是我博士学习阶段的一个重要成果。而能完成它，首先离不开我的导师姜辉老师的指导。在此，我要对姜老师表达最真挚的感谢。从读硕士开始我就有个博士梦，期望自己能够通过博士阶段的学习以获得学术上的“脱胎换骨”。很幸运能遇上姜老师，并且成为他的博士生。姜老师特别平易近人，总是鼓励学生多阅读，多思考，并且身体力行，以身示范。我们也深受姜老师影响，深谙要想做好学问，必须先修好基本功。从入学初始，我本想急切定题，但姜老师总是耐心引导让我多看书，然后寻找兴趣点，再在兴趣的方向去广泛阅读。在考虑整个选题的过程中，姜老师给予了我很大的帮助，因为我在硕士阶段研究的方向更多是偏向西方政治哲学这一块，姜老师从一开始就建议我可以多关注世界马克思主义对资本主义的批判。这其实也是让我将硕士阶段的所学发挥作用，同时也寻找和结合了自己的兴趣点。在阅读相关材料过程中，我将研究对象确定为国外左翼，这也得到姜老师的肯定和鼓励。我在后续的研究和写作过程也经常就自己的困惑与姜老师探讨。但每次自己都是极为不自信，因为觉得这个方向并非我之前有过扎实基础的方向，但姜老师每次都鼓励和强调的是希望我能够更自信更为独立地进行研究，这也是目前对我影响最为深刻的，这可能也是我当初追求读博所期望实现的那种“脱胎换骨”吧。独立研究才是未来学术生涯的真正开端，也是基本功。因此，我要感谢我人生中这么重要的一位导师。同时，也要衷心感谢我读博期间为我们授课的老师们，包括樊建新老师、辛向阳老师、冯颜利老师等，他们的课让我受益匪浅，也为整个学习打下了牢固的基础。

此外，我要感谢在这一路上关心、帮助我的人，是他们在我求学路上和成长路上不断给予我支持和鼓励。感恩在这一路上遇到的恩师们，特别是我本科阶段的王芝茂老师，是他一路鼓励我按自己的兴趣不断去深造，在读博期间，有很多不论学习还是生活中的困扰，也会经常向他请教，他也成了我这么多年的良师益友。感恩我的家人一直在背后默默支持我，特别是在我毅然辞职准备读博的时候，他们始终尊重我的决定，让我去实现自己的梦想。博士学习只是人生的一个阶段，未来的路还很长，但我会带着初心重新出发。

甘海霞
2021 年 2 月 1 日